金融安全审计

FINANCIAL SECURITY AUDIT

主　编　张炳辉
副主编　韩国薇

中国金融出版社

责任编辑：张菊香
责任校对：刘　明
责任印制：陈晓川

图书在版编目（CIP）数据

金融安全审计/张炳辉主编 . —北京：中国金融出版社，2018.10
金融安全系列教材
ISBN 978 - 7 - 5049 - 9856 - 9

Ⅰ.①金…　Ⅱ.①张…　Ⅲ.①金融审计—教材　Ⅳ.①F239.65

中国版本图书馆 CIP 数据核字（2018）第 251640 号

出版
发行　　中国金融出版社

社址　北京市丰台区益泽路 2 号
市场开发部　（010）63266347，63805472，63439533（传真）
网 上 书 店　http：//www.chinafph.com
　　　　　　（010）63286832，63365686（传真）
读者服务部　（010）66070833，62568380
邮编　100071
经销　新华书店
印刷　北京市松源印刷有限公司
尺寸　185 毫米×260 毫米
印张　12.75
字数　280 千
版次　2018 年 10 月第 1 版
印次　2018 年 10 月第 1 次印刷
定价　40.00 元
ISBN 978 - 7 - 5049 - 9856 - 9
如出现印装错误本社负责调换　联系电话（010）63263947

"金融安全系列教材"编委会

主　任：张炳辉

副主任：高同彪　耿传辉　吕鹰飞　韩国薇　徐　丽
　　　　邢　敏　任春玲　张辛雨

编　委：（按姓氏笔画为序）
　　　　王　帅　王文昭　王文颖　冯相龙　关思齐　闫　洁
　　　　刘　静　刘　瑾　刘杰颖　邢　翀　宋　贺　李　特
　　　　李　婧　李　楠　李玉英　李牧航　李亚鹏　李斐斐
　　　　李琳娜　陈　曦　陈廷勇　陈佳音　张文娟　张亚辉
　　　　张亦潍　张秀云　张传娜　郑　屹　宗　楠　罗术通
　　　　赵　旭　赵　娜　赵科乐　赵燕梅　施晓春　徐　杨
　　　　徐伟川　黄星月　戚　爽　蒋晓云　蒋泽艳　韩胜男
　　　　廖银屏

总序言

金融是现代经济的核心，金融安全事关国家经济安全和社会稳定大局。进入经济新常态以来，我国面临着增长速度换挡期、结构调整阵痛期、前期刺激政策消化期"三期叠加"的严峻挑战，金融安全威胁和风险与日俱增，金融风险已成为当前最突出、最显著的重大风险。习近平总书记强调，金融安全是国家安全的重要组成部分，是经济平稳健康发展的重要基础。维护金融安全，是关系我国经济社会发展全局的一件带有战略性、根本性的大事。可见，维护金融安全已被提升到国家战略高度。

党的十九大报告进一步明确提出"要坚决打好防范化解重大风险、精准脱贫、污染防治的攻坚战"，2017年中央经济工作会议要求打好防范化解重大风险攻坚战，重点是防控金融风险，体现了党中央维护金融安全的坚强决心。

如何全方位防范金融风险，守住金融安全底线引起了学术界和金融业界的广泛关注。长春金融高等专科学校作为一所具有40年建校历史和22年中国人民银行部属办学底蕴的金融高等院校，历来高度重视金融理论与实践问题的研究。2016年11月，学校成立了吉林省社会科学重点领域研究基地——吉林省金融安全研究基地，2017年4月，依托基地成立吉林省金融安全研究中心，张炳辉校长亲自担任研究中心主任，全面启动金融安全研究。

2017年10月，吉林省金融安全研究中心组织学校科研处、高教研究所、金融学院、会计学院、经济管理学院及信息技术学院的教学科研团队，着手"金融安全系列教材"编写。

该丛书是国内第一套关于金融安全的系列教材，具有鲜明的独创性，体现了我们对于金融安全问题全面系统的理性思考，也是我校金融安全研究中心的重要研究成果。本丛书的内容植根于传统的金融安全理论，科学地吸收了金融脆弱性理论、系统性风险理论的精华，也加入了对于近年来金融业实践的反思，融合了当前经济金融态势对金融安全的新要求。在此基础上，丛书充分体现出教材的规范性，科学界定金融安全的内涵，对相关领域金融安全的重点问题、各类金融风险的本质和表现形式进行系统梳理，使读者了解金融安全的基本理论和防范金融风险的业务规范。丛书既可以作为高等职业院校金融安全教学的专业教材，也可以作为金融从业人员的岗位培训教材。

"金融安全系列教材"包括《金融安全概论》《金融行业安全》《金融市场安全》《金融信息安全》《互联网金融安全》《国际金融安全》《金融安全审计》和《金融法律法规》。张炳辉教授担任编委会主任，全面负责丛书的整体结构设计和各本教材的统稿工作。编委会副主任高同彪教授协助完成教材统稿及审稿工作。耿传辉教授、吕鹰飞教授、韩国薇教授、徐丽教授、邢敏教授、任春玲教授、张辛雨博士分别协助组织 8 本教材编写。丛书编写团队阵容强大，包括 11 位教授、13 位博士和 40 余位优秀中青年骨干教师。"金融安全系列教材"作为金融安全研究领域的一项重大成果，在改革开放 40 周年和长春金融高等专科学校恢复建校 40 周年之际，献礼学界，以飨读者。

丛书编写过程中，我们参阅了大量国内外相关教材、著作和学术论文，参考了很多专家学者的观点，在此，对相关学者的研究成果深表敬意并由衷感谢！中国金融出版社的相关编审人员对本丛书提出了宝贵的修改完善意见，在此也对编审团队的辛勤工作表示衷心的感谢！

由于编者水平的限制，加之时间紧迫、相关参考资料难求，书中难免存在缺陷，恳请同行专家和读者不吝指正，以便再版时修改完善。

编　者
2018 年 10 月

前言

　　金融安全是国家安全的重要组成部分,是经济平稳健康发展的重要基础。维护金融安全,是关系我国经济社会发展全局的一件具有战略性、根本性的大事。

　　金融安全事关国家经济安全和社会稳定大局。金融审计是国家金融监督体系的重要组成部分,它以维护国家金融安全、推动金融改革、促进金融发展为目标,对于揭示和防范金融风险、完善金融监管、推动建立健全高效安全的现代金融体系具有重要意义。当前,我国金融业正不断加快体制改革步伐,人民币利率和汇率市场化改革不断深化,跨境人民币业务加快发展,金融创新日新月异,金融产品层出不穷,一些金融违法犯罪活动更加隐蔽和复杂,金融风险依然存在,危害国家金融安全的行为依然存在。近年来,金融审计工作在多个方面有力打击金融领域违法犯罪,如骗贷、违法放贷、金融创新领域违法犯罪以及政府部门工作人员和金融机构高管进行权力寻租、内外勾结等,有力地维护了金融市场秩序和社会稳定,维护了广大人民群众的利益。金融业作为大数据应用的"领航者"已发生深刻变化,金融审计理当应时而变。在金融综合经营的大趋势下,通过多维度挖掘银行、信托、证券、保险等数据,强化财政、金融等数据相互间的关联分析以期及时发现风险隐患。同时,要更加严厉地查处金融领域违法犯罪活动,积极维护国家利益和人民群众的合法权益。

　　为此,本教材以实现金融安全为目标,以商业银行审计为代表来设定金融安全审计的主要内容,包括金融安全审计概述、金融安全内部控制审计、金融安全经济责任审计、金融安全绩效审计、金融安全财务审技、信贷资产安全审计和互联网金融风险审计七个主要方面,重点阐述金融安全审计的程序和方法,从而有针对性地解决金融安全审计中的现实问题。

　　本书由张炳辉教授担任主编,负责全书的整体结构设计和统稿工作,由韩国薇教授任副主编，协助主编完成全书的统稿和审稿工作。本书共分为七章内容，具体分工如下：第一章由赵娜、李玉英编写；第二章由赵娜编写；第三章由刘杰颖编写；第四章由刘杰颖、李玉英编写；第五章由刘杰颖编写；第六章由张秀云编写；第七章由李琳娜编写。本书可以作为金融专业院校审计专业教材和教辅资料之用。

本书在编写过程中进行了多次调研和学习，得到了来自金融领域行业专家和国内知名高校教授的专业指导和宝贵意见，并参阅了许多相关书籍、著作和学术论文，参考了很多专家学者的观点，同时中国金融出版社的相关编审人员也对本书提出了宝贵的修改完善意见，是大家的共同努力才使本书顺利完成，在此表示衷心感谢。

鉴于编者水平有限，本书难免有不足之处，敬请各位读者斧正。

编者
2018 年 10 月

目录

第一章

金融安全审计概述

【教学目的和要求】

通过本章学习，形成对金融安全审计的初步认知，掌握金融安全审计的概念、特征、目标、分类，并了解金融安全审计的作用；掌握金融安全审计的方法和程序，厘清影响金融安全的风险因素；掌握金融安全审计监督体系的构成，了解金融监管体制，掌握金融安全审计监督体系与金融监管体制的区别。

本章从金融安全概述入手，从金融安全审计的视角阐述审计的理论历史沿革和金融安全审计的概念、特征、目标、对象、分类和作用等内容，并介绍审计免疫论、审计监督体系等基础理论知识，为后面章节的理论与应用学习打下一定的基础。

第一节 金融安全审计基础理论

一、金融安全的定义和分类

（一）金融安全的定义

金融安全是指保持国家金融系统运行和金融发展不受内外各种因素根本性威胁和侵害的状态，凭借各种手段把金融风险控制在可能引发金融危机的临界状态以下，确保正常的金融功能和金融秩序。

美国《国际社会关系百科全书》将国家安全定义为，一个国家保护它的内部社会制度不受外来威胁的能力。国家经济安全是国家安全的延伸与发展，是全球化趋势不断发展、深化大背景下的必然产物，是国家安全的重要组成部分。而金融安全恰是在国家经济安全含义的不断延伸、国际经济形势发展到特定的历史阶段下作为一个重要战略而提出的，是国家经济安全的核心内容。所以金融安全的内涵界定应该注意：

（1）金融安全必须建立在主权独立的基础上；

（2）金融安全的内涵必须紧扣国家特定发展阶段的特点，具有动态发展性。

因此，应用发展的眼光看待金融安全的内涵，用辩证的思维理解金融安全的内涵。首先，从国与国的角度看，在经济全球化、金融自由化的环境下，一国的金融安全难以独善其身，关键是保持国家独立和金融主权的完整。其次，从一国的角度看，金融安全就是良好的金融体系和稳健的金融活动。

（二）金融安全的分类

1. 金融安全从地域角度分为两个层面：一是国内金融安全，即国家金融系统运行和金融发展不受内部各种因素根本性威胁和侵害，主要是金融机构不存在破产、流动性不足等重大风险和危机；二是国际金融安全，即国家金融系统运行和金融发展不受外部各种因素根本性威胁和侵害，主要是防止国外金融危机对本国的冲击，尤其是外国资本和外国金融恶势力的恶意冲击。

2. 金融安全从内容角度分类，分为狭义和广义的金融安全。狭义的金融安全是指一国的货币资金融通的安全和金融体系能够健康、规范运行，对一国经济运行提供充足的金融支持，金融主权不受侵犯，金融体制不遭破坏，无爆发金融危机的可能；广义的金融安全是指金融体系本身健全性及其运转规范性的所有变量，以及与货币和信用有关的所有经济活动，都处于安全的状态。也就是说，既无爆发金融危机的可能，也不存在导致金融市场异常波动的潜在因素。

二、金融安全审计的概念与特征

（一）金融安全审计的概念

随着审计理论与实践的发展，现代审计的内涵与外延有了很大变化。可以从广义和狭义两个方面来理解金融安全审计的定义。

广义的金融安全审计是指各审计主体依据相关的法律，按照审计程序，为实现审计目标（真实性、合法性、效益性、公允性、安全性等）对金融机构的会计记录、会计报表和其他财务资料反映的财务收支、内部控制、风险管理以及金融机构执行国家金融方针政策的情况等金融活动，进行监督、评价与鉴证。例如，国家审计中的金融安全审计是审计机关对中国人民银行的财务收支、国有商业银行的资产负债损益以及政策性银行的宏观经济政策执行情况等所做的监督与评价。

狭义的金融安全审计是指某一审计主体对特定的审计对象实施的监督、检查，例如金融机构的内部审计。金融稽核是内部审计在金融企业内的替代性称谓，是银行和非银行金融机构规范日常业务活动，强化内部控制和风险管理，旨在提升资金运营效益、提高资金安全性的一种自律性手段。注册会计师的金融安全审计是会计师事务所对金融企业财务报告的合法性、公允性所做的鉴证服务。

关于金融安全审计的概念，一般可从审计的主体、审计的客体、审计的目标、审计的职能和审计准则这几个方面去理解。

1. 金融安全审计的主体。金融安全审计主体，是指审计机构和审计人员，即实施审计、稽核、监督的执行者。金融产权主体的多元化必将带来审计主体的多元化。按照审计主体的分类，目前我国的金融安全审计有国家审计（或称政府审计）、金融机构内部审计和注册会计师审计。

从国家审计的角度看，各级审计机关即是金融安全审计的主体。如依据《审计法》，审计署对中国人民银行的审计监督，审计机关对国有或国有资本占控股地位的金融机构实施的审计；从内部审计角度看，金融审计须由专门设立的、相对独立的审计机构和稽核人员履行，银行业金融机构内部审计人员原则上按员工总人数的1%配备，并建立内部岗位轮换制。

2. 金融安全审计的客体。金融安全审计的客体是指审计的对象。从广义的金融安全审计的定义上讲，经营性金融组织、金融市场、金融调控监管体系都是金融安全审计的客体。随着金融改革的不断深入与金融创新，金融安全审计客体的覆盖面将更为宽广。本书将着重于金融机构的安全审计，主要基于商业银行的安全审计内容。

3. 金融安全审计的职能。金融安全审计的职能是审计自身所具有的内在功能和外在目标的综合。随着人们对审计认识的不断深入，审计职能也在不断拓展、演变，它随着客观环境的变化而发展、变化。

（二）金融安全审计的特征

金融安全是指保持国家金融系统运行和金融发展不受内外各种因素根本性威胁和侵害的状态，凭借各种手段把金融风险控制在可能引发金融危机的临界状态以下，确保正常的金融功能和金融秩序。

1. 地位重大。在市场经济条件下，金融风险是一种客观存在，无法消灭。金融安全审计的主要责任就是要使各金融当事人在"风险与收益对称"原则支配下发生的投资损失控制在可承受的范围之内，并使个别风险事件不至于扩散为危及整个社会的金融动荡。

2. 审计范围广。首先关注金融机构本身或内部的经营管理和经济效益的提高，保障金融机构内部的安全性。金融安全审计与金融机构内部审计结合，独立、客观、及时地评价并改善风险管理、控制和治理过程的效果，帮助组织实现目标，防控风险。内容包括但不限于：（1）内部控制系统恰当性与有效性检查与评价；（2）资料确实性与完整性检查；（3）业务经营合理性与有效性检查；（4）资产安全管理与实际存在检查；（5）资源有效取得与合理利用检查；（6）实际完成和目标一致性检查。

在新时期下，金融安全审计不仅能对常规的一行、一司、一地金融机构的总部少数基层分支机构进行审计，更注重对跨市场、跨行业、跨领域的整个金融产业和金融功能产品、衍生工具等进行金融功能组合式审计。由于金融功能产品能在各银行等金融机构间进行跨市场、跨行业、跨领域的自由运动，已成为扰乱危及整个金融产业市场安全的突破口或切入点，常规的金融审计已难以对其实施有效审计。国家审计机关应及时摸清国际游资热钱的进出渠道和规模、虚假存贷和贴现、违规证券期货和外汇交易、虚假信用卡和网银交易、表内业务表外化等金融功能产品对国家金融安全的危害和风险，并提出相应的对策与建议。

三、金融安全审计的主体

从国内外审计的历史和现状来看，审计按不同主体划分为国家审计、内部审计和社会审计三种主体形式，并相应地形成了三类审计组织机构，共同构成审计监督体系，为维护金融安全，促进社会经济的发展发挥着重要的作用。下面就不同层面审计做简要介绍。

（一）国家审计

1. 国家审计概述。国家审计是指国家审计机关根据有关法律法规对国家机关、行政事业单位和国有企业执行政府预算收支的情况和会计资料实施检查审核、监督的专门性活动。国家审计机关除专门的审计机关（如审计署）外，还包括财政、税务、海关、人民银行或专业银行等专业审计机关。

国家审计的目标取决于国家审计的基本职能、社会属性和审计授权者或者委托者对审计的要求。当国家审计成为国家治理系统中的"免疫系统"时，审计目标从评价公共资源配置的经济性、效率性和效果性向识别经济社会发展中面临的风险转变，从而维护国家经济安全的本质和任务。

国家审计的批判性、建设性等特质，与内部审计和社会审计不同，具有宏观性和全局性的特征，能够使国家审计较早感受经济社会和金融领域中可能出现的各类风险，揭示金融风险所带来的危害，在国家金融安全中发挥着预警、抑制、揭露、预防、前瞻和建设等多重作用。

 【拓展阅读】

国家审计"免疫系统功能"与"组织治理功能"

2008 年 3 月，刘家义在中国审计学会理事会上发表了题为"以科学发展观为指导推动审计工作全面发展"的演讲。在演讲中，刘家义比较详细地阐述了"审计免疫系统论"，回答了什么是审计和审计的基本功能，丰富了人们对审计本质和审计功能的认识并指出国家审计是国家经济社会运行的"免疫系统"，科学地借鉴了医学免疫系统的概念，形象、生动地寓意了审计预防性功能、建设性功能和抵御性功能。

2010 年，中国审计署发布的《国家审计准则》第六条指出"审计机关的主要工作目标是通过监督被审计单位财政收支、财务收支以及有关经济活动的真实性、合法性、效益性，维护国家经济安全，推进民主法治，促进廉政建设，保障国家经济和社会健康发展"，进一步明确了维护国家经济安全是国家审计的目标。

2011 年 8 月，通过对理论的总结与实践的探索，刘家义提出国家审计在国家治理中发挥着至关重要的作用，它是推进民主政治的重要途径，是维护民生的重要手段，是加强反腐倡廉的有力工具，是维护国家安全的重要方式，是推动深化改革的重要力量。国家审计通过制度安排，依法行使监督，通过大量的数据、资料、现场、项目分析，最先感知经济社会中的各种风险，及时、客观、公正地反馈给执行系统和决策系统，充分发挥审计工作的"免疫功能"。他表示，国家审计依据宪法赋予的权利实施监督，具有独立性、专门性、公正性、客观性及权威性，其固有的独特性，固有的"免疫系统"功能，固有的信息来源的真实、客观、准确性，都决定了其在国家治理中不可替代的作用。

2016 年 6 月，审计署发布《"十三五"国家审计工作发展规划》。文件指出，以防风险、增效益、促改革为目标，依法对金融监管部门、金融机构、金融市场开展全方位、多层次审计监督，关注金融领域新业务、新市场、新动向，促进提高金融服务实体经济效率和支持经济转型的能力，推动建立安全高效的现代金融体系。

2. 国家审计机关。中华人民共和国审计署根据 1982 年 12 月 4 日第五届全国人民代表大会第四次会议通过的《中华人民共和国宪法》第九十一条的规定，于 1983 年 9 月 15 日正式成立，是国务院 25 个组成部门之一，在国务院领导下，主管全国的审计工作。审计署下设的金融审计司职责如下：

组织审计中央国有金融机构和国务院规定的中央国有资本占控股或主导地位金融机构的资产、负债、损益；组织审计中国人民银行、国家外汇管理局的财务收支；组织审计原中国银行业监督管理委员会、中国证券监督管理委员会、原中国保险监督管理委员会和全国社会保障基金理事会及上述单位下属单位的预算执行情况、决算（草案）和其他财政财务收支；开展相关专项审计调查；具体组织对中央国有金融机构和国务院规定的中央国有资本占控股或主导地位金融机构的领导人员的经济责任审计；督促被审计单位整改；指导地方审计机关金融审计业务；承办审计署交办的其他事项。

本书统计了 10 年来国家审计署发现银行违规舞弊情况，如表 1 - 1 所示。

表 1 - 1　　　　　　　　国家审计署发现银行业违规舞弊摘要统计

审计公告编号	违规舞弊内容摘要
2018 年第 1 号（总第 295 号）	农业银行北京分行有关人员涉嫌违规操作基金销售等事项谋利问题
2017 年第 30 号（总第 292 号）	江苏省连云港市赣榆农村商业银行涉嫌弄虚作假套取扶贫资金问题
2016 年第 31 号（总第 262 号）	国家开发银行原监事长姚中民涉嫌利用职务便利为亲属谋利问题
2016 年第 31 号（总第 262 号）	浦发银行昆明分行等 6 家银行涉嫌违规开展贷款业务问题，涉案金额 30 多亿元
2016 年第 28 号（总第 258 号）	建设银行长沙迎宾路支行原行长杨帆与企业勾结片区银行资金并从中收受贿赂
2014 年第 6 号（总第 180 号）	中国农业银行违规发放贷款问题：2006 年以来，总行和 10 家分行违规发放贷款共计 67.96 亿元
2014 年第 7 号（总第 181 号）	中国银行违规发放贷款问题：2004 年以来，6 家分行违规发放贷款共计 64.29 亿元
2013 年第 13 号（总第 155 号）	中国进出口银行违规发放贷款问题：总行及 6 家分行违规发放贷款共 79.44 亿元
2013 年第 14 号（总第 156 号）	农业银行违规发放贷款问题：总行及 9 家分行违规发放法人贷款 68.16 亿元
2013 年第 15 号（总第 157 号）	建设银行违规发放贷款问题：9 家分行违规发放法人贷款共 68.16 亿元
2012 年第 24 号（总第 131 号）	工商银行违规发放贷款问题：所属 9 家分支机构违规发放法人贷款 94.99 亿元

续表

审计公告编号	违规舞弊内容摘要
2010 年第 7 号（总第 54 号）	农业发展银行违规发放贷款问题：5 家分支机构向不符合贷款条件的企业违规发放贷款 24.93 亿元
2010 年第 8 号（总第 55 号）	农业银行违规发放贷款问题：违规发放各类贷款 47.97 亿元
2008 年第 8 号（总第 34 号）	1. 国家开发银行违规发放贷款问题：违规发放贷款问题金额 91.04 亿元 2. 光大银行违规发放贷款问题：违规发放贷款 108.68 亿元

资料来源：国家审计署审计公告。

（二）内部审计

1. 内部审计概述。金融机构内部审计是在金融机构组织内部的一种独立客观的监督和评价活动，它通过审查和评价金融机构经营活动及内部控制的真实性、合法性和有效性来促进组织目标的实现。

以商业银行为例，商业银行内部审计目标包括：推动国家有关经济金融法律法规和监管规则的有效落实；促进商业银行建立并持续完善有效的风险管理、内控合规和公司治理架构；督促相关审计对象有效履职，共同实现本银行战略目标。

2. 内部审计的组织机构。以商业银行为例，商业银行应建立独立垂直的内部审计体系，如图 1 - 1 所示。董事会对内部审计的独立性和有效性承担最终责任。下设审计委员会，经董事会授权审核内部审计章程等重要制度报告，审批中长期审计规划和年度审计计划，指导、考核和评价内部审计工作。监事会对本银行内部审计工作进行监督，有权要求董事会和高级管理层提供审计方面的相关信息。高级管理层应支持内部审计部门独立履行职责，确保内部审计资源充足到位；及时向审计委员会报告业务发展、产品创新、操作流程、风险管理、内控合规的最新发展和变化；商业银行可设总审计师，总审计师对董事会及其审计委员会负责，定期向董事会及其审计委员会和监事会报告工作。负责制定并实施内部审计章程、审计工作流程、作业标准等内部审计制度。商业银行下设独立的内部审计部门，审查评价并督促改善商业银行经营活动、风险管理、内控合规和公司治理效果等。

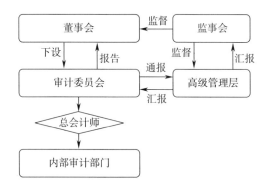

图 1 - 1　商业银行内部审计组织结构

商业银行的内部审计事项应包括：公司治理的健全性和有效性；经营管理的合规性和有效性；内部控制的适当性和有效性；风险管理的全面性和有效性；会计记录及财务报告的完整性和准确性；信息系统的持续性、可靠性和安全性；机构运营、绩效考评、薪酬管理和高级管理人员履职情况；监管部门监督检查发现问题的整改情况以及监管部门指定项目的审计工作；其他需要进行审计的事项。

（三）社会审计

社会审计又称民间审计或注册会计师审计，是指由注册会计师及会计师事务所接受委托依法对委托人指定的被审计单位进行的审计，如普华永道会计师事务所接受委托对中国建设银行 2013 年度会计报表进行的审计。其审计意见具有法律效力和鉴证的作用。

金融机构的社会审计这种在国际上已经得到广泛运用的监管方式，在我国金融机构监管体系中的作用还十分有限。2000 年 7 月，中国人民银行和财政部联合印发《会计师事务所从事金融相关审计业务暂行办法》，加强对金融机构的监督管理，充分发挥会计师事务所的鉴证和服务作用。社会审计在发挥保障金融安全的作用上有待进一步延伸。

四、金融安全审计的目标和对象

（一）金融安全审计的目标

金融安全审计的目标与其他审计的目标有所不同。金融安全审计的目标是指通过金融安全审计实践活动所期望达到国家金融安全的结果，是人们对金融安全审计实践活动结果的一种设计。在受托责任的多元化基础上，审计目标是一个多维目标体系。不同的审计主体有不同的审计目标，但最终的目标归结为保障国家经济安全。

以《中华人民共和国国家审计准则》为例，审计机关的主要工作目标是通过监督被审计单位财政收支、财务收支以及有关经济活动的真实性、合法性、效益性、公允性和安全性，维护国家经济安全，促进廉政建设，保障国家经济和社会健康发展。真实性是指反映有关经济活动的信息与实际情况相符合的程度。合法性是指有关经济活动遵守法律、法规或者规章的情况。效益性是指有关经济活动实现的经济效益、社会效益和环境效益。公允性指验证被审计单位遵循企业会计准则和国家其他有关法规的程度。安全性指国家审计制度是国家经济安全机制中不可或缺的要素，目标主要保障国家经济安全。金融机构是国家金融体系的重要组成部分，其安全审计的目标是：保证国家有关经济金融法律法规、方针政策、监管部门规章的贯彻执行；在金融机构风险框架内，促使风险控制在可接受水平上。

【拓展阅读】

　　以我国为例，1995 年以前金融领域的审计以维护国家财经纪律为主要目标，以重点检查金融机构财务收支为主要内容。并不涉及信贷计划、信贷政策的执行情况。1995 年《审计法》实施以后，审计范围扩大了，尤其是 1997 年东南亚金融危机以后，银行业负债率过高，不良资产巨大，金融审计围绕资产质量的真实性，以揭露问题为主。在时任朱镕基总理 2002 年提出"全面审计，突出重点"思想的指导下，审计目标不断提升，开始关注银行业务经营、信贷资产质量。2002 年以后，随着我国加入 WTO，金融体制改革的进一步深入，金融审计又进一步将审计目标确定为"防范风险、促进管理、提高效益"。现阶段我国金融业正经历着产权制度的变革和金融业务的创新，金融国际化的趋势已十分明显，金融安全审计目标重点确定为防范金融风险，维护国家的经济安全。

（二）金融安全审计的对象

金融安全审计的对象，即参与审计活动并享有审计权利和承担审计义务的主体所作用的对象，它是对被审计单位和审计范围所做的理论概括。它回答的基本问题是"审计谁""审计什么"。因此，审计对象有两层含义：其一是外延上的审计实体，即被审计单位；其二是内涵的审计内容或审计内容在范围上的限定。

1. 金融机构角度

（1）审计对象。如定义所述，审计对象包括经营性金融组织、金融市场及监管机构体系。上述金融组织及机构均有自己的内部审计机构。

目前我国经营性金融组织体系主要包括银行类金融机构、证券类金融机构、保险类金融机构、其他类金融机构等。

银行类金融机构包括国有商业银行、股份制商业银行、邮政储蓄银行、政策性银行、外资银行等。

证券类金融机构包括证券公司、基金管理公司、期货公司、证券投资咨询机构等。

保险类金融机构包括保险集团和控股公司、保险公司、保险资产管理公司、专业保险中介机构等。

其他类金融机构包括金融资产管理公司、信托投资公司、财务公司、金融租赁公司、货币经纪公司、第三方支付以及互联网金融机构等。

（2）审计内容。由组织内部独立的审计机构对本单位及其所属单位的经营活动的真实性、合法性和效益性及内部控制的健全性与有效性进行审查和评价。例如财务报表审计、内部控制审计、风险管理审计等。

2. 国家金融监管机构角度

（1）审计对象。依据《审计法》，审计机关对中国人民银行、国家外汇管理局、中国证券监督管理委员会及其所属证券交易所等金融事业单位的预算收支进行审计；对国家政策性银行、国有商业银行、国有保险公司等国有金融企业的资产、负债和损益进行审计。

【拓展阅读】

　　在审计"免疫系统"论的指导下，我国政府金融安全审计的范围也在不断拓展。如从2010年开始，审计机构开始将金融安全审计的中心，从传统信贷业务，转向银行间债市、证券IPO、信托业务、外汇交易等全新业务领域。2013年4月，银行间债市利益输送黑幕成为审计机构率先突破的领域，这突出了审计作为独立经济金融监督机构，其地位越来越重要。而且，目前随着技术的不断进步，互联网金融蓬勃发展，以高科技手段为工具进行的金融创新带来较高的风险，"e租宝"等案件爆发后，对金融创新的监管显得越发重要。

　　（2）审计内容。按照《审计法》第十八条、第十九条的规定：审计署对中央银行的财务收支，进行审计监督；审计机关对国有金融机构的资产、负债损益进行审计监督；审计机关对国家的事业组织和使用财政资金的其他事业组织的财务收支进行审计监督。换句话说，审计署对主要负责实施货币政策、维护金融稳定和提供金融服务的中国人民银行，对金融机构实施分类监督管理的银保监会、证监会等事业单位的财务收支进行审计。审计署、地方审计机关（省厅、市局、县局）审计相应级别的省属、市属金融监管机构的资产负债损益等。

【拓展阅读】

国务院关于2016年度中央预算执行和其他财政收支审计查出问题整改情况的报告——金融审计情况

　　从跟踪审计工商银行、农业银行等8家重点商业银行信贷投放情况看，这些银行加大重点领域信贷支持力度，加强风险监测预警和防控，金融服务能力进一步提升。审计发现的主要问题：

　　（一）资金投向仍需进一步优化。8家商业银行2016年信贷规模增长8.9%，但与企业生产经营联系密切的贸易融资有所下降，涉农贷款下降3.27%。办理续贷时部分银行出于风险控制的需要，要求先"还旧"再"借新"，贷款企业只得另行高息自筹资金过渡，延伸调查20家企业筹得过渡资金的年化利率平均达27%。

　　（二）信贷发放和资产管理中存在违规操作问题。审计发现，8家银行的分支机构违规放贷和办理票据业务175.37亿元。在资产质量管理中，有些分支机构采用不及时调整贷款分类、新旧贷款置换、兜底回购式转让等方式，使不良资产信息披露不够充分。

此外，审计还发现，由于跨市场监管规则和标准还不衔接，个别保险公司与其他金融机构合作，通过万能险等筹资入市，影响资本市场秩序。

审计指出问题后，相关金融机构采取清收贷款、加固抵质押、完善手续等措施进行整改，修订制度和工作流程13项，处理处分70人。

资料来源：审计署网站。

3. 外部监督角度

（1）审计对象。根据《注册会计师法》《中国人民银行法》等有关法律法规的规定，会计师事务所对政策性银行、国有独资商业银行、金融资产管理公司、股份制商业银行、外资银行、城市商业银行、信托投资公司、企业集团财务公司、金融租赁公司、农村信用合作社及其联社等金融机构进行审计与鉴证。

（2）审计内容。注册会计师审计的相关审计业务，是指具有金融审计资格的会计师事务所接受委托从事的业务。目前主要有：接受金融机构委托从事的年度会计报表审计；接受金融机构委托，根据中国人民银行规定进行的专项审计业务；接受中国人民银行、银监会、证监会、保监会委托进行的专项审计业务等。2010年财政部发布《金融企业选聘会计师事务所招标管理办法（试行）》，规定了金融企业会计师事务所强制轮换制度，这将对金融企业及我国的会计师事务所产生重大影响。

五、金融安全审计的分类及作用

（一）金融安全审计的分类

金融安全审计分类可从不同角度，按各种标准进行划分。研究金融安全审计类别可以从各个不同角度加深对金融安全审计的认识。

1. 按审计内容不同划分。本书基于商业银行的金融安全审计考虑，审计内容主要包括以下几个方面：

（1）内部控制评价。内部控制评价是指对特定基准日内部控制设计与运用的有效性进行评价。内部控制评价以满足人民银行、银监会、证监会等监管机构要求及审计为前提，以提升效率、防范风险为基础，围绕金融机构战略经营目标，推动内控评价工作制度化、标准化、规范化，围绕金融机构内部控制环境、风险评估、控制活动、信息与沟通、内部监督五要素，识别和评估风险，对金融机构内部控制的有效性进行全面评价，形成评价结论，出具评价报告。内部控制评价有利于促进持续改进、提升本行内控体系，确保内控体系全面覆盖银行业务，促进金融机构按照指引规范不断改进内控设计与运行。

（2）经济责任审计。经济责任审计是对领导人员任职期间所在单位财政或财务收支的真实性、合法性和效益性以及对有关经济活动应当负有的经济责任所进行的独立的监督、鉴证和评价活动。具体来讲，就是对金融机构的法定代表人或主要负责人在任职期内执行国家金融政策、上级部门的规章制度、信贷保险计划、财务收支及结果等是否正确、真实、合法，经济效益（指标）是否达到规定标准，国有资产有无损失浪费等进行审查，对管理及其经济责任、工作业绩等给予客观的鉴定和评价。

（3）绩效审计。绩效审计又称"3E"审计，即经济性（Economy），效率性（Efficiency）和效果性（Effectiveness）。金融绩效审计的内涵就是真实性、合法性审计基础上的"3E"审计，其主要特征：一是强调对金融机构业务活动的经济性、效率性和效果性的审计；二是对金融机构自身履行职责过程的审计。金融绩效审计实质上是一种综合性审计，要求在审计项目中，把真实性、合法性和绩效性目标有机地统一起来，在真实、合法性审计基础上，进一步突出绩效评价内容。

（4）金融安全财务审计。金融安全财务审计是指为了实现金融组织财务数据的真实、准确和完整公允目标，而对金融组织运营活动中形成的财务数据和资料进行审核监督，包括对财务内部控制的评审和主要财务账户及财务报告的审计，从而鉴证金融组织财务工作的效果，保证金融组织财务报告使用者的相关利益，并促进金融组织自身发展。例如，前述审计署2016年对四大国有商业银行的年度资产、负债、损益进行的审计，以及普华永道会计师事务所接受委托对中国建设银行2013年度会计报表进行的审计，均属于金融安全财务审计。

（5）金融机构信贷资产审计。金融机构信贷资产审计主要是对信贷业务内部控制制度和贷款业务经营活动的审计，其基本内容包括：信贷组织结构与决策机制、统一授权授信制度、贷款操作规程、贷款管理责任制、贷款风险管理等方面。了解和掌握信贷业务审计的内容，是进行金融机构信贷业务审计的前提和基础。

（6）互联网金融业务审计。互联网金融兼有金融业与现代信息技术的双重特点，不仅面临传统金融业的信用风险、流动性风险、利率风险等固有风险，还存在经营模式和业务运作方式特殊性带来的附加风险，例如包括互联网信息技术引发的技术风险、安全风险和虚拟金融服务产生的操作风险、信用风险。这些风险的隐蔽性和扩散性极为显著，加大了监管的难度，互联网金融安全审计必须树立全新的风险性监管理念，扩大审计范围，以保障金融安全。

此外，还有风险管理审计以及对某个领域或某项业务开展的审计专项调查等。随着审计受托责任的拓展，风险多样性的增加，审计的对象和内容也会不断拓宽。

2. 按审计技术模式不同划分。金融安全审计可分为账项基础审计、制度基础审计和风险基础审计等。

（1）账项基础审计。账项基础审计是指顺着或逆着会计报表的生成过程，通过对会计账簿和凭证进行详细审阅，对会计账表之间的勾稽关系进行逐一核实，来检查是否存在会计舞弊行为或技术性措施。这种审计技术模式比较适合舞弊审计，例如，针对专门的串通骗取银行贷款行为的专项审计就应当采取这种模式。

（2）制度基础审计。制度基础审计是从对被审计单位内部控制系统的测试和评价出发，当评价结果表明被审计单位的内部控制系统健全且运行有效、值得信赖时，可以在随后对报表项目的实质性测试工作中仅抽取小部分样本进行审查；相反则需扩大实质性测试的范围。该审计模式能够提高审计的效率，并保证抽样审计的质量。这种审计技术模式比较适合较庞杂和较大业务规模的审计任务，如许多会计报表审计项目就广泛运用制度基础审计模式。

（3）风险基础审计。风险基础审计是从对被审计单位的经济环境、财务状况等方面进行全面的风险评估出发，利用审计风险模型，规划审计工作，积极运用分析性复核，力争将审计风险控制在可以接受的水平上。风险基础审计模式是在制度基础审计模式基础上发展起来的，风险基础审计代表了现代金融审计发展的方向。例如，注册会计师对上市银行年度会计报表审计，按照中国注册会计师审计准则要求，须实行风险基础审计模式金融审计的其他分类。

（二）金融安全审计的作用

不论是金融监管机构还是金融机构，各自都担负着维护金融安全的使命，这是公共受托经济责任内涵所决定的。金融安全审计从本质上讲是一种确保公共受托经济责任全面有效履行的特殊的经济控制机制，作用主要体现在监督、制约和促进三个方面。金融安全审计是维护金融安全的重要屏障，是促进金融市场改善的重要手段。在实现维护金融安全的目标下，金融安全审计起到监督、制约和促进的作用，因其具有的宏观性、独立性和综合性的优势，因此能够促进对金融风险的监控，有效防范和化解风险。

1. 宏观角度。金融安全审计对宏观经济政策措施落实情况进行审计，对政策执行中的违反合法性原则，以及违背资金或资源管理的经济性、效率性和效果性原则的现象及时地进行揭露和纠正，提出相应的整改建议，确保各项政策措施落实到位，完善宏观经济发展环境，从而推动整个宏观经济的平衡发展。

金融安全审计依法对金融监管机构的预算执行情况和其他财政收支情况进行审计，对预算执行、其他财政财务收支中存在的问题发表审计意见，提出审计建议，这对于金融监管机构进一步改善监管效果、提高监管效率能够发挥重要的作用。相关资料显示，金融监管机构普遍存在扩大支出范围和提高支出标准、会计核算不规范等问题。通过事后的整改，金融监管机构逐步规范了会计核算和预算管理制度，确保了预算资金按规定的用途使用，从而在一定程度上保证了金融监管能够按照预定的目标实施。因此，金融安全审计对金融监管机构的审计，能够促进金融监管的效率和效果，并最终对金融风险的监控起到监督的作用。

2. 微观角度。通过对金融机构资产负债损益的审计，一方面可以提供更为可靠的财务报表数据，提高财务报告质量，为风险评估提供更为可靠的基础数据；另一方面在审计过程中发现的经营管理、风险管理等方面存在的违法违规问题和薄弱环节，可以促进金融机构进一步完善相关的控制系统，防止因系统缺陷带来的风险，提高金融机构抵御风险的能力。经审计后的财务报告，以及金融机构制度、控制系统中存在的缺陷等，可为金融监管机构从宏观层面进一步完善监管政策，评估系统性风险等提供重要的基础数据。

通过对内部控制和经营风险的审计评估，促进金融机构改善经营管理，健全内部控制制度，防范、化解风险，提高经营管理水平。自 2009 年国际内部审计师协会（IIA）颁布内部审计新定义之后，内部审计在风险管理方面的作用开始被关注。内部审计的提前介入，可以测定金融抵御风险能力、盈利能力、呆账准备金率等，科学地分析风险状况，以便防范和化解风险。

通过各金融企业内部的审计监督，揭露商业银行、保险公司、证券公司等金融企业在经营中的违规违纪行为，保护国有资产安全，严肃查处弄虚作假的行为，如违规拆借、高息揽储、超绕规模放贷、账外经营等。

第二节 金融安全审计方法和程序

一、金融安全审计方法

审计方法是指审计人员检查和分析审计对象，收集审计证据，并对照审计依据或标准，形成审计结论和意见的各种专门手段的总称。金融安全审计方法是指审计人员在对金融安全环境因素评价、对金融监管机构、金融机构审计过程中所采用的审计方法。一般审计方法在金融安全审计过程中都可以采用。

（一）金融安全预警方法

首先，国家审计机关针对维护金融安全的战略目标设定预警策略，进行持续跟踪，建立预警体系。预警体系包括：指标体系、预警阈值和数据处理等主要内容。指标体系可从宏观、中观和微观三个层面选取相应指标。宏观层面指标包括：经济增长指标、国际储备指标、外债指标、资本流出流入的构成和期限结构指标、利率和汇率指标、价格变化指标等；中观层面指标包括：利率敏感系数、股价指数、股票市盈率、证券化率等；微观层面指标包括：资本充足率指标、资产质量指标、盈利能力指标、流动风险指标等。值得注意的是，单一化、明确限定适用范围的预警指标比复杂的综合化预警指标体系更适合起步阶段的金融安全审计。

【拓展阅读】

金融安全项目审计

2009 年以来，面对全球性金融危机，针对我国金融领域风险的状况，审计署适时调增了围绕金融安全为主题的专项审计调查项目。2009 年 2 月至 3 月，审计署驻南京特派办等 7 个特派办及浙江等 6 省审计厅，对浙江省等 7 省 2 市开展了国际金融危机对中小企业影响状况的专项审计调查，通过审计发现金融潜在风险和危机，敦促经营者、监管者对金融机构的风险进行客观真实的评价，并采取措施降低风险、维护稳定。有关职能部门针对专项审计调查报告和专报信息反映的问题和提出的建议，出台了《关于促进小额贷款公司健康发展的若干意见》及相关的小企业贷款风险补偿办法等。金融安全审计立足预防，强化内部控制和系统监管，对可能的金融风险做了预防，有效减弱了风险的侵害，维护了金融安全。

（二）金融安全监督与评价方法

监督就是运用审计方法和其他检查、监控手段，获取经济运行的信息，从而解析经济运行状况，对照一定的标准，判断经济活动是否处于正常运行状态，以此监察和督促市场经济主体和各经济管理部门忠实地履行其应尽的责任和义务，同时借此揭露有悖市场经济法则和有违国家法规、政府宏观调控政策的人和事的一种行为。监督的内容包括，自然垄断、外部不经济、信息不对称、假冒伪劣等"市场失灵"现象；财务造假、偷税漏税、损失浪费等违法行为；政府不作为、乱作为和形式主义、官僚主义等"政府失灵"现象。尤其跟踪监督金融系统的运行过程和结果，检查有关经济主体认真履行经济责任情况，促进金融系统安全稳健地运行。

评价的重点内容是：金融监管政策、货币财政政策、金融系统的体制机制等，并提出完善和改进措施的意见，产生明显的经济效益、管理效益和社会效益。

（三）金融安全审计纠偏方法

审计纠偏是金融安全审计的重要职能，尤其体现在金融安全领域。纠偏机制发挥作用的难度较大，时间较长，综合效应的体现也需要时间，需要持续关注。金融安全审计不仅需要跟踪风险点的变化状况，还要跟踪问题解决的程度及其关联影响。

一是建立与相关政策执行部门的固定联系，在预算执行和财务财政收支审计的基础上，从关注政策性资金使用绩效入手，评估政策执行中存在的风险隐患和已发现全局性、苗头性问题的纠偏进展。

二是通过审计监督部门上下联动机制，跟踪审计建议落实情况，密切关注法规制度修改完善后在各地的实际影响，在此基础上推动以立法程序弥补制度漏洞，构建长效机制。落实责任追究问责制，协调多元化审计主体的责任分配。

（四）金融安全审计的整合方法

在现实经济活动中，金融安全不是孤立的，它不仅涉及本国金融系统自身运行状况和内部控制质量水平，而且还涉及本国社会政治、经济、法律、文化等多层面，涉及对国外金融系统乃至全球金融活动的冲击。这就需要金融安全审计机关整合资源，创新机制。

首先，整合审计署机关、派出局、特派办和地方审计机关等方面资源，弥补信息不均衡的不利影响，充分利用大数据分析，进行风险管理控制预评价，提高对风险因素的分析和筛选效率。其次，开展国际交流合作，学习和借鉴国外的绩效审计理念和先进的技术方法，关注国外的经济和金融风险向国内传导的途径和方式，评估经济全球化带来的金融风险。最后，加强对社会审计和内部审计的指导监督，利用社会审计、内部审计的相关资源和信息，帮助国家审计机关解决人手不足和信息不畅的问题。

二、金融安全审计程序

审计程序是指审计人员实施审计工作的先后顺序，有广义和狭义之分。广义的审计程序是指审计机构和审计人员对审计项目从开始到结束的整个过程采取的系统性工作步骤；狭义的审计程序是指审计人员在实施审计的具体工作中所采取的审计方法。

金融安全审计程序是指金融安全审计的工作流程，即审计人员在执行审计任务时，必须按照其规范程序开展工作。可以说审计程序对于审计人员而言，就好比地图对于旅行者的指导作用，有了审计程序，审计人员掌握查核的方向和方法，提高审计效率。金融安全审计程序与一般审计程序一样，分为四个阶段：准备阶段、实施阶段、报告阶段和后续阶段，后续阶段包括审计执行和审计行政复议。由于金融安全的影响因素的复杂性和金融业务的特殊性，金融安全审计程序又有自身的特点。

（一）审计准备阶段

金融安全审计的准备阶段，是指审计机关从审计项目计划开始，到发出审计通知书为止的这一段时间。准备阶段是整个审计过程的起点和基础，准备阶段的工作做得是否充分细致，对整个项目审计工作都会产生很大的影响。准备阶段一般可分为审计机关的准备工作和审计组的准备工作两个方面。

1. 审计机关的准备工作

（1）编制审计项目计划，确定审计事项。审计机关应当根据法律、法规和国家其他有关规定，按照本级人民政府和上级审计机关的要求，确定年度审计工作重点，对审计对象进行预测和分类，科学地编制审计计划，并确定审计事项。审计项目计划一般是年度计划，也就是审计自己本年度对辖区内哪些部门、单位进行审计监督的统筹安排。审计事项就是指审计项目计划汇总确定的具体审计事项。以我国现行国家审计为例，国家审计署负责对中国人民银行、国家外汇管理局的财务收支，中央国有企业和金融机构、国有资本占控股或主导地位的企业和金融机构的资产、负债和损益进行审计。下设特派办，特派办根据审计署的授权，根据法律和审计署的规定，履行审计人民银行省级、省级银行保险监督管理委员会的预算执行情况、决算和其他财政收支职责。

（2）委派审计人员组成审计组。审计组是审计机关特派的实施审计活动的基本单位。审计事项确定以后，审计机关应根据审计事项的特点和要求，组织一定数量和质量的审计人员组成审计组。审计组实行组长负责制，组员在组长领导和协调下开展工作，并对分担的工作各负其责。审计组组长对审计组的工作全面负责，包括制订审计方案和具体实施审计检查、组织撰写审计报告等。

（3）签发"审计通知书"。审计机关签发的"审计通知书"是审计指令，它不仅是对被审计金融机构进行的书面通知，而且也是审计组进驻被审计金融机构执行审计任务，行使国家审计监督的凭据和证件。根据《审计法》和实施条例的规定，审计机关在实施审计 3 日前，向被审计单位送达"审计通知书"。审计机关发送"审计通知书"时，应附审计文书送达回证。被审计金融机构收到"审计通知书"后，填好审计文书送达回证送（寄）审计机关。直接送达的，以被审计金融机构在回执上注明的签收日期为送达日期；邮寄送达的，以回执上注明的收件日期为送达日期。

"审计通知书"的内容包括：被审计单位名称；审计的依据、审计范围、内容、方式和时间；审计组组长及其他成员的名单；对被审计金融机构配合审计工作的要求；审计机关公章及签发日期。审计机关认为需要被审计金融机构自查的，应当在"审计通知书"中写明自查内容、要求和期限。"审计通知书"在发送被审计金融机构的同时，还应抄送被审计金融机构的上级主管部门和有关部门。

另外，审计机关发送"审计通知书"时附的审计文书送达回证，是为了适应《审计法》关于审计程序中有关时限的规定以及行政复议的要求而设的。它主要适用于审计机关发送"审计通知书"、审计报告征求意见和复议决定等审计文书时使用。审计文书送达回证应写明受送达人、送达地点、发送单位、事由和文书名称。受送达人是指被审计金融机构、有关单位和个人；送达地点是指接受审计文书的地点；发送单位是指审计机关；事由是指发送文书的原因。

审计机关向被审计金融机构送达"审计通知书"时，应当书面要求被审计单位法定代表人和财务主要人员就与审计事项有关的会计资料的真实性、合法性作出承诺。在审计过程中，审计组还可以根据情况向被审计金融机构陆续提出书面承诺要求。审计组应将承诺书列入取证清单，作为证据编入工作底稿。

2. 审计组的准备工作

（1）明确审计任务，学习法规和熟悉标准。审计负责人接到任务后，应召集全组审计人员，说明该次审计的主要任务、目的和要求，提出自己的认识和打算引导大家思考，集思广益。审计组成员还要学习完成审计任务可能涉及的财经法纪、审计法规及审计工作纪律，准确掌握审计法规标准，以便客观准确地评价被审计金融机构的经济活动。

（2）进行初步调查，了解被审计单位基本情况。审计组成员在其负责人的组织下，根据审计任务的要求，对被审计金融机构所处的经济环境及其所在行业状况进行一般了解和对该机构内部情况进行具体了解。

基本内容包括：

①被审计金融机构的所有者及构成、组织结构、经营规模、业务性质、业务流程、经营管理、内部控制等情况；关联方及关联方交易的情况；以前年度接受审计的情况；风险情况。

②所属金融行业的基本信息，如市场竞争情况、行业风险、行业前景、会计惯例等情况。

③国家相关法律法规；财政、货币政策；行业政策、制度；汇率及外汇管理等情况。

④其他需要了解的有关事项。

了解途径和来源：

通过收集查阅被审计单位平时上报的资料，走访有关部门，如主管部门、财税部门、工商、银行、物价等部门，听取各方面情况介绍，初步了解被审计单位的业务性质、生产经营特点、组织机构设置等情况。如需再次审计，可以通过查阅原来的审计工作底稿、审计报告、审计决定等档案资料，了解被审计单位过去的经济情况，发生过哪些问题，是如何处理的。

由于了解被审计金融机构的基本情况是一个连续累积的收集、评价并使用信息的过程，因此，审计人员应当及时更新和重新评价以前获知被审计金融机构的有关信息，并实施相应的审计程序，以识别上次审计后有关情况发生的重大变化及整改情况。

3. 拟订审计工作方案。审计工作方案是实施审计的总体安排，保证审计工作取得预期效果的有效措施，也是审计机关据以检查、控制审计工作质量、进度的依据。审计工作方案是在综合已经取得的资料和掌握的情况，以及明确审计的重要问题的基础上形成的。其主要内容包括：审计项目名称、被审计单位名称；审计目标；审计方式；编制依据；审计的范围和内容；审计要点、步骤和方法；时间进度和人员分工等。

编制审计方案应当根据重要性原则，围绕审计目标、确定审计的范围、重点。审计工作方案在制订时还应留有适当余地，以便实际情况发生变化时，作出相应的调整。审计工作方案经审计组所在部门领导或审计机关主要领导批准后，由审计组负责实施。如果是内部审计人员在实施审计业务之前，应当报请董事会或者最高管理层批准审计工作事项、年度审计计划、人力资源计划、财务预算等；接受并完成董事会或者最高管理层的业务委派，如进行必要检查、实施专项审计、开展经济责任审计、评价社会审计组织的工作质量等。

审计组成员需准备好审计时所必需的各种物品，如审计工作记录、计算工具等。

（二）审计实施阶段

审计实施阶段是审计组进驻被审计单位，就地审查会计凭证、会计账簿、会计报表，查阅与审计事项有关的文件、资料，检查现金、实物、有价证券，并向有关单位和人员调查，以取得证明材料的过程。它是将审计工作方案付诸实施、化为实际行动的阶段，是审计全过程的最主要阶段。审计实施阶段主要包括：调查研究、风险评估程序、实施控制测试、实施实质性审计程序。实施阶段主要应做好以下几项工作。

1. 深入调查研究，调整审计方案。审计组实施审计时，首先应深入了解被审计金融机构的管理体制、机构设置、职责或经营范围、业务规模、资产状况等。其次对内部控制制度进行评估，根据评估结果，确定审计范围和采用的方法。必要时，修改原来制订的审计方案。其主要步骤如下。

（1）听取被审计金融机构情况介绍。审计组进驻被审计单位后，应与被审计单位领导取得联系，说明本次审计的范围、内容与目的要求，争取他们的支持；约请被审计单位领导和有关部门负责人共同确定工作部署，确定与审计组的联系人和提供必要的资料等问题，听取被审计单位负责人及有关职能部门对单位情况的介绍；采用适当方式，使单位职工了解审计目的、内容，以取得支持和协助。

（2）索取、收集必要的资料。审计组应当根据情况介绍和审计工作需要，向被审计单位索取有关资料，要求其提供银行存款账户，进行必要的资料收集工作。常规审计一般需要索取、收集的资料主要是：被审计金融机构有关的规章制度、文件、计划、合同文本；被查期间的各种审计资料、分析资料，上年度财务报表以及以往接受各种检查、审计的资料；各种自制原始凭证的存根，未粘附在记账凭证上的各种支票、发票、收据等存根，以及银行账户、银行收账单、备查簿等相关的经济信息资料。

在索取、收集资料时，一定要做好登记、清点移交工作。收集的资料要当面清点，注意残缺页码，并列表登记，注明资料来源。移交与接收双方都要在移交表或调阅单上签名。

（3）深入调查研究，全面了解内部控制状况。为了全面深入地了解被审计金融机构业务活动的一些具体规定、手续以及内控制度的执行情况，审计组在收集资料以后，应当通过查阅资料、观察、咨询等方式了解被审计单位的有关情况。特别是了解被审计单位的各项业务处理手续，有关财务会计业务处理和现金、物资管理方面的内控制度建立完善情况和实际贯彻执行情况。

（4）必要时调整原审计方案。在深入调查确定、初步评价被审计金融机构内控制度的基础上，审计组应当重新审查原拟订的审计方案，如发现原方案确定的审计范围、重点具体实施步骤和方法等与实际情况相差太远，必须修改审计方案时，应按规定的程序进行修改，经派出审计组的审计机关主管领导同意后组织实施。

2. 风险评估程序。为了解被审计金融机构及其环境而实施的程序称为风险评估程序。审计人员应当实施下列风险评估程序，以了解被审计金融机构及其环境，识别和评估重大错报风险，设计和实施进一步审计程序。

（1）实施风险评估的途径

①询问和访谈。询问被审计金融机构管理层、治理层及"三道防线"，还应考虑询问不同级别的员工，以获取对识别重大错报风险有用的信息。询问的内容涉及被审计金融机构业务经营环境和内部控制、风险管理等方面。

②观察和检查。审计人员应当实施下列观察和检查程序：观察被审计金融机构的经营活动、检查文件、记录和内部控制手册；阅读由管理层和治理层编制的报告；实地查看被审计金融机构的经营场所和设备；追踪交易在财务报告信息系统中的处理过程（穿行测试）。通过进行穿行测试，审计人员可以了解控制的状况、评价控制设计的合理性以及确定控制是否得到执行。观察和检查程序可以印证对管理层和其他相关人员的询问结果，并可提供有关被审计金融机构及其环境的信息。

③分析。分析性复核程序是指审计人员通过研究不同财务数据之间以及财务数据与非财务数据之间的内在关系，对财务信息作出评价。实施分析程序有助于审计人员识别异常的交易或事项，以及对财务报表和审计产生影响的金额、比率和趋势。在实施分析程序时，审计人员应当预期可能存在的合理关系，并与被审计金融机构记录的金额、依据记录金额计算的比率或趋势做比较；如果发现异常或未预期到的关系，审计人员应当在识别重大错报风险时考虑这些比较结果。

④其他途径。如果根据职业判断认为从被审计金融机构外部获取的信息有助于识

别重大错报风险，审计人员应当通过其他途径获取这些信息。例如，询问被审计金融机构的法律顾问、财务顾问、查阅证券分析师对被审计金融机构所处行业及该公司盈利状况的分析等。

（2）风险评估的具体内容

①了解被审计金融机构及其环境。包括监管环境、行业状况；公司性质；被审计金融机构对会计政策的选择和运用；被审计金融机构的目标、战略以及相关的经营风险；被审计金融机构财务业绩的衡量和评价；被审计金融机构的内部控制制度。

②评估财务报表重大错报风险。重大错报风险是指财务报表在审计前存在重大错报的可能性。审计人员应当从财务报表层次和各类交易、账户余额、列报（包括披露）认定层次考虑重大错报风险。审计人员应当实施下列审计程序识别和评估重大错报风险：在了解被审计金融机构及其环境的整个过程中识别风险，并考虑各类交易、账户余额、列报。例如，被审计金融机构出现问题，导致部分消费者向公司提起诉讼，要求公司赔偿相关损失。该事项发生后，被审计金融机构有可能未按照企业会计准则的规定在账面足额确认预计负债等。

3. 进行符合性测试

（1）符合性测试的概念。符合性测试又称控制测试，是指审计人员为了取得被审计金融机构的内部控制制度设计是否存在缺陷、运行是否有效以及是否得到一贯遵循的证据所进行的测试。现代审计的最大特征是以评价内部控制制度为基础的抽样审计，实行的是制度基础审计。因此，在审计实施阶段，首先必须全面了解被审计单位的内控制度，并进行评价。其目的在于验证审计人员拟信赖的内部控制制度是否确实有效，并根据测试的结果确定或修改实质性测试的程序、时间和范围。

在测试控制运行的有效性时，审计人员应当从下列方面获取关于控制是否有效运行的审计证据：控制在所审计期间的不同时点是如何运行的；控制是否得到一致执行；控制由谁执行；控制得以何种方式运行。如果被审计金融机构在审计期间的不同时期使用了不同的控制，审计人员应当考虑不同时期控制运行的有效性。

（2）符合性测试的性质。在确定了符合性测试的种类之后，审计人员应进一步决定控制测试的性质，即执行测试将使用什么样的审计程序。审计人员可选用的控制测试程序有：①检查交易和事项的凭证；②询问并实地观察未留审计轨迹的内部控制运行的情况。

审计人员在执行控制测试中，应注意选用那些对证明控制政策或程序的有效性能提供最可靠证据的程序。以上两种程序可合并使用。

（3）符合性测试的时间。审计人员应当根据控制测试的目的来确定控制测试的时间，并确定拟信赖的相关控制的时点或期间。如果测试特定时点的控制，审计人员仅得到该时点控制运行有效性的审计证据；如果测试某一期间的控制，审计人员可获取控制在该期间有效运行的审计证据。如果需要获取控制在某一期间有效运行的审计证据，仅获取与时点相关的审计证据是不充分的，审计人员应当辅以其他控制测试，包括测试被审计金融机构对控制的监督。

（4）符合性测试的范围。审计人员应当设计符合性测试的范围，以获取控制在整个拟信赖的期间有效运行的充分、恰当的审计证据。在确定控制测试的范围时，审计人员应考虑下列因素：被审计单位执行控制的频率；审计人员拟信赖控制运行有效时间长度；其他控制获取的审计证据的范围；在风险评估时拟信赖控制运行有效性程度；控制的预期偏差等。

评价内控制度，一是进行内控制度健全性调查，二是进行内控制度符合性测试，三是对内控制度的有效性进行综合评价，从中发现内控制度的强点和弱点，并分析原因。根据内部控制的强弱点，对审计方案进行适当调整。将审查重点放在内部控制制度的弱点上，面对强点则进行一般审查，以尽可能高效、高质量地取得审计证明材料，提高审计工作效率。

4. 实施实质性测试，搜集证明材料

（1）分析经济业务特点。为了把有限的审计力量花在更有价值的审计内容上，审计人员首先要对经济业务进行一般分析。

①经济业务的重要性分析。通过对被审计金融机构经济活动全过程的了解，审计人员可以确定各类业务的重要程度，以便在审计中加强对重要业务的审查。

②业务处理复杂程度分析。一般情况下，业务处理比较复杂的环节更容易发生错误，审计人员应该更注意对业务处理比较复杂的环节的审查。

③业务发生频率分析。业务发生越频繁，发生错误的可能性就越大，审计人员则应倍加注意。

④业务处理人员素质分析。业务素质不高的人员所经手的业务较易发生问题，它也应是审计人员审查的重点。

（2）审查有关的会计资料和经济活动，收集、鉴定审计证明材料。

《审计法》第三十九条规定："审计人员通过审查会计凭证、会计账簿、会计报告、查阅与审计事项有关的文件、资料，检查现金、实物、有价证券，向有关单位和个人调查等方式进行审计，并取得证明材料。"根据以上规定，审计人员应做好以下各项工作。

①审查分析会计资料。对会计资料的审查分析，包括对会计凭证、账簿和报表的分析，主要包括以下内容。

第一，审查分析财务报表。一是要对其外观形式进行审查，看被审计金融机构所编制的各种财务报表是否符合规定和要求，表页、表内项目、指标是否齐全；二是要审阅各报表之间的勾稽关系；三是要审查各报表内相关数字间的勾稽关系。

第二，审查分析各类账户。一是判断容易发生差错或易于弄虚作假的账户；二是审查分析各类账户记录的增减变动情况，判断业务的真实性和数据的真实性，如果材料账户的记录长期无变动，则应审查材料是否确实存在或是否能利用；三是核实账户余额，包括总账和明细账，特别是结算类账户和跨期摊配账户。

第三，抽查有关凭证。通过抽查有关凭证确定账簿记录的真实性，以及数据所反映的经济业务是否合理、合法。

第四，复算。审计人员要对被审计金融机构所计算的结果进行复算，以确定是否有故意歪曲计算结果的错弊或无意造成的计算差错。

第五，询证。审计人员在审查中，发现有疑点时，可向有关单位和个人以函询或面询的方式进行调查。审计人员向有关单位和个人进行调查时，应当出示审计人员的工作证件和审计通知书副本，审计人员不少于两人。

②实物盘点与资产清查。审计人员在审查分析有关书面资料后，还应对有关盘存的账户所记录的内容进行实物盘点，以取得实物证据。如库存现金盘点、库存材料盘点、低值易耗品盘点、在产品盘点、产成品盘点、固定资产盘点等。如实物较多，审计人员应按可能性、必要性、重要性的原则，有选择地进行重点盘点。

此外，审计人员实施实质性测试时，应当按照下列规定办理。

①搜集、取得能够证明审计事项的原始资料、有关文件和实物等；不能取得原始资料、有关文件和实物的，可以采取复制拍照等方法取得证明材料。

②对与审计事项有关的会议和谈话内容要做记录，或者根据审计工作需要，要求提供会议记录。

③审计人员向有关单位和个人调查取得的证明材料，应当有提供者的签名或者盖章。未取得提供者签名或者盖章的，审计人员应当注明原因。

5. 编制审计工作底稿。对审计中发现的问题，做详细、准确的记录，并注明资料来源。在审计过程中，审计人员必须有详细的工作记录，以便反映出审计工作的全部过程。这些记录，有些可以直接作为正式的审计工作底稿，有些则要重新编写。审计工作底稿是审计证明材料的汇集，在汇集证明材料时，应注明证明材料的来源。审计工作底稿是撰写审计报告的基础，是检查审计工作质量的依据，也是进行复议乃至再度审计时需要审阅的重要资料。

审计人员实施审计时，可以利用经检查后的内部审计机构或者社会审计组织的审计成果。审计组在利用社会审计组织审计成果前，应当依照有关法律、法规和规章的规定，对社会审计组织的审计业务质量进行监督检查。

（三）审计报告阶段

审计报告阶段，也叫审计的终结阶段，是审计工作的总结阶段，这一阶段的工作主要是编制审计报告，作出审计决定，其主要步骤如下。

1. 整理和分析审计工作底稿。审计组长应当对审计人员的审计工作底稿进行必要的检查和复核，对审计组成员的工作质量和审计工作目标完成情况进行监督。审计工作就是不断搜集审计证据，整理分析证据，运用审计证据的过程。通过检查、复核和整理审计工作底稿，对汇集的审计证据要进行认真审查。鉴定证明材料的客观性、相关性和合法性，检查审计组是否已经收集到足以证明审计事实真相的证明材料，以便及时采取补救措施，保证审计组收集的证明材料的充分性。

2. 审计组编写审计报告。按照《审计法》第三十九条规定，审计组对审计事项实施审计后，应当向审计机关提出审计报告。审计组编写的审计报告应当征求被审计金融机构的意见，由审计组长签字后，连同被审计金融机构的书面意见等一同报送审计机关。

3. 审计机关审定审计报告阶段。按照《审计法》及其实施条例的规定，审计机关审定审计报告阶段的主要工作有四个方面：一是审定报告，对审计事项作出评价；二是出具审计意见书；三是对违反国家规定的财政收支、财务收支行为，需要依法给予处理、处罚的，在法定职权范围内作出审计决定或者向有关主管机关提出处理、处罚意见；四是提出审计结果报告和审计工作报告。

在完成审计报告审定工作后，就要进行资料处理和审计小结工作。如全部归还借阅的资料，整理审计过程中形成的资料，应将永久保存的资料、长期保存的资料、短期保存的资料立卷归档，移交档案部门管理；将无保存价值的资料造册登记后销毁。

所有工作结束后，审计组织应及时进行总结，以利于工作水平的不断提高。

第三节　金融安全审计证据

一、审计证据的概念及作用

（一）审计证据的概念

审计证据是指审计人员在审计过程中取得的，可为审计主体对被审计单位的评价和结论提供证明的一系列事实的资料。审计证据必须同时具备以下条件：

1. 必须客观真实。即其本身必须是客观存在的经济事实，其来源可靠，不以人的意志为转移，这是证据能否发挥其职能的先决和必备条件。

2. 必须与审计标的密切相关。即用作证据的事实和资料必须与审计标的或查证事项之间存在一定的逻辑关系。

3. 必须合法。即审计证据的收集必须由稽核审计部门依照有关法规规定的程序收集和验证。否则，不能作为审计证据。

以上三个条件必须同时具备，缺一不可。否则，均不能作为审计证据。

（二）审计证据对金融安全的作用

由于鉴证作用和证明性是审计的重要职能，而这些职能都需要高质量的审计证据做支撑，所以基于翔实可靠的证据支撑的审计工作才是金融安全的重要保障。

1. 审计证据是制订与修正审计方案的依据之一。通过初步调查，根据证实审计目标的需要，确定所需要审计证据的类型、数量及取证渠道和方法，这就为确定审计范围、重点及主要方法提供了依据；审计人员在取证过程中，往往会发现实际情况与原定方案有很大差异，需要重新确定取证的范围和方法，这又为修订审计方案提供了依据。

2. 审计证据是作出审计决定的基础。任何审计决定都必须有根有据，否则难以令人信服，容易被人否定。因此，正确的审计决定都要以充分、适当的审计证据为基础。

3. 审计证据是表示审计意见的根据。全面公正、准确、恰当的审计意见都必须有充分的审计证据来支持，都必须和客观事实相吻合。根据估计和推测提出的审计意见，不会被他人所接受。

4. 审计证据是明确审计人员责任的重要依据。审计证据可以帮助审计人员认识审计的客观环境，提高其逻辑思维能力和判断能力，同时又是明确审计人员责任的重要依据。审计结论提出之后，被审计单位如有不服，可以向上一级审计机关申请复审；如果对复审结果仍有异议，可以向审计署申诉或向司法机关提出行政诉讼。复审和诉讼过程就是对审计人员责任的确认过程，审计证据不仅可以肯定审计人员所应承担的经济责任和法律责任，也可以否定审计人员的经济责任和法律责任。

5. 审计证据是控制审计质量的重要手段。审计证据的作用不仅在于能够取信于他人，而且也是审计职业自我控制的重要工具。审计主管人员可以根据取证进度来控制审计进度，可以通过审计证据来控制全部审计工作质量。

二、审计证据的分类

（一）审计证据按存在的形态分类

按存在的形态，可将审计证据分为实物证据、书面证据、口头证据和环境证据。

1. 实物证据，是指审计人员通过实地观察和参加清查盘点所获得的，用于证明有关实物资产是否有实物存在的证据。如现金、固定资产、有价证券等。一般来说，实物证据具有很大可靠性。

2. 书面证据，是指审计人员通过实施测试程序和运用不同的方法所获取的以书写资料为存在形式的审计证据。如有关的原始凭证、记账凭证、账簿和报表、各种合同、会议记录和文件、函件等。书面证据有如下特点：数量多；覆盖范围广；来源渠道多样化；容易被篡改。根据这些特点，注意在大量收集有关的书面证据时，对书写证据进行认真细致的鉴定和分析，运用专业判断，辨别真伪，正确地利用书面证据。

3. 口头证据，是指审计人员以口头询问的方式取得的证据。包括有关人员的口头意见、看法、说明、答复等。口头证据本身并不可靠，但可借口头言辞发现某些线索，进而对查证事项作深入的调查。

4. 环境证据，也称状况证据，是指影响被审计事项的各种环境事实。环境证据一般不属于基本证据，不能用于直接证实有关被审计事项，但它可以帮助审计人员了解被审计单位或事项所处的环境或发展的状况，为判断被审计事项和确认已收集其他证据的程度提供依据。因而，环境证据仍然是审计人员进行判断所必须掌握的资料。环境证据包括：有关内部控制状况、管理人员的素质、相关管理条件和管理水平。

（二）审计证据按职能分类

审计证据以直接证实或间接证实为标志，可分为直接证据和间接证据。

1. 直接证据，是指对一定的查证事项具有直接证实功能的证据。审计人员有了这种证据，就无须再收集其他证据，即可得出查证事项的结论。

2. 间接证据（又称旁证），是指对查证事项起间接正式作用的证据。典型的间接证据是有关人员的口头说明。

（三）审计证据按取得的途径分类

1. 自然证据，是指在审计过程中随时可以得到的证据。自然证据既可产生于被审计单位内部，又可产生于独立的第三者，不需要审计人员在稽核审计时创造。由于有些自然证据是从被审计单位的经营活动和会计处理过程中产生的，因此，它的可靠性、真实性、相关性等方面不可避免地存在不确定性，因而需要检查和验证。

2. 加工证据，是指由于审计人员自己制作的证据。加工证据的可靠性和证明力都较强，无须做过多的检查和验证。

（四）审计证据按填制的地点分类

1. 内部证据，是指从被审计单位内部各部门编制的资料中所取得的证据。如会计凭证、账簿、贷款借据和各种合同等。

2. 外部证据，是指从被审计单位以外的独立第三方所编制的资料中收集的证据。如查询查复书、其他函件、联行对账单及购货发票等。

三、审计证据的收集

（一）收集审计证据的原则

审计的核心过程就是收集审计证据并进行综合整理和分析、评价，据以形成审计意见和结论的过程。为达到审计目的，要按照下述各项原则，深入细致地做好审计证据的收集工作。

1. 充分性原则，又称足够性原则，是指审计人员为完成审计目标所需要证据的最低数量。客观、公正的审计结论必须建立在足够数量的证据基础之上，但这并不是说审计人员获取的证据越多越好，应以能说明问题为限，每一个审计项目所需证据的数量是根据该项目的具体情况而定。

2. 相关性原则，是指审计证据与审计项目之间有一定的逻辑关系，对形成审计意见和结论有一定联系。审计证据必须是客观真实的，但并不是所有客观真实的资料都能作为审计证据，只有与审计项目有联系的才可以，否则收集的证据再真实、再充分也是无用的。

3. 相对重要原则，是指不同情况下的审计证据，重要性是相对的，并不是绝对的。一般来说，同样的证据，金额大的比金额小的更加重要，但在许多情况下，个别证据的余额虽小，然而把许多同性质的证据归纳在一起，就可能反映出一笔较大的金额，并可说明某种问题而成为重要的证据。有些证据所反映的问题性质似乎并不重要，然而可能掩盖着性质重要的问题，因此要求审计人员用辩证的方法认真加以判断。

4. 成本原则，是指在收集证据过程中，应考虑收集证据的成本因素。收集审计证据要做大量的工作，耗费一定的精力和财力，审计人员绝不能忽视各种证据的取得成本。但也应注意，若需要审计的项目十分重要，需要获取的证据又是关键证据，即使需要支付较大的成本，审计人员也要尽可能获取。

（二）收集审计证据的方法

在审计过程中可以采用检查、监盘、观察、查询和函证、计算、分析性复核等方法获取审计证据，这些证据主要有三个来源：观察证据、作证证据、记录证据。由于这些方法也是审计的基本技术方法，已在本章中单独阐述，在此不再赘述。

四、审计证据的鉴定和综合

通过各种途径收集到的审计证据，尽管具有证明力，但其证明力还是潜在的，还不能直接用来证明审计项目，必须对证据的相关性、重要性、真实性进行鉴定，看证据与被审计事项是否有内在联系，如果没有，应该果断剔除。证据与证据之间也应该存在联系，能够相互证实，倘若发现证据与证据之间内容不一致，甚至存在着矛盾，还应收集更多的相关证据进行判断。

证据本身是否真实可靠，受到许多因素的影响。一般来说，证据受个人支配程度越小，被篡改和伪造的机会越少，就越真实可靠。反之，受个人支配程度越大，被篡改和伪造的机会越多，证据不真实的可能性就越大。由此可以判断，从独立的外单位取得的证据，比从被审计单位取得的证据更可靠；从内控制度健全的单位取得的证据比从内控制度不健全的单位取得的证据更可靠；由审计人员自行观察、计算而直接取得的证据，比间接取得的证据更可靠。证据是否重要与证据所证明事项的性质和审计目标有紧密的关系，越是重要的审计项目，其审计证据的重要程度也就越高；反之，其证据的重要程度越低，仅需较少的证据即可。经过鉴定判断后的审计证据才能够对一定的事项给予证明，具有现实证明力。

经过鉴定的证据，虽然具有现实证明力，但仍是分散的个别证据，只能对事项的局部加以说明，不能说明事项的全部情况。为使其形成具有充分证明力的证据，还需对证据进行综合。综合是从相关证据总体上对证据加以归纳、分析、整理，使其系统化、条理化。综合的过程就是选出最适宜的、充分的、有说服力的证据，以此作为编写审计报告、发表审计意见、作出审计结论的依据。

📖【本章小结】

本章从介绍金融安全入手，对金融安全审计逐一展开，分别从审计概念、审计特征、审计主体、审计目标对象、审计分类和作用几个方面详细阐述。之后主要介绍金融安全审计的方法、程序和证据。

✒【复习思考题】

一、名词解释

金融安全　金融安全审计　国家审计　内部审计　审计证据

二、简答题

1. 金融安全审计的概念是什么？有哪些特征？
2. 金融安全审计的目标和对象分别是什么？
3. 简述金融安全审计的方法。
4. 简述金融安全审计的程序。
5. 如何收集审计证据？

第二章

金融安全内部控制审计

【教学目的和要求】

通过本章学习，熟悉金融安全内部控制基本理论，包括内部控制的概念和作用，内部控制的目标、内容和方法等，掌握金融安全内部控制评价的方法和内容；掌握金融安全内部控制审计的组织实施程序和方法，能够比较金融安全内部控制评价与审计的区别。

【案例导入】

新华社追问民生银行假理财案：是什么让银行内鬼有恃无恐

新华网北京4月28日消息，针对备受关注的"假理财"案件，民生银行27日对外披露，截至目前，经民生银行工作组逐笔与客户登记核实，涉案金额约16.5亿元，民生银行承认内控管理存在漏洞。为什么"假理财"运行多期、巨额资金汇集没有引起银行内控发现？在监管部门加强理财销售"双录"的背景下，为何违规销售理财的行为仍有恃无恐？

银行竟卖"假理财"？

近日，民生银行发布公告称，日前该行北京分行发现航天桥支行行长张颖有涉嫌违法行为，立即向公安部门报案。张颖目前正在接受公安部门调查。民生银行北京分行表示，航天桥支行案件是理财产品造假案。据购买该款"假理财"的投资人初步统计，"假理财"涉及的投资规模近30亿元。对此，民生银行回应称，截至目前，经民生银行工作组逐笔与客户登记核实，涉案金额约16.5亿元，涉及客户约150余人。一款"假理财"产品如何能忽悠上百位私人银行客户？民生银行透露，依据目前初步掌握的线索，此案系张颖通过控制他人账户作为资金归集账户，编造虚假投资理财产品和理财转让产品。

从投资人提供的数份投资合同看，这款"假理财"原本的预期收益率从4.2%到5.5%不等，在银行收益中表现平平。但银行工作人员告诉投资人，原始投资人急需用钱转让没有到期的理财产品并承诺放弃部分收益，让这个理财产品摇身一变，收益率超过了8.4%，有的收益率甚至达到11%。原本的收益率让不少投资者以为是银行自营的理财产品，风险较低，而"转让"幌子下的收益率又颇为诱人。一位投资人告诉记者，"理财是在银行网点购买，又有联系多年的银行销售人员推荐，重要的是合同上还印着银行的章。这使得这些颇有投资经验的私人银行客户从没有怀疑过理财产品的真实性"。民生银行表示，拟采取可行方式先期解决投资人的初始投资款项。但这并未与所有投资人达成一致。

"监守自盗"暴露银行内控不到位

此次"假理财"案件暴露出民生银行不少内控问题。从多位投资者提供给媒体的理财产品转让协议来看，这款理财的转让人集中在10多位，巨额资金在一段时间内集中汇入这些人的账户，并没有引起银行风险监控部门的警觉。业内人士介绍，一款理财产品的销售绝非一两个工作人员可以完成，从产品合同的制定到产品的宣传推荐，再到资金汇转，需要多个环节、多名员工参与。在长达一年有余的时间里，没有员工向有关部门举报这个"假理财"。民生银行经过反思后承认，个别基层单位内控机制和内控管理存在漏洞，日常业务检查的力度和频率不够，对员工行为管理不到位。除张颖外，另有个别支行员工正在接受公安部门的调查。

我国银行理财规模接近30万亿元，但一些银行内控未能及时跟上，使得销售误导、"飞单"等问题时有发生。此前，华夏银行、平安银行、广发银行等股份制商业银行和一些国有大行也曾曝出"飞单"案件，涉案金额从百万元上升到上亿元。

"近年来案件多出在基层分支机构和一线经营管理人员身上，风险管控的执行力度越到基层越薄弱。"交通银行金融研究中心高级研究员赵亚蕊说，"在理财市场高速发展的大背景下，受高额回扣的驱使，银行个别员工借助自己的职业优势，以存款的名义违规销售或者依托于银行的声誉，利用客户的信任代销第三方机构的高风险理财项目。"

资料来源：2017年4月28日18：09新华网（有删减）

思考题： 1. 为什么民生银行北京分行下辖的航天桥支行会发生虚假理财案？该行的内部控制出现了哪些问题？

2. 从银行的内部控制角度分析，如何避免此类案件的再次发生？

第一节　金融安全内部控制概述

一、内部控制的概念及作用

（一）内部控制的概念

内部控制，是指一个单位为了实现其经营目标，保护资产的安全、完整，保证会计信息资料的正确、可靠，确保既定方针的贯彻执行，保证经营活动的经济性、效率性和效果性而在单位内部采取的自我调整、约束、规划、评价和控制的一系列方法、手段与措施的总称。

（二）内部控制对金融安全的作用

内部控制的主要作用在社会化大生产中，内部控制作为企业生产经营活动的自我调节和自我制约的内在机制，处于企业中枢神经系统的重要位置。企业规模越大，其重要性越显著。可以说，内部控制的健全与否，是单位经营成败的关键。针对金融安全来说，企业内部控制主要有以下几方面作用：

1. 保证会计信息的真实性和准确性。健全的内部控制，可以保证会计信息的采集、归类、记录和汇总过程，从而真实地反映金融企业的生产经营活动的实际情况，并及时发现和纠正各种错误，从而保证会计信息的真实性和准确性。

2. 有效地防范金融企业经营风险。在金融企业的生产经营活动中，企业要达到生存发展的目标，就必须对各类风险进行有效的预防和控制，内部控制作为企业管理的中枢环节，是防范企业风险最为行之有效的一种手段。它通过对企业风险的有效评估，不断加强对企业经营薄弱环节的控制，把企业的各种风险消灭在萌芽之中，是企业风险防范的一种最佳方法。

3. 维护财产和资源的安全完整。健全完善的内部控制能够科学有效地监督和制约财产物资的采购、计量、验收等各个环节，从而确保金融企业财产物资的安全完整，并能有效地纠正各种损失浪费现象。

4. 促进金融企业的有效经营。健全有效的内部控制，可以利用会计、统计、业务等各部门的制度规划及有关报告，把企业的生产、营销、财务等各部门及其工作结合在一起，从而使各部门密切配合，充分发挥整体的作用，以顺利达到企业的经营目标。同时，由于严密的监督与考核，能真实地反映工作实绩，再配合合理的奖惩制度，便能激发员工的工作热情及潜能，从而促进整个企业经营效率的提高。

二、内部控制的目标

金融机构内部控制的总体目标是实现金融安全，具体包括：战略发展目标、政策执行目标、稳健经营目标和风险控制目标。

1. 战略发展目标。战略发展目标是指确保金融机构发展战略和经营目标的全面实施和充分实现。任何理智且有远见的金融机构，都会根据自身情况和市场条件来制定相应的发展战略和经营目标。而内部控制的目标之一，就是保证战略和经营目标的全面实施和充分实现，否则很难在激烈的竞争中生存和发展。

2. 政策执行目标。政策执行目标是指确保国家法律规定和金融机构内部规章制度的贯彻执行，这是金融内部控制的第一目标。因为依法经营是防范金融风险的前提和基本保障，而执行内部控制则是规范操作、统一管理的有效保证。

3. 稳健经营目标。稳健经营目标是指确保业务记录、财务信息和其他管理信息的及时、真实和完整。及时、真实和完整的业务记录、财务信息和其他管理信息，是金融机构正确掌握和评价其经营管理效果的前提，也是按照有关法律法规的规定进行有效信息披露的基础。因此，也是内部控制的重要目标。

4. 风险控制目标。风险控制目标是指确保风险管理体系的有效性。对金融机构而言，风险既预示着挑战，又影响其竞争能力，并影响其维持融资能力及保持和提高服务水平的能力。目前我国金融机构的风险管理还是一个薄弱的环节。因此，内部控制应当确保风险管理体系的有效建立和正常运行。

三、内部控制的方法

为保证金融机构安全，防范操作风险、信贷风险和市场风险，金融机构内部需要从治理结构、职责分离、授权授信、会计处理和风险管理几个方面进行控制。

（一）治理结构控制

治理结构，是指对工作任务如何分工和协调合作，公司籍以服务于它的投资者利益的一种组织安排。金融企业应当建立以股东大会、董事会、监事会、高级管理层等机构为主体的组织架构和保证各机构独立运作、有效制衡的制度安排以及建立科学、高效的决策、激励和约束机构。其中，股东大会是金融机构治理结构中的权力机构，是股东之间沟通的有效渠道，以确保所有股东享有平等地位和对金融机构重大事项的知情权、参与权和表决权。董事会是金融机构治理结构中的决策机构，向股东大会负责，包括独立董事、非独立董事以及执行董事等，主要职责包括制定商业银行的战略方针和经营等。监事会是金融机构治理结构中的监督机构，对金融企业的财务事宜和董事会、高级管理层的行为行使监督职权，对股东大会负责。高级管理层是治理结构中的执行机构，对董事会负责。例如，商业银行高级管理层以行长为代表，副行长等高级管理人员协助行长工作，行长的主要职责包括主持银行的日常行政、业务、财务管理工作，组织实施董事会决议，拟订经营计划和投资方案、基本管理制度及具体规章，提名其他高级管理人员人选，拟订薪酬福利和奖惩方案等。

公司治理控制要求金融机构的组织设置遵循决策系统、执行系统、监督反馈系统互相制衡的原则；制定明确成文的决策程序；要严格执行上级的决策，并在各自职责和权力范围内办理业务、行使职权；建立有效的内部监督系统，有利于各部门之间的相互监控，以保障金融机构的安全和稳健。

（二）职责分离控制

职责分离控制，是指遵循不相容职责相分离的原则，实现合理的组织分工。所谓不相容职责是指金融机构里某些相互关联的职责，如果集中于一个人身上，就会增加发生差错和舞弊的可能性，或者增加了发生差错或舞弊以后进行掩饰的可能性。在金融企业通常对于以下一些不相容职责必须进行分离：

1. 某项经济业务授权批准的职责与执行该项经济业务的职责必须分离；

2. 执行某项经济业务的职责与审核该项经济业务的职责必须进行分离；

3. 执行某项经济业务的职责与记录该项经济业务的职责必须进行分离；

4. 保管某项资产的职责与记录该项资产的职责必须进行分离；

5. 保管某项资产的职责与清查该项资产的职责必须进行分离；

6. 记录总账的职责与记录明细账、日记账的职责必须进行分离。

（三）授权授信控制

授权授信控制，是金融企业最重要的控制手段之一。其主要内容如下。

1. 按照各自经营活动的性质和功能，建立以全面风险控制为内涵的内部授权、授信管理制度；

2. 在分散职能的基础上，授权和权限应明确规定各个部门管理人员和工作人员的权力范围、审批额度或业务额度、职能范围和承担的责任；

3. 各种授权都要以书面形式确认，逐级下达，按照内部有关经营管理权限实行逐级有限授权，根据被授权人的实际情况实行区别授权并根据情况的变化及时调整授权。

根据"四眼"原则，明确规定重要业务活动只有经过两人以上审批签署方才有效，单人单岗处理业务的，也应建立后续监督机制。

（四）会计控制

会计控制，是指为保护财产物资的安全完整、会计信息的正确真实以及财务活动的合法有效而制定和实施的有关会计业务及相关业务的政策与程序。例如，现金管理及资金调拨内部控制；印、押、证三分管等支付结算办法控制；记账程序的内部控制；会计凭证保管、整理、归档内部控制等。会计控制系统的建立要遵循以下基本原则。

1. 规范化原则。会计账务处理须按照会计制度的要求，建立并执行规范化的操作程序。

2. 监督制约原则。对会计账务处理的有效依据如业务规章、密押、重要空白凭证实行专人分管；资金与实物分别核算与管理；会计部门对重要空白凭证和有价单证要进行表外登记，应由独立于会计部门之外的部门管理现金、有价证券及其他实物形态的资产；对会计账务处理的全过程要实行事前审查、事中监控和事后监督。

3. 授权分责原则。对会计账务处理实行分级授权，会计人员不得超越权限范围处理会计账务和增删修改会计账务事项或参数；会计账务处理必须实行岗位分工，明确岗位职责，严禁一人兼岗或独自操作全过程；会计岗位实行定期或不定期轮换。

4. 账务核对原则。对会计账务核对须坚持"六相符"，即"账账、账据、账款、账实、账表"及内外账务核对相符；采取每日核对和定期核对的办法。

5. 安全谨慎原则。会计部门对密押、重要空白凭证、业务公章须妥善保管；妥善保管会计档案，严格会计资料的调阅手续，防止会计数据的散失和流弊；会计人员的调离须办理交接手续。

（五）风险管理控制

风险管理控制要求金融机构树立风险意识，针对各个风险控制点，建立有效的风险管理系统，通过风险预警、风险识别、风险评估、风险报告等措施，对财务风险和经营风险全面防范和控制。

以银行业为例，金融机构全面风险管理的基本原则如下。

1. 匹配性原则。全面风险管理体系应当与风险状况和系统重要性等相适应，并根据环境变化进行调整。

2. 全覆盖原则。全面风险管理应当覆盖各个业务条线，包括本外币、表内外、境内外业务；覆盖所有分支机构、附属机构，部门、岗位和人员；覆盖所有风险种类和不同风险之间的相互影响；贯穿决策、执行和监督全部管理环节。

3. 独立性原则。银行业金融机构应当建立独立的全面风险管理组织架构，赋予风险管理条线足够的授权、人力资源及其他资源配置，建立科学合理的报告渠道，与业务条线之间形成相互制衡的运行机制。

2016 年 9 月银监会
《中国银监会关于印发银行业
金融机构全面风险管理指引的通知》

4. 有效性原则。银行业金融机构应当将全面风险管理的结果应用于经营管理，根据风险状况、市场和宏观经济情况评估资本和流动性的充足性，有效抵御所承担的总体风险和各类风险。

四、内部控制的主要内容

商业银行内部控制是指商业银行内部自觉主动地通过建立各种规章制度，以确保管理有效、资产安全，最终实现安全与效率的目标。为此，商业银行的内控制度必须在银行内部保障国家有关法律法规和央行监管制度在各部门和各级人员中得到正确且充分地贯彻执行，以有效杜绝内部人员的违规操作、内部欺诈与犯罪行为。主要内容包括以下方面：

1. 授信的内部控制。授信内部控制的重点是：实行统一授信管理，健全客户信用风险识别与监测体系，完善授信决策与审批机制，防止对单一客户、关联企业客户和集团客户风险的高度集中，防止违反信贷原则发放关系人贷款和人情贷款，防止信贷资金违规投向高风险领域和用于违法活动。

2. 资金业务的内部控制。资金业务的内部控制重点是：对资金业务对象和产品实行统一授信，实行严格的前后台职责分离，建立中台风险监控和管理制度，防止资金交易员从事越权交易，防止欺诈行为，防止因违规操作和风险识别不足导致的重大损失。

3. 存款及柜台业务的内部控制。存款及柜台业务的内部控制重点：对基层营业网点、要害部位和重点岗位实施有效监控，严格执行账户管理、会计核算制度和各项操作规程，防止内部操作风险和违规经营行为，防止内部挪用、贪污以及洗钱、金融诈骗、逃汇、骗汇等非法活动，确保商业银行和客户资金的安全。

4. 中间业务的内部控制。中间业务内部控制重点是：开展中间业务应当取得有关主管部门核准的机构资质、人员从业资格和内部的业务授权，建立并落实相关的规章制度和操作规程，按委托人指令办理业务，防范或有负债风险。

5. 会计的内部控制。会计的内部控制重点是：实施会计工作的统一管理，严格执行会计制度和会计操作规程，运用计算机技术实施会计内部控制，确保会计信息的真实、完整和合法，严禁设置账外账，严禁乱用会计科目，严禁编制和报送虚假会计信息。

6. 计算机信息系统的内部控制。计算机信息系统内部控制重点是：严格划分计算机信息系统开发部门、管理部门与应用部门的职责，建立计算机信息系统风险防范的制度，确保计算机信息系统设备、数据、系统运行和系统环境的安全。

商业银行内部控制的重点岗位为：会计、出纳、储蓄、信贷、计算机、信用卡、资金清算等；

商业银行内部控制的重要环节是：往来账务、尾箱管理、票据交换、重要单证、印章及操作口令、贷款审批、信用卡授信、抵债资产处置；

商业银行内部控制的重点机构和人员：基层网点、办事处、分理处、储蓄所、营业部及负责人。

因此，应在明确内控重点的基础上，设立顺序递进的三道监控防线，以实现立体交叉控制效果。第一道自控防线为一线岗位制度落实情况，第二道防线为相关部门、岗位间相互监督制约制度落实情况，第三道防线为内部监督部门对各部门、各岗位、各项业务全面实施监督反馈制度落实情况。加强业务操作的事后检查，健全商业银行内部授权审批机制，保证资产运用的安全性和盈利性。

2014 年 9 月银监会
《中国银监会关于印发
商业银行内部控制指引的通知》

 【拓展阅读】

金融机构内控的失效

近期我国银行系统大案频出，广发银行违规担保案、浦发银行违规发放贷款案、邮储银行票据违规案等陆续曝光，案件牵涉机构之多，涉案金额之大，影响极其恶劣。为此，各地银监局分别对广发银行惠州分行、浦发银行成都分行、邮储银行甘肃武威文昌路支行等多家涉案机构进行了查处并处罚，处罚事由涉及银行授信、贷款、票据、担保等业务违规。

在浦发银行违规授信并发放贷款案中，为了隐瞒其成都分行的不良贷款，通过编造虚假用途、分拆授信、越权审批等手法，违规办理信贷、同业、理财、信用证、保理等业务，向 1493 个空壳企业授信 775 亿元，以此换取相关企业出资承担成都分行发放的不良贷款。该分行长期多次采用违规手段放款而未被发现，表明浦发银行内控系统严重失效。

在广发银行违规担保案中，其惠州分行员工与侨兴集团人员内外勾结、私刻公章、违规担保，涉案金额约 120 亿元，其中银行业金融机构约 100 亿元，主要用于掩盖该行的巨额不良资产和经营损失。广发银行出具与事实不符的金融票证，未尽职审查保理所涉贸易的真实性，其惠州分行轮岗和强制休假制度未落实、劳务派遣用工管理不到位，严重违反了银行业内部控制相关规定。

在邮储银行甘肃武威文昌路支行违规票据案中，邮储银行甘肃武威文昌路支行原行长以分行名义违规套取票据资金，该支行的内部员工与外部不法分子相互勾结、私刻公章、伪造证件合同、违规办理同业理财和票据贴现业务、非法套取和挪用巨额资金，暴露了该支行的岗位分离制约机制失效，印章、合同、账户、营业场所管理混乱等内部控制缺失问题。在此次票据违规案件中，国内其他 11 家金融机构也牵涉其中。为此，银监会系统不仅对案发机构邮储银行武威市分行及相关责任人进行了处罚，还对涉案的其他 11 家违规交易机构进行了处罚。

近期曝光的银行授信、贷款、票据、担保等业务违规案件，暴露出我国商业银行部分分支机构合规意识淡薄、内控严重失效等问题。

资料来源：陈汉文 2018 年 4 月 1 日 01：24《经济观察报》。

五、内部控制评价

（一）内部控制评价的概念

金融机构内部控制制度的评价，是指对金融企业内部控制的建立和健全性、符合性和有效性所进行的调查、测试和评价。通过内部控制制度评价，可以判断金融机构内部控制的建立情况、实施情况以及有效程度，从而帮助管理层明确内部控制的薄弱环节及急需改进的地方，以全面有效地控制金融风险点。

金融机构对内部控制自我评价和外部评价要遵循一定的原则、程序、方法，都要编制内部控制评价报告。我国《企业内部控制评价指引》从内部控制评价内容、程序、对缺陷的认定和评价报告等方面对企业内部控制评价进行了规范，这些同样适用于金融机构。对金融机构内部控制的评审一般是分五个步骤，即对内部控制进行调查、测试和评价，确定内部控制的信赖度，最后出具内部控制评价报告。

（二）内部控制评价内容

根据金融机构内部控制的原则，金融内部控制审计评价的要点主要包括以下四个方面。

1. 健全性评价。健全性评价主要是评价金融机构内部控制在设计上是否完善，需要控制的环节是否都采取了相应的控制措施。换句话说，被审计单位是否全面地制定了各项规章制度，是否进行了全方位的控制。

2. 遵循性评价。对金融内部控制的评价，不仅要重视制度的制定，更要重视制度的执行。因此，对遵循性的评价主要是评价金融内部控制在实际中是否得到了认真的贯彻执行及其执行程度，有无对执行情况进行考核、评价，并对其不断地进行改进和完善等。

3. 合理性评价。合理性评价主要是评价金融机构内部控制是否切实可行，是否符合被审计的实际情况；是否设置了过多不必要的控制点；人员分工和牵制是否恰当（既不能分工过细，又能起到牵制作用）；等等。概而言之，根据成本效益原则来评价控制成本与控制效果是否成正比。

4. 有效性评价。有效性评价主要评价金融机构内部控制中的关键控制点，以及业务处理程序和各项控制措施是否真正发挥了应有的控制作用；控制目标是否实现；等等。

通过对金融机构内部控制的审计评价，就可以对其健全性、遵循性、合理性和有效性等作出正确的判断，确定哪些方面的控制功能强，哪些方面还缺乏必要的控制功能。然后，针对其内部控制的情况，确定审计工作的重点和范围，以及应当采用的具体审计方法等。

（三）内部控制评价的方法

我国《企业内部控制评价指引》第十五条规定，内部控制评价工作组应当对被审计单位进行现场测试，综合运用个别访谈、调查问卷、穿行测试、抽样、实地查验、比较分析和专题讨论等方法，充分收集被评价单位内部控制设计和运行是否有效的证据，按照评价的具体内容，如实填写评价工作底稿，研究分析内部控制缺陷。

2010 年 4 月财政部等
《企业内部控制评价指引》

1. 个别访谈法。个别访谈法主要用于了解金融机构内部控制的现状，在企业层面评价及业务层面评价的了解阶段经常使用。访问前应根据内部控制评价需求形成访谈提纲，撰写访问概要，记录访问内容。为了保证访谈结果的真实性，应尽量访谈不同岗位的人员以获得更可靠的证据。如分别访问人力资源部主管和基层员工，了解公司是否建立了员工培训长效机制，培训是否能满足员工和业务岗位需要等。

2. 调查问卷法。调查问卷法主要用于金融机构企业层面评价。调查问卷应尽量扩大对象范围，包括企业各个层级员工，应注意保密性，题目尽量简单易答。比如，你对企业的核心价值观是否认同，你对企业未来的发展是否有信心等。

3. 穿行测试法。穿行测试法是指在内部控制流程中任意选取一笔交易作为样本，追踪该交易从起源直到最终在财务报表或其他经营管理报告中反映出来的过程，即该流程从起点到终点的全过程，以此了解控制措施设计的有效性，并识别出关键控制点。如针对贷款发放，选取若干笔信贷业务，追踪"贷前资信调查—信贷额度审核—信贷合同签订—信贷资金过户—信贷资金偿还—贷款明细账及总账登记"等流程，考虑之前对相关控制的了解是否正确和完整，并确定相关控制是否得到执行。

4. 抽样法。抽样法分为随机抽样和其他抽样。随机抽样是指按随机原则从样本库中抽取一定数量的样本；其他抽样是指人工任意选取或按某一特定标准从样本库中抽取一定数量的样本。使用抽样法时首先要确定样本库的完整性，即样本库应包含符合控制测试的所有样本；其次要确定所抽取样本的充分性，及样本数量应当能够检验所测试控制点的有效性；最后要确定所抽取样本的适当性，即获取的证据应当与所测试控制点的设计和运行相关，并能可靠地反映控制的实际运行情况。

5. 实地查验法。实地查验法主要针对金融业务层面控制，它通过使用同一的测试工作表，与实际的业务、财务单证进行核对的方法进行控制测试。如实地盘点某种有价证券。

6. 比较分析法。比较分析法是指通过数据分析，识别、评价关注点的方法。数据分析可以使与历史数据、金融行业标准数据或行业最优数据等进行比较。如对某一行业新增贷款规模进行纵向比较，并结合该行业经营发展扩张实际情况进行比对，以分析其合理性或坏账的可能性。

7. 专题讨论法。专题讨论法主要是集合有关专业人员就金融企业内部控制执行情况或控制问题进行分析，既可以是控制评价的手段，也可以是形成缺陷整改方案的途径。对于同时涉及财务、业务、信息技术等方面的控制缺陷，往往需要由内部控制管理部门组织召开专题讨论会议，综合内部各机构、各方面的意见，研究、确定缺陷整改方案。

内部控制重大缺陷的形成，常常是对一般缺陷的重视和关注不够，导致缺陷的性质和影响得以扩展。因此，在对重大缺陷给予足够重视的同时，对重要缺陷和一般缺陷也要加以注意。一般缺陷发展成重大缺陷的过程如下：

首先内部控制缺陷产生，例如业务层面的授权批准、业绩评价、职责分工、事务控制和信息管理等方面；其次内部控制缺陷继续发展，在该业务的合规性和效益性方面出现问题；再次，内部控制缺陷深化，导致与业务相关的人员、机构、外部事务均出现问题；最后，内部控制缺陷严重，导致投资者或企业重大资金损失、用户集体诉讼、陷入重大诉讼等情况发生。

在实际评价工作中，以上这些方法可以配合使用，还可以利用信息系统开发检查方法，或利用实际工作和检查测试经验。

（四）内部控制评价报告

内部评价报告是指对特定日期（如会计报表日）内部控制设计和运行有效性进行评价的书面文件，可分为对外报告和对内报告。对外报告是为了满足外部信息使用者的需求，需要对外披露。在时间上具有强制性，披露内容和格式强调符合披露要求，如上市金融企业需要在证交所网站等指定媒体披露相关信息；对内报告主要是为了满足管理层或治理层改善管控水平的需要，它不具有强制性，内容、格式和披露时间由企业自行决定。

金融企业因其外部环境和内部条件的变化，其内部控制系统不可能是固定的、一成不变的，而是一个不断更新和自我完善的动态体系。因此，对内部控制需要经常展开评价，在实际工作中可以采用定期与不定期相结合的方式。对外的内部控制评价报告一般采用定期的方式，即企业至少应该每年进行一次内部控制评价，并由董事会对外发布内部控制报告。年度内部控制评价报告应当以 12 月 31 日为基准日。值得说明的是，如果金融企业在内部控制评价报告年度内发生了特殊的事情且具有重要性，或因为具有了某种特殊原因（如企业因目标变化或提升），金融企业需要针对这种特殊事项或原因及时编制内部控制评价报告并对外发布。这种类型的内部控制评价报告属于非定期的内部控制评价报告。对内的内部控制评价报告一般采用不定期的方式，即金融企业可以持续地开展内部控制的监督和评价，并根据结果的重要性随时向董事会（审计委员会）或经理层报送评价报告。从广义上讲，金融企业针对发现的重大缺陷等向董事会（审计委员会）或经理层报送的内部报告（内部缺陷报告）也属于非定期的报告。

金融企业应尽量按照统一的格式编制内部控制评价报告，以满足外部信息使用者对内控信息可比性的要求。根据我国《企业内部控制评价指引》第二十一条和第二十二条规定，内部控制评价对外报告一般包括以下内容。

1. 董事会声明。声明董事会及全体董事对报告内容的真实性、准确性、完整性承担个别及连带责任、保证报告内容不存在任何虚假记载、误导性陈述或重大遗漏。

2. 内部控制评价工作的总体情况。明确企业内部控制评价工作的组织、领导体制、进度安排，是否聘请会计师事务所对内部控制有效性进行独立审计。

3. 内部控制评价的依据。说明企业开展内部控制评价工作所依据的法律法规和规章制度。

4. 内部控制评价的范围。内部控制评价的范围是指描述内部控制评价所涵盖的被评价单位，以及纳入评价范围的业务事项和重点关注的高风险领域。内部控制评价的范围有遗漏的，应说明原因及对内部控制评价报告真实完整性产生的重大影响等。

5. 内部控制评价的程序和方法。描述内部控制评价工作遵循的基本流程，以及评价过程中采用的主要方法。

6. 内部控制缺陷及其认定。描述适用本企业内部控制缺陷具体的认定标准，并声明与以前年度保持一致或作出的调整及相应的原因；根据内部控制缺陷认定标准，确定评价期末存在的重大缺陷、重要缺陷和一般缺陷。

7. 内部控制缺陷的整改情况。对于评价期间发现、期末已完成整改的重大缺陷，说明企业有足够的测试样本显示，与该重大缺陷相关的内部控制设计且运行有效。针对评价期末存在的内部控制缺陷，说明企业拟采取的整改措施及预期效果。

8. 内部控制有效性的结论。对不存在重大缺陷的情形，出具评价期末内部控制有效结论；对存在重大缺陷的情形，不得作出内部控制有效的结论，并需描述该重大缺陷的性质及对实现相关控制目标的影响程度，可能会给企业未来生产经营带来的相关风险。自内部控制评价报告基准日至内部控制评价报告发出日之间发生重大缺陷的，企业须责成内部控制评价机构予以核实，并根据核查结果对评价结论进行相应调整，说明董事会拟采取的措施。

第二节　金融安全内部控制审计

一、内部控制审计的概念及作用

（一）内部控制审计的概念

内部控制审计是指会计师事务所接受委托，对特定基准日内部控制设计与运行的有效性进行审计。内部控制审计是通过对被审计单位的内控制度的审查、分析测试、评价，确定其可信程度，从而对内部控制是否有效作出鉴定的一种现代审计方法。内部控制审计是内部控制的再控制，它是企业改善经营管理、提高经济效益的自我需要。

（二）内部控制审计对金融安全的作用

金融机构在复杂的市场竞争环境中时刻面临着巨大的风险，对企业效益的增加有很大影响。对金融机构内部控制的外部审计至关重要，对维护金融机构资产安全，防范金融风险起到重要作用。主要体现在以下几个方面：

1. 能够对风险发生的时间及影响范围作出科学的预判。识别风险的类型是做好风险防范的重要前提。利用信息处理技术及审计方法，可以对市场风险发生的几率作出大致估算，预估可能给金融机构带来的损失。

2. 加大对风险揭露的力度。金融机构对于国家整体的经济环境稳定起着至关重要的作用，聘请外部审计机构对内部控制进行及时审计，对金融机构整体的自身安全进行必要的监督检查，揭露其中可能存在风险的环节或行为。

二、内部控制审计的目标和范围

（一）内部控制审计目标

1. 总体目标。我国的《企业内部控制审计指引》提出，注册会计师应当对财务报告内部控制的有效性发表审计意见，并对内部控制审计过程中注意到的非财务报告内部控制的重大缺陷，在内部控制审计报告中增加"非财务报告内部控制重大缺陷描述段"予以披露。在这里，有关内部控制的有效性一般包括两个方面，即设计的有效性和执行的有效性。

2. 具体目标。内部控制审计的目标是检查并评价内部控制的合法性、充分性、有效性及适宜性。内部控制的合法性、充分性、有效性及适宜性，具体表现为其能够保障资产、资金的安全，即保障资产和资金的存在、完整、为我所有、金额正确、处于增值状态。

（二）内部控制审计范围

考虑成本效益原则、委托者的需求、审计人员的职业能力和国际做法等各种因素的影响，我国对内部控制的审计范围也应该基本确定在企业财务报告内部控制审计的范畴之内。

三、内部控制审计的组织实施

（一）总体要求

1. 人员组织。注册会计师开展内部控制审计业务，首先应当编制内部控制审计工作计划，配备具有专业胜任能力的注册会计师组成项目组，并对助理人员进行适当的督导。这是《企业内部控制审计指引》第六条所规定的内容。

2. 坚持风险评估原则。在整个审计过程中，要始终坚持贯彻风险评估原则。按照《企业内部控制审计指引》第八条的规定，在内部控制审计中，注册会计师应当以风险评估为基础，确定重要账户、列报及其相关认定，选择拟测试的控制，以及确定针对所选定控制所需收集的证据。风险评估的原则应当贯穿于整个审计过程的始终。

（二）具体实施

1. 了解基本情况。了解基本情况是了解所要审计内部控制所涉及单位的基本情况，这些情况是展开审计的必要准备和基本条件，影响着整个审计的过程和结果。这些基本情况包括：

（1）单位所属的行业和历史沿革（着重于管理沿革）；

（2）单位组织结构、各机构的人员规模和岗位结构；

（3）单位资产规模、生产经营或专业服务的特点规模；

（4）主营业务及辅助业务类别、业务量；

（5）财务会计机构及其工作组织等。

这些基本情况可以通过询问管理人员、查阅相关文件、会计和统计资料等方法来获得。

基本情况获得后，审计人员就要适当利用自己的专业判断，确定以下内容：

（1）业务循环及其大致内容；

（2）必须控制的重要或经常发生的业务；

（3）内部控制应有的严谨程度；

（4）审计应该投入的人力及分工和时间预算。

【拓展阅读】

业务循环的划分

业务循环的划分是将若干个关联的经济业务或管理活动组合在一起。2001年财政部发布的《内部会计控制基本规范》（征求意见稿）中提出，"内部控制的内容主要包括对货币资金、筹资、采购与付款、实物资产、成本费用、销售与收款、工程项目、对外投资、担保等经济业务活动的控制"，其中这些经济业务就是基本的业务循环划分，但目前有多样化的趋势，国际内部审计师协会就提出预算管理、资讯管理等管理作业。业务循环是以后审计程序展开的主线，了解内部控制和符合性测试都按照它来组织，因此划分业务循环影响到整个审计的组织、效率和质量。一般来说业务循环应按照下列原则来划分：

1. 覆盖单位所有业务及其各个环节；
2. 每个业务循环能反映出所涉及业务的共同性质特点及其全部过程；
3. 有利于审计的组织安排。

2. 了解内部控制。根据 COSO 报告的最新观点，了解的内部控制要素为控制环境、控制程序与政策及信息系统。

了解控制环境的内容实际上就是控制环境的内容，按照 COSO 报告，控制环境包括：（1）员工的诚实性和道德观；（2）员工的胜任能力；（3）董事会或审计委员会；（4）管理哲学和经营方式；（5）组织结构；（6）授权和分配责任的方式；（7）人力资源政策。

了解控制程序与政策，就是了解控制目标实现风险所采取的措施，它是了解内部控制要素中最重要的部分。每个业务循环都可分为若干个作业，而每个作业都要设置若干控制程序和政策来控制，我们把这些作业称为控制点。比如制造业的销售与收款循环可分为接受订单、核准信用、发运商品、开具发票、应收账款与记录、收款、退货及客诉处理等作业。

了解信息系统只是了解单位内外部信息记录载体，以及沟通方式。外部信息载体包括记录市场份额、法规要求和客户反映等信息的资料，内部信息载体包括业务申请审批报告、各种分析报告、进行控制作业形成的单据、会计资料等。沟通方式包括政策手册、财务报告手册、备查簿、口头交流、管理示例等。

3. 初步分析健全性和有效性。了解内部控制后，就可以对其健全性和有效性进行初步分析，以规划将要实施的符合性测试程序。初步健全性分析主要是分析哪些重要或经常发生的业务或作业应该设置控制而未设置。初步有效性分析首先要分析确定各个业务循环、各个作业的控制目标，然后再分析所了解到的控制程序与政策，看它们是否能实现控制目标。对于控制有缺陷的可以提出初步的改进意见。

初步的健全性和有效性分析后就可以规划将要实施的符合性测试。

4. 记录内部控制。对于控制环境的记录，一般是文字叙述，按照上述控制环境的几个方面来记录。了解基本情况程序也采用文字叙述的方法记录。记录要形成审计工作底稿。

5. 符合性测试。《独立审计准则第 5 号——内部控制与审计风险》中提供了三种符合性测试方法，即检查交易和事项的凭证、询问并实地观察未留下审计轨迹的内部控制的运行情况、重新执行相关内部控制，三种方法可单独或合并使用。

符合性测试中包括对金融机构内部控制的健全性、有效性和遵循性评价，具体内容和方法请参照上一节内部控制评价的具体阐述。

【拓展阅读】

表 2 - 1　　　　　　　商业银行内部控制审计评价模板列表

序号	模板编号	模板名称
1	A1	授信业务内部控制审计评价模板
2	A2	存款业务内部控制审计评价模板
3	A3	银行卡业务内部控制审计评价模板
…	…	……
n	…	……

表 2 - 2　　　　商业银行授信业务管理内部控制审计评价模板范例表

审计评价要素	序号	审计评价要点	标准分值	评价标准	评价结果	实际得分
内部控制环境（共35分）	1	是否建立了信贷业务管理制度体系（包括基本制度、操作规程、授权管理、利率政策等）	1	基本制度、操作规程、授权管理、利率政策等信贷政策缺少一项扣1分，有一项存在严重瑕疵扣0.2分		
	……	……		……		
	n	内部控制环境审计评价要点 n	1	内部控制环境审计评价要点 n 评价标准		
		小计	35			
风险识别与评估（20分）	1	风险识别与评估审计评价要点1	1	风险识别与评估审计评价要点1评价标准		
		……	……	……		
		小计	20			
内部控制活动（25分）	1	内部控制活动审计评价要点1	1	内部控制活动审计评价要点1评价标准		
		……	……	……		
		小计	25			
信息沟通与反馈（10分）	1	信息沟通与反馈审计评价要点1	1	信息沟通与反馈审计评价要点1评价标准		
		……	……	……		
		小计	10			
内部监督与制约（10分）	1	内部监督与制约审计评价要点1	2	内部监督与制约审计评价要点1评价标准		
		……	……	……		
		小计	10			
合计			100			

四、内部控制审计报告

（一）标准内部控制审计报告的基本内容

当注册会计师出具的无保留意见的内部控制审计报告不附加说明段、强调事项段或任何修饰性用语时，该报告称为标准内部控制审计报告。标准内部控制审计报告包括下列要素。

1. 标题。内部控制审计报告的标题统一规范为"内部控制审计报告"。

2. 收件人。内部控制审计报告的收件人是指注册会计师按照业务约定书的要求致送内部控制审计报告的对象，一般是指审计业务的委托人。内部控制审计报告需要载明收件人的全称。

3. 引言段。内部控制审计报告的引言段说明企业的名称和内部控制已经过审计。

4. 企业对内部控制的责任段。企业对内部控制的责任段说明，按照《企业内部控制基本规范》《企业内部控制应用指引》《企业内部控制评价指引》的规定，建立健全和有效实施内部控制，并评价其有效性是企业董事会的责任。

5. 注册会计师的责任段。注册会计师的责任段说明，在实施审计工作的基础上，对财务报告内部控制的有效性发表审计意见，并对注意到的非财务报告内部控制的重大缺陷进行披露是注册会计师的责任。

6. 内部控制固有局限性的说明段。内部控制无论如何有效，都只能为企业实现控制目标提供合理保证。内部控制实现目标的可能性受其固有限制的影响，包括：

（1）在决策时人为判断可能出现错误和因人为失误而导致内部控制失效。例如，控制的设计和修改可能存在失误。

（2）控制的运行也可能无效。例如，由于负责复核信息的人员不了解复核的目的或没有采取适当的措施，使内部控制生成的信息（如例外报告）没有得到有效使用。

（3）控制可能由于两个或更多的人员进行串通舞弊或管理层不当地凌驾于内部控制之上而被规避。例如，管理层可能与客户签订背后协议，修改标准的销售合同条款和条件，从而导致不适当的收入确认；再如，软件中的编辑控制旨在识别和报告超过赊销信用额度的交易，但这一控制可能被凌驾。

（4）在设计和执行控制时，如果存在选择执行的控制以及选择承担的风险，管理层在确定控制的性质和范围时需要作出主观判断。

因此，注册会计师需要在内部控制固有局限性的说明段说明，内部控制具有固有局限性，存在不能防止和发现错报的可能性。此外，由于情况的变化可能导致内部控制变得不恰当，或对控制政策和程序遵循的程度降低，根据内部控制审计结果推测未来内部控制的有效性具有一定风险。

7. 财务报告内部控制审计意见段。如果符合下列所有条件的，注册会计师应当对财务报告内部控制出具无保留意见的内部控制审计报告：（1）企业按照《企业内部控制基本规范》《企业内部控制应用指引》《企业内部控制评价指引》以及企业自身内部控制制度的要求，在所有重大方面保持了有效的内部控制；（2）注册会计师已经按照

《企业内部控制审计指引》的要求计划和实施审计工作，在审计过程中未受到限制。

8. 非财务报告内部控制重大缺陷描述段。对于审计过程中注意到的非财务报告内部控制缺陷，如果发现某项或某些控制对企业发展战略、法规遵循、经营的效率效果等控制目标的实现有重大不利影响，确定该项非财务报告内部控制缺陷为重大缺陷的，应当以书面形式与企业董事会和经理层沟通，提醒企业加以改进；同时在内部控制审计报告中增加非财务报告内部控制重大缺陷描述段，对重大缺陷的性质及其对实现相关控制目标的影响程度进行披露，提示内部控制审计报告使用者注意相关风险，但无须对其发表审计意见。

9. 注册会计师的签名和盖章。

10. 会计师事务所的名称、地址及盖章。

11. 报告日期。

（二）内部控制审计报告的撰写

以下是标准内部控制审计报告的参考格式：

XX 银行股份有限公司 2017 年内部控制审计报告

YY［2018］专字第 ZZ 号

XX 银行股份有限公司全体股东：

按照《企业内部控制审计指引》及中国注册会计师执业准则的相关要求，我们审计了XX 银行股份有限公司（以下简称XX 银行）及其合并子公司（以下简称"XX 银行集团"）2017 年12 月31 日的财务报告内部控制的有效性。

一、企业对内部控制的责任

按照《企业内部控制基本规范》《企业内部控制应用指引》《企业内部控制评价指引》的规定，建立健全和有效实施内部控制，并评价其有效性是 XX 银行董事会的责任。

二、注册会计师的责任

我们的责任是在实施审计工作的基础上，对财务报告内部控制的有效性发表审计意见，并对注意到的非财务报告内部控制的重大缺陷进行披露。

三、内部控制的固有局限性

内部控制具有固有局限性，存在不能防止和发现错报的可能性。此外，由于情况的变化可能导致内部控制变得不恰当，或对控制政策和程序遵循的程度降低，根据内部控制审计结果推测未来内部控制的有效性具有一定风险。

四、财务报告内部控制审计意见

我们认为，XX 银行集团于 2017 年12 月31 日按照《企业内部控制基本规范》和相关规定在所有重大方面保持了有效的财务报告内部控制。

YY 会计师事务所　　　　　　中国注册会计师：AA（签名并盖章）

（盖章）　　　　　　　　　　中国注册会计师：BB（签名并盖章）

2018 年3 月29 日

中国　北京

【拓展阅读】

某银行内部控制审计典型案例研究

一、成立时间：1984 年，2006 年上市。

二、内部控制概况

该行引入 COSO 内部控制五要素理念，实施《商业银行内部控制指引》《上海证券交易所上市公司内部控制指引》和《企业内部控制基本规范》，制定内部控制建设规划和内部控制制度，由董事会、各级管理层、监事会和全体员工实施，决策、执行、监督相互制衡。

分别由业务部门——第一道内部控制防线

风险管理部门——第二道内部控制防线

内部监督部门——第三道内部控制防线

2004 年 7 月起建设全面风险管理体系

2006 年改革内部组织架构

内部审计部门直接向董事会负责并报告工作，并垂直下设十个内部审计分部，负责涵盖内部控制的独立审计；

内控合规部门，在总行和各级分行设立的对高级管理层和管理层负责的牵头内部控制建设、操作风险管理和合规风险管理。

三、内部控制审计概况

1. 上市当年，上交所《上市公司内部控制指引》发布实施，该行内部审计部门开始尝试内部控制专项审计。

2. 2007 年起具体组织实施年度内部控制评价，经过三年的探索、借鉴、创新，逐步形成较为完善的内部控制审计体系。

3. 内部控制专项审计和年度审计项目纳入年度审计计划，经董事会审计委员会审议、董事会审议批准后实施。

三年来，该行内部审计部门采取非现场监测和现场测试相结合、审计检查和审计调研相结合的方式，共实施了 140 多项审计活动，基本覆盖了该行公司治理、风险管理、内部控制全过程。

四、内部控制年度审计

1. 公司层面控制的审计内容。主要关注公司治理、人力资源、企业文化、社会责任等管理层面的控制领域，围绕内部环境、风险评估、控制活动、信息与沟通、内部监督等五大控制要素展开，分为 17 个领域和 82 个子领域（见表 2 - 3）。每个领域下再细分为若干个关键风险点和控制点。

表2-3 公司层面控制审计内容

序号	索引号	控制要素	控制领域	子领域
1	A	内部环境	A. 公司治理	A1. 治理结构
				A2. 职责分工、职责边界及制衡机制
				A3. 决策机制和议事规则
				A4. 监督与问责机制
2	B		B. 管理层基调与态度	B1. 管理层对内部控制的态度
				B2. 管理层对风险的接受态度
				B3. 管理层对企业文化建设的态度
				B4. 管理层对履行社会责任的态度
3	C		C. 内部审计	C1. 内部审计部门的组织结构与独立性
				C2. 内部审计工作规则
				C3. 内部审计活动
				C4. 内部审计计划
				C5. 就审计发现的沟通
				C6. 内部审计人员的胜任能力
				C7. 内部审计部门的评估
4	D		D. 人力资源	D1. 组织架构及岗位职责
				D2. 人力资源计划与招聘
				D3. 培训与离职
				D4. 薪酬与考核激励
5	E		E. 员工行为守则	E1. 员工行为守则的内容要求
				E2. 员工行为守则的拟定、修改及审批
				E3. 员工行为守则的获得渠道
				E4. 员工行为守则的沟通与培训
				E5. 员工对行为守则的定期声明
6	F		F. 内部控制实施的激励约束机制	F1. 内部控制实施的激励约束机制的建立
7	G		G. 法律遵从	G1. 董事会的责任
				G2. 法律部门的设立及其职责
				G3. 监督机制
				G4. 宣传教育

续表

序号	索引号	控制要素	控制领域	子领域
8	H	风险评估	H. 风险评估与管理	H1. 风险管理架构体系
				H2. 风险识别
				H3. 风险评估
				H4. 风险控制与监督
9	I	控制活动	I. 公司政策与流程	I1. 政策与流程的制定
				I2. 政策与流程的修改及审批
				I3. 政策与流程的沟通与传递
				I4. 政策与流程执行情况的监督
10	J		J. 投资策略与管理	J1. 投资管理委员会的设立
				J2. 投资管理委员会章程
				J3. 投资项目专责团队
				J4. 投资风险管理政策和程序
				J5. 股权投资
11	K		K. 关联方交易	K1. 政策制度的建立
				K2. 机构设置与权责分配
				K3. 控制和监督
12	L		L. 财务报告与信息披露	L1. 会计政策和财务报告制度
				L2. 岗位分工与职责、权限安排
				L3. 财务人员的技能和专业知识
				L4. 非常规、复杂或特殊交易的账务处理的控制
				L5. 财务报告和信息披露
				L6. 监督和控制
13	M		M. 控制活动	M1. 不相容职务分离控制
				M2. 授权审批控制
				M3. 会计系统控制
				M4. 财产保护控制
				M5. 预算控制
				M6. 运营分析控制
				M7. 绩效考评控制
				M8. 重大风险预警机制
				M9. 反洗钱控制
14	N		N. 并表管理	N1. 职能分工
				N2. 并表管理制度体系
				N3. 资本充足率管理
				N4. 大额风险暴露管理
				N5. 内部交易管理
				N6. 其他风险管理
				N7. 并表管理信息系统

续表

序号	索引号	控制要素	控制领域	子领域
15	O	信息与沟通	O. 信息与沟通	O1. 信息的收集、处理与传递
				O2. 沟通、交流与反馈
16	P		P. 反舞弊	P1. 反舞弊工作机制的建立
				P2. 举报投诉制度和举报人保护制度的建立
				P3. 舞弊举报的接收、调查、处理
				P4. 就舞弊与管理层的沟通报告
				P5. 反舞弊、投诉举报制度的制定、修改
				P6. 董事会对反舞弊工作的监督与管理
17	Q	内部监督	Q. 监督与纠正	Q1. 监督与纠正的体系架构和职责权限
				Q2. 监督与纠正的制度建设情况
				Q3. 监督执行情况
				Q4. 纠正执行情况
				Q5. 内部控制评价执行情况
				Q6. 内部控制自我评估
				Q7. 内部控制信息的披露

2. 流程层面控制的审计内容。包括银行类和非银行类业务的 28 个流程和 144 个子流程（见表 2-4）。

表 2-4　　　　　　　　　流程层面控制审计内容

业务类别	业务线	流程	子流程
银行类	一.公司业务	01. 信贷	01.01 贷款
			01.02 贷款风险拨备
			01.03 抵债资产
			01.04 核销贷款
		02. 存款	02.01 存款
		03. 票据融资	03.01 贴现
			03.02 协议付息贴现
			03.03 赎回式贴现
			03.04 委托代理贴现
			03.05 银行汇票转贴现买入
			03.06 异地持票转贴现买入
			03.07 银行汇票转贴现卖出
			03.08 部分放弃追索权贴现
			03.09 买入返售
			03.10 卖出回购
			03.11 系统内票据存管买入
			03.12 集中账务处理
			03.13 银行承兑汇票

续表

业务类别	业务线	流程	子流程
银行类	一、公司业务	04. 贸易融资与国际结算	04.01 进口信用证
			04.02 出口信用证
			04.03 进口代收
			04.04 出口托收
			04.05 国际担保
			04.06 进口信用证与进口代收押汇
			04.07 进口 TT 融资
			04.08 提货担保/提单背书
			04.09 进口信用证代付
			04.10 进口代收项下代付
			04.11 进口 TT 项下代付
			04.12 出口信用证项下打包贷款
			04.13 出口信用证项下押汇与贴现
			04.14 出口托收项下押汇与贴现
			04.15 出口发票融资
			04.16 信用证保兑
			04.17 进口保理
			04.18 出口双保理
			04.19 非买断型出口单保理
			04.20 福费廷
			04.21 国内单保理
			04.22 国内双保理
			04.23 国内发票融资
			04.24 国内信用证下打包贷款
			04.25 国内信用证项下卖方发票融资
			04.26 国内信用证项下买方发票融资
			04.27 国内商品融资
	二、投行业务	05. 投资银行	05.01 常年顾问及其他
			05.02 投融资顾问
			05.03 资信证明
			05.04 银团贷款
	三、零售业务	06. 个人存款	06.01 个人存款
		07. 个人贷款	07.01 个人住房贷款
			07.02 个人消费贷款
			07.03 个人经营贷款

续表

业务类别	业务线	流程	子流程
银行类	三、零售业务	08. 信用卡	08.01 信用卡
		09. 私人银行	09.01 私人银行
	四、资产管理	10. 资产托管	10.01 资产托管
		11. 企业年金	11.01 企业年金
		12. 贵金属	12.01 个人账户黄金买卖
			12.02 代理实物黄金交易
			12.03 代理黄金清算
		13. 理财	13.01 固定收益理财业务
			13.02 国际市场理财业务
			13.03 资本市场理财业务
			13.04 区域理财
	五、交易与销售（资金）	14. 债券投资与交易	14.01 人民币债券
			14.02 外币债券
		15. 外汇资金交易	15.01 人民币外汇资金交易
			15.02 外汇资金交易
		16. 货币市场业务	16.01 本币同业拆借
			16.02 公开市场业务
			16.03 外币同业拆借
		17. 衍生产品交易	17.01 代客衍生产品交易
			17.02 自营衍生产品交易
		18. 承销发行	18.01 承销发行
			18.02 信贷资产证券化
	六、支付与结算	19. 运行管理	19.01 会计要素管理
			19.02 参数管理
			19.03 权限卡管理
			19.04 子系统的系统及辖内往来清算与对账
			19.05 外汇汇款
			19.06 大额跨行清算
			19.07 大额取现管理
			19.08 现金管理
			19.09 金库管理
			19.10 自助银行及自助机具管理
			19.11 后台监督
			19.12 本外币结算
			19.13 客户账户服务
			19.14 保管箱
			19.15 支票
			19.16 结算与现金管理
			19.17 上门收款服务
			19.18 向人行领缴现金
			19.19 假币、代保管及其他

续表

业务类别	业务线	流程	子流程
银行类	七、中间业务	20. 电子银行	20.01 网上银行
			20.02 电话银行
			20.03 手机银行
		21. 代理	21.01 代理收付
			21.02 代理同业结算
			21.03 代理地方财政收付
			21.04 代理保险（对公）
			21.05 代理基金（对公）
			21.06 代理非税收
			21.07 代理保险（个人）
			21.08 代理个人收付
			21.09 代理国债
			21.10 代理基金（个人）
			21.11 银期
			21.12 银关通
			21.13 银财通
			21.14 银税通
			21.15 第三方存管（对公）
			21.16 第三方存管（个人）
			21.17 个人信息服务
	八、其他	22. 财务会计管理	22.01 财务报表编制
			22.02 固定资产管理
			22.03 税收
			22.04 其他资产减值准备
			22.05 财务集中管理及费用报销
			22.06 集中采购
			22.07 财务审查委员会
			22.08 成本与预算管理：成本管理
			22.09 预算管理
		23. 资产负债管理	23.01 国债
			23.02 人民币资金集中管理
			23.03 存放同业
			23.04 拆放同业
			23.05 经济资本管理
			23.06 外汇资金营运
			23.07 准备金调缴
			23.08 人民币资金营运
			23.09 外汇资金的管理

续表

业务类别	业务线	流程	子流程
银行类	八、其他	24. 产品创新	24.01 产品创新管理
		25. 其他管理	25.01 绩效考核
			25.02 员工薪酬
			25.03 档案管理
			25.04 安全保卫
非银行类		26. 租赁	26.01 租赁及售后回租
			26.02 转让应收租赁款
		27. 基金	27.01 产品管理
			27.02 销售管理
			27.03 投资管理
			27.04 核算管理
		28. 投资咨询	28.01 投资咨询

3. 信息技术层面控制的审计内容。分为信息技术公司层面、一般控制、应用控制三个方面，包括14个领域和61个子领域（见表2-5）。

表2-5　　　　信息技术层面控制审计内容

序号	类别	领域	子领域
1	公司层面	CE 控制环境	CE1.0 信息科技组织和关系
			CE2.0 人力资源管理
			CE3.0 对用户教育和培训
2		RA 风险评估	RA1.0 风险评估
3		CA 控制活动	CA1.0 直接的职能或活动管理
			CA2.0 信息处理
			CA3.0 物理控制
			CA4.0 职责分离
4		IC 信息与沟通	IC1.0 信息构架
			IC2.0 管理层目标和方向的传达
5		IM 监控	IM1.0 性能及容量管理
			IM2.0 监督
			IM3.0 内部控制的足够程度
6	一般控制	PD 程序开发	PD1.0 开发管理
			PD2.0 项目需求与立项
			PD3.0 项目定义与计划
			PD4.0 项目执行与监控
			PD5.0 项目关闭

续表

序号	类别	领域	子领域
7	一般控制	TM 测试管理	TM1.0 测试环境
			TM2.0 测试前移
			TM3.0 版本交付与测试申请
			TM4.0 测试启动与准备
			TM5.0 测试执行
			TM6.0 测试问题管理
			TM7.0 测试变更管理
			TM8.0 测试总结与投产
			TM9.0 评价及报告
8		PM 运行维护	PM1.0 物理环境安全
			PM2.0 生产运行管理
			PM3.0 性能与容量管理
			PM4.0 备份管理
			PM5.0 服务水平协议
9		ITC IT 系统连续性	ITC1.0 IT 系统连续性风险分析
			ITC2.0 IT 系统连续性计划的建立
			ITC3.0 IT 系统连续性计划的测试和演练
10		IS 信息安全	IS1.0 信息安全组织和信息安全管理制度
			IS2.0 操作系统访问控制管理
			IS3.0 业务数据的访问控制管理
			IS4.0 应用系统访问控制管理
			IS5.0 网络安全管理
			IS6.0 物理安全管理
11	应用控制	AIX. UNIX 操作系统	AIX1.0 用户管理
			AIX2.0 UNIX 服务器安全
			AIX3.0 UNIX 系统网络通信
			AIX4.0 UNIX 系统资源环境
			AIX5.0 UNIX 文件系统及目录保护
			AIX6.0 UNIX 日志及监控审计
12		ORA Oracle 数据库	ORA1.0 Oracle 用户管理
			ORA2.0 系统网络通信
			ORA3.0 Oracle 文件系统及目录保护
			ORA4.0 Oracle 日志及监控审计
13		CIS CISCO 路由器、交换机	CIS1.0 路由器、交换机远程访问安全要求
			CIS2.0 路由器、交换机设备的认证、授权安全要求
			CIS3.0 路由器、交换机设备密码加密设置和网络服务安全要求
			CIS4.0 路由器、交换机路由协议和 SNMP 安全配置要求
			CIS5.0 路由器、交换机、刀片机日志审计安全配置和特有要求

续表

序号	类别	领域	子领域
14	应用控制	FIW 防火墙	FIW1.0 防火墙设备远程访问安全配置要求
			FIW2.0 防火墙设备的认证、授权安全配置要求
			FIW3.0 防火墙策略管理安全配置要求
			FIW4.0 防火墙日志服务安全配置和特有要求
			FIW5.0 防火墙 SNMP 安全配置要求

4. 并表管理审计——母银行及附属公司的内部控制。

五、内部控制审计标准

1. 内部控制审计实务标准。内部控制审计实务标准是该行内部控制体系各经营管理层级和各业务环节正常运行应当遵循的控制标准或要求，主要依据国内外监管法规、行业最佳控制实践以及本行实际情况设定，涵盖经营管理、业务操作、产品和信息系统等各个领域，细化到每个领域中的关键控制点。

2. 内部控制审计认定标准。内部控制审计认定标准包括对风险点的量级标准和对控制点的量级标准及在此基础上对内部控制缺陷的认定标准、内部控制有效性认定标准。该行将内部控制缺陷分为设计缺陷和运行缺陷，符合《企业内部控制规范》及其配套指引的规定，缺陷按影响控制目标的严重程度分为重大、重要和一般三个等级（见表2-6）。

表 2-6　　　　　　　　　　内部控制缺陷认定标准

缺陷等级	定义	认定标准	
		定量标准	定性标准
重大	指一个或多个控制缺陷的组合，可能导致企业严重偏离控制目标	财务报表的错报金额落在如下区间： 1. 错报≥利润总额的5%； 2. 错报≥资产总额的3%； 3. 错报≥经营收入总额的1%； 4. 错报≥所有者权益总额的1%	1. 缺乏民主决策程序； 2. 决策程序导致重大失误； 3. 违反国家法律法规并受到处罚； 4. 中高级管理人员和高级技术人员流失严重； 5. 媒体频现负面新闻，波及面广； 6. 重要业务缺乏制度控制或制度系统失效； 7. 内部控制重大或重要缺陷未得到整改
重要	指一个或多个控制缺陷的组合，其严重程度和经济后果低于重大缺陷，但仍有可能导致企业偏离控制目标	财务报表的错报金额落在如下区间： 1. 利润总额的3%≤错报＜利润总额的5%； 2. 资产总额的0.5%≤错报＜资产总额的3%； 3. 经营收入总额的0.5%≤错报＜经营收入总额的1%； 4. 所有者权益总额的0.5%≤错报＜所有者权益总额的1%	1. 民主决策程序存在但不够完善； 2. 决策程序导致出现一般失误； 3. 违反企业内部规章，形成损失； 4. 关键岗位业务人员流失严重； 5. 媒体出现负面新闻，波及局部区域； 6. 重要业务制度或系统存在缺陷； 7. 内部控制重要或一般缺陷未得到整改

续表

缺陷等级	定义	认定标准	
		定量标准	定性标准
一般	除重大缺陷、重要缺陷之外的其他控制缺陷	财务报表的错报金额落在如下区间： 1. 错报＜利润总额的3%； 2. 错报＜资产总额的0.5%； 3. 错报＜经营收入总额的0.5%； 4. 错报＜所有者权益总额的0.5%	1. 决策程序效率不高； 2. 违反企业内部规章，但未形成损失； 3. 一般岗位业务人员流失严重； 4. 媒体出现负面新闻，但影响不大； 5. 一般业务制度或系统存在缺陷； 6. 一般缺陷未得到整改； 7. 存在的其他缺陷

有效性审计结论分为有效、基本有效、关注、特别关注、无效五级。其定义及认定标准如表2-7所示。

表2-7　　　　　　　　内部控制有效性认定标准

等级数	控制有效性等级	定义	认定标准
1	有效	被评价对象的内部控制系统运行有效	被评价对象没有重大缺陷和重要缺陷；内部控制设计适当且得到贯彻执行，不存在控制过度和控制不足的情况
2	基本有效	被评价对象的内部控制系统运行基本有效	被评价对象没有重大缺陷和重要缺陷；内部控制设计适当但个别执行效果不佳，存在控制过度可能，不存在控制不足的情况
3	关注	被评价对象的内部控制系统运行结果可以接受，不会对我行战略目标的实现产生实质性影响	被评价对象没有重大缺陷和重要缺陷；存在少量内部控制设计缺陷，存在控制过度和控制不足的情况
4	特别关注	被评价对象的内部控制系统运行水平需要改进和予以关注	被评价对象存在重要缺陷；内部控制存在较多设计缺陷且涉及范围较广，控制不足情况较为严重；违反行内规章制度并受到总行处罚
5	无效	被评价对象的内部控制系统运行无效	被评价对象存在重大缺陷；存在无控制或控制失效的情况；违反监管机构规定并受到处罚

内部控制缺陷和有效性之间存在的对应关系如表2-8所示。

表2-8　　　　　　　　有效性标准与缺陷标准的对应关系

缺陷标准	有效性标准	对应说明
重大	无效	当存在一个或多个内部控制重大缺陷时，应当作出内部控制无效的结论
重要	特别关注	重要缺陷应当引起董事会、经理层关注，或特别关注
	关注	

续表

缺陷标准	有效性标准	对应说明
一般	基本有效	当存在一般缺陷时,且缺陷数量超过管理层可容忍范围时,可以作出内部控制基本有效的结论
	有效	当存在一般缺陷,且缺陷数量在管理层可容忍范围内时,可以作出内部控制有效的结论

风险等级划分为低、较低、中等、较高、高五级,如表2-9所示。

表2-9 风险点分级标准

风险点分级	认定标准
A+(高)	影响力高,发生可能性较大的事件;或影响力高,几乎肯定发生的事件
A(较高)	影响力高,有可能发生或发生可能性很小的事件;影响力较高,有可能发生或发生可能性较大的事件;影响力中等,发生可能性较大或几乎肯定发生的事件
A-(中等)	影响力高,不太可能发生的事件;或影响力较高,发生可能性很小的事件;影响力中等,有可能发生的事件;影响力较低,发生可能性较大的事件;影响力较低但几乎肯定发生的事件
B+(较低)	影响力较高,不太可能发生的事件;影响力中等或较低,有可能发生的事件;影响力很低,发生可能性较大的事件
B(低)	影响力低或较低,不太可能发生或发生可能性很小的事件

控制等级划分为一般控制二级、一般控制一级、重要控制二级、重要控制一级、关键控制五级,如表2-10所示。

表2-10 控制点分级标准

控制点分级	认定标准
Aa+(关键)	对可能引起重大的业务失误、为公司带来重大的财务损失,并可能导致财务报告中的重大的实质性错报等重大缺陷进行有效控制
Aa(重要一级)	对可能引起较大的业务失误、为公司带来较大的财务损失等重大缺陷进行有效控制
Aa-(重要二级)	对日常运营造成一定程度的影响、为公司带来一定程度的财务损失等重要缺陷进行有效控制
Bb+(一般一级)	对日常运营带来轻微损害、可能导致轻微的财务损失的一般缺陷进行有效控制
Bb(一般二级)	对日常运营带来非常轻微的损害、可能导致非常轻微的财务损失的一般缺陷进行有效控制

六、内部控制审计步骤

(一)梳理风险点和控制点

以公司层面为例,该行在梳理风险点和控制点的过程中采用了以下步骤:一是查阅和分析公司治理文件;二是查阅和分析公司管理制度;三是查阅和分析反映公司治理过程和管理制度执行情况的记录文件或报告等；四是问卷调查和审计访谈。

（二）构建价值链风险控制矩阵

该行采用风险控制矩阵的构建方法，按价值形成过程，排列不同控制领域、部门、流程、业务单元、产品/服务等在前中后台的位置，以此明确各部门的职责关系。以价值链矩阵为联系纽带，将银行的具体业务环节、控制活动和风险联系起来，形成各项业务和管理活动的视图。

以该行公司层面控制内部环境审计为例：该行根据《企业内部控制基本规范》，以公司治理等一级控制领域和二级控制领域为列，以风险点描述、控制点描述、审计标准、审计依据、测试步骤（审计流程）、测试结果等为行，构建内部环境的风险控制矩阵（如表2-11所示）开展内部环境审计。

表2-11　　　　　　　　内部环境风险控制矩阵

控制领域	风险点描述	风险等级	控制点描述	控制级别	审计标准	审计依据	测试步骤	测试结果	审计结论	审计师	审核
1. 公司治理	治理结构形同虚设		审计小组根据公司章程、履职情况，会议纪要等实际情况进行了描述		依法制定对公司股东、董事、监事和高级管理人员具有约束力的公司章程；设立股东大会、董事会、监事会和高级管理层并履行职责，其成员应具备相应的任职专业知识和业务工作经验	《公司法》《上市公司治理准则》《企业内部控制基本规范》；公司章程	①查阅公司章程，公司治理制度，确认公司治理结构的健全性；②商请董事会办公室提供董事会及其专门委员会提供汇总的履职记录，商请监事会办公室提供监事会汇总的监督记录，进行控制测试	未发现缺陷	公司治理有效		
	"三会一层"未确定职责分工，未建立职责边界及制衡机制		审计小组根据股东大会、公司董事会、高级管理层的逐级授权及执行情况等实际情况进行了描述		公司决策、执行、监督分离，形成制衡机制；股东大会是公司的权力机构，董事会对股东（大）会负责，依法行使企业的经营决策权；监事会对股东大会负责，对董事、高级管理人员进行监督；高级管理层对董事会负责，依法实施经营管理权	《企业内部控制基本规范》；股东大会、董事会、监事会授权管理办法	①查阅"三会一层"即股东大会、董事会、高级管理层授权管理办法，确认制度建设的健全性；②根据授权执行情况进行控制测试，确认制度的执行情况	未发现缺陷	"三会一层"控制有效		

续表

控制领域	风险点描述	风险等级	控制点描述	控制级别	审计标准	审计依据	测试步骤	测试结果	审计结论	审计师	审核
1. 公司治理	缺乏决策机制和议事规则		审计小组根据董事会、监事会、高级管理层议事规则,部门职责与权限、分公司职责与权限及其报告路径等文件,按实际控制设计和运行状况描述		根据国家有关法律法规和企业章程制定详细的股东大会、董事会、监事会的议事、决策规则,以及高级管理层的工作细则和规程;重大决策实行集体审批制	《企业内部控制基本规范》;公司董事会对高级管理层授权、高级管理层工作规则、部门职责与权限、分公司职责与权限及其报告路径等文件	①调阅公司章程,股东大会、董事会、监事会议事规则,授权管理办法,内部控制管理办法,风险管理办法等,检查制度建设的健全性;②调阅会议纪要、管理报告等,确认相关制度的执行效果	未发现缺陷	控制机制健全有效		
……	……	……	……	……	……	……	……				

（三）现场测试及缺陷汇总

审计人员采用观察、核对、重新执行等审计方法在公司、流程和信息系统三个层面同步开展穿行测试、控制测试,对控制的有效性进行评价、对缺陷进行汇总。如穿行测试结果为无效,则表明该流程设计无效,无须再对其进行控制测试,可直接认定缺陷;如穿行测试有效,则需对该流程进行控制测试,以验证该流程的运行是否有效。

该行自行开发的内部控制评估系统（ICAS）可以对审计活动实施全程管理和监控,实时反映工作成果,并对缺陷进行自动汇总并统计。

（四）报告编写

审计部门负责撰写内部控制审计报告并提交审计委员会审议,在此基础上,按照其上市证券交易所的要求撰写年度内部控制自我评估报告,并提交董事会审议。审计报告提交前,内部审计部门需要与相关分支机构、业务部门的负责人进行充分沟通;内部控制自我评估报告提交董事会审计委员会审议,接受监事会监督,由董事会审议通过。

七、效果

1. 提升了内部控制和治理水平。三年来,该行通过揭示缺陷和督促整改,持续完善内部监督机制,改进内部控制有效性,增加了公司价值。该行税后利润由2003 年引入外部审计时的 226 亿元增长到 2009 年的 1293 亿元（2010 年该行上半年净利润达到 850 亿元,同比增长 27.3%）;不良贷款率从 2005 年财务重组后的4.69% 下降到 2009 年的 1.54%（2010 年 6 月 30 日下降到 1.26%）,拨备覆盖率2009 年上升至 164.41%（2010 年 6 月 30 日达到 189.81%）;平均总资产回报率

（ROA）和加权平均净资产收益率（ROE）分别从上市之初的 0.79% 和 15.37% 稳步增长到 2009 年的 1.2% 和 21.14%。2008 年荣获"亚洲最佳银行""中国最佳本地银行""中国 50 家最受尊敬上市公司"等诸多奖项。2009 年荣获"最佳公司治理""2009 年最佳企业管治资料披露大奖 H 股上市公司板块白金奖"等境内外共 26 项公司治理奖项。

2. 推进了内部审计标准化和技术创新。经过三年的积累，该行内部控制审计已形成了较为成熟的审计标准和审计技术方法体系，这些成功经验的推广和普及带动了全行内部审计技术创新。

3. 增强了内部审计团队的专业能力。在内部控制审计实践中，锻炼和培养了一支熟练掌握内部控制和风险管理技术的审计队伍，为内部审计事业的发展储备了一批理念先进、视野开阔的新型专业人才。截至 2010 年 8 月，该行的内部审计团队拥有国际注册内部审计师、金融风险管理师、特许公认会计师、注册信息系统审计师、项目管理专家等各类专业资质证书的人数占比达 58.6%。

4. 形成了积极的内部控制文化。该行通过持续开展内部控制审计，倡导诚信尽责的道德价值观，增强全行员工的内部控制意识，在全行形成一种健康、积极的内部控制文化。

【本章小结】

本章首先阐述了金融安全内部控制的基本理论，包括内部控制的概念和作用，内部控制的目标、方法和内容，进而阐述了内部控制评价的概念、内容、方法和报告，最后侧重于内部控制审计说明其概念、作用，评审方法和内容，并引入了内部控制审计报告。本章重点是内部控制审计的内容和实施步骤，本章难点是金融机构内部控制评价和金融机构内部控制审计的区别和联系。

【复习思考题】

一、名词解释

内部控制　金融安全内部控制　金融内部环境　金融安全内部控制评价
金融安全内部控制审计

二、简答题

1. 影响金融安全的金融机构内部环境可以从哪几个方面理解？分别包括什么？
2. 简述金融安全内部控制内容和方法。
3. 简述金融安全内部控制评价与内部控制审计的区别和联系。
4. 简述金融安全内部控制审计的内容和实施步骤。
5. 简述金融安全内部控制审计的作用。

第三章

金融安全经济责任审计

【教学目的和要求】

通过本章的学习，要认知金融组织经济责任审计对金融安全的意义、特征、基本内容和程序；掌握政策制度执行情况审计和经济责任履行情况审计，全面学习金融组织经济责任审计文件。

【案例导入】

邮储银行行长陶礼明涉案被捕

案情概要： 2012 年 6 月 11 日，中国邮政集团和邮储银行发布公告，称邮储银行行长陶礼明、邮储银行资金营运部金融同业处处长陈红平，因涉嫌个人经济问题正在协助有关部门调查。2012 年 12 月底，陶礼明被正式批捕。财新记者经多个消息源证实，牵出陶礼明涉案的线索源于陈明宪（湖南省交通运输厅党组书记、副厅长）案。在 2009 年到 2010 年间，邮储银行曾为湖南高速相关建设项目违规发放贷款。在此期间，陶礼明的弟弟向湖南高速索贿 1000 多万元。记者从金融主管部门和邮储银行内部了解到，陶礼明案涉嫌非法集资，违规高息放贷，收受巨额贿赂等犯罪。

案例提示： 一方面，邮储银行在同业中存贷比相对较低，现金流充裕，存款余额大，在信贷紧缩形势下，邮储银行必然成为融资市场的宠儿；另一方面，该行放贷能力和风险控制水平不足，相应内控机制、激励机制不健全，在信贷业务中案发具有相当的必然性。另外，该行单一、国有的法人治理结构，易于导致相关决策程序缺乏控制，本案涉案主体系该行"一把手"就是明证。对于金融机构来说，合理的风险控制、科学的决策程序是防范此类犯罪的关键。

资料来源：金融界网站，http：//finance. jrj. com. cn/focus/taoliming/。

思考题： 1. 该行长的犯罪行为属于何种性质的金融安全问题？

2. 如何有效防范这类问题的发生？

第一节　金融安全经济责任审计概述

一、经济责任审计概念

经济责任审计是对领导人员任职期间所在单位财政或财务收支的真实性、合法性和效益性以及对有关经济活动应当负有的经济责任所进行的独立的监督、鉴证和评价活动。具体来讲，金融组织经济责任审计就是对金融机构的法定代表人或主要负责人在任职期内执行国家金融政策、上级行的规章制度、信贷保险计划、财务收支及结果等是否正确、真实、合法，经济效益（指标）是否达到规定标准，国有资产有无损失浪费等进行审查，对其管理能力和效果及其经济责任、工作业绩等给予客观的鉴定和评价。

二、经济责任审计对金融安全的意义

由于金融组织经济责任审计主要是对金融组织负责人的经济行为和经济责任进行的监督和评价，这些经济行为和经济责任包括执行国家金融政策、保证财务收支的真实准确，使经济效益达到规定标准，维护国有资产的安全完整，这些无不关系着国家的金融安全，所以金融组织经济责任审计对金融安全具有重要意义。

（一）执行国家金融政策是金融安全的前提和基本要求

国家金融政策和制度是国家对金融组织运作方向的科学指引，有效执行国家金融政策才能使金融组织向着正确的方向运作和发展，从而保证金融组织运作的规范，所以执行国家金融政策是金融安全的前提和基本要求，金融组织经济责任审计对该项内容的检查和监督对维护金融安全具有重要意义。

（二）保证财务收支的真实准确是金融安全的核心内容

金融组织财务收支真实准确是金融组织财务安全的核心内容，组织负责人保证财务收支的真实准确是其重要的经济责任，而现实工作中不乏丧失此经济责任的行为，严重危害了金融组织的财务安全，所以金融组织经济责任审计对该项内容的检查监督是十分必要的。

（三）使经济效益达到规定标准是金融安全的重要体现

金融组织作为企业性质一样是以实现经济效益为目标，而使经济效益达到规定标准是金融组织负责人的重要职责，也是金融组织安全稳定的重要体现。所以金融组织经济责任审计对该项内容的审查也是对金融组织安全的重要考核与评价。

（四）维护国有资产的安全完整是金融安全的基础保证

金融资产安全事关国有资产安全，是金融安全的基础保证。而每个金融组织负责人都有责任维护金融组织资产安全和国有资产安全完整，防止金融资产毁损和国有资产流失浪费，所以金融组织经济责任审计对该项内容的审计监督也是维护金融安全的基础保证。

三、经济责任审计的特点

（一）审计主体多元化

经济责任审计的根本目的是对领导干部履行经济责任的情况作出全面客观、公正的评价。审计评价的对象是金融机构离任的领导干部。具有承担审计评价任务的是审计机关。而审计结果的利用，人员的任免、升降、奖惩、处理、处罚则由纪检、组织、监察、人事部门负责。因此，经济责任审计不是审计机关一家独自完成的，而是需要纪检、组织、监察、人事部门的共同协作。

（二）审计路径特殊

传统财务会计审计是"由事及人"，而经济责任审计对象主要是"人"或"人的责任及良知"。审计路径是"由人到事"，从确定责任人开始，然后进一步确定该责任人负责的相关业务和经济资料的真实性、合法性。

（三）审计期限较长

领导干部一般任期4~5年，如果连任导致时间跨度更长，则需要评价的事情更多。由于法律、法规、规章、制度建设有一个过程，在这个过程中法规不健全的情况是常有的事，这给评价工作带来了困难，需要根据不同时效，选用适当的标准。

（四）审计结果影响大

不仅审计环境特殊，而且业务复杂和影响因素众多。与常规审计业务相比，由于责任审计结果关系到领导干部考核、任用和提拔，也关系到行政处罚的后果是否存在价值，能否正确地发表审计意见涉及审计的公平性、有效性和社会效应。

四、经济责任审计的对象和内容

（一）经济责任审计的对象

经济责任审计是对金融机构各级领导干部因其职务晋升、工作单位的变动、免职、本人辞职或被撤职等之前所承担的经济责任进行的审计。其具体对象如下。

（1）各级金融机构的第一负责人；

（2）各级金融机构主管资金、财务、物资、营业等业务的副职；

（3）各级金融机构重要业务部门的主要负责人；

（4）金融院校、企事业单位的主要负责人；

（5）金融机构驻外代表处的首席代表等。

（二）经济责任审计的内容

经济责任审计的重点是检查各级主要领导干部任职期间在实施货币政策、加强金融监管以及从事金融业务活动等方面应承担的经济责任。其具体内容视不同的离任负责人而有所不同。

（1）对各级金融机构的主要负责人，主要审计以下几个方面：①围绕各金融机构经济业务开展情况，重点检查贯彻执行国家货币政策、金融法规以及金融方针、政策、制度和办法的情况；②根据资产负债管理要求和行业经济指标或上级主管部门下达的经济指标，查指标、挤水分、核实债；③围绕金融机构存款、贷款、投资项目及重大经济决策事项检查领导干部决策是否合法、合规、合理、有效；④对辖内金融机构监管和维护金融秩序的情况进行检查；⑤针对本行各项业务活动和财务收支的管理，审查领导干部履行经济责任的情况，重点审查资金使用情况，专项资金管理情况等；⑥抓住政务公开、财务公开这个重点，审查其内部控制制度是否健全、科学和规范；⑦其他应审计情况，如领导者本人执行廉政纪律情况。

（2）对金融院校、企事业单位的主要负责人，主要审计以下方面：①执行国家财务法规及财务管理制度的情况；②经费预算的编制和执行情况；③组织安排各项收入、支出的真实性合规性；④国家资金、财产的安全、完整以及单位资产管理的情况；⑤内部管理和内部控制的情况；⑥其他应审计事项。

（三）对金融企业领导干部经济责任审计的评价重点

1. 遵守财经法纪情况的审计评价。考察企业领导干部，首先要审查其是否依法经营，分析其是否严格遵守国家及政府制定的各项法律和法规。在评价其责任过程中，要调查其经营范围、缴纳税金的原始数据、有无转移或挪用国有资产，是否有冒领国家出口退税金情况，是否有走私和欺诈行为等。

2. 资产、负债、损益真实性的审计评价。评价真实性是考核经济效益的重要基础。内部审计人员对企业的资产、负债和损益的真实性进行评价，实际上就是评价组织的效益状况。要审查资产不实的情况，审查和评价隐瞒收益、少报资产等情况，审计"小金库"情况，审查和评价舞弊欺诈情况。审计负债不实情况，也可从多年不变的应付账款、其他应付款账户进行审查，还要关注长期负债的真伪。审计损益时，可对企业的收入、成本费用的真实性进行评估和测试，对故意挂账、摊销和预提费用进行审查，对待处理财产损溢账户进行审查，以便评价真实效益。

3. 国有资产保值增值情况的审计评价。涉及国有资产，审计人员可以从账户中搜寻数据，包括对实收资本账户、公积金账户、公益金账户、未分配利润账户等进行审计。对领导干部任期内的资本变化进行评价，分析国有资产保值增值能力，分析价值增减的程度，还可以对资产增长率、流失率数据进行比较。此外，国有资产中的无形资产也是审计范围，包括对大型企业集团的品牌效应、商标权、版权、著作权、商誉等内容进行审计调查。

4. 有关财务和经济指标的完成情况和效果的评价。对各种财务指标进行的审计分析，是评价企业的领导干部经济责任的重点，例如，资产负债比率、资产收益率、资产变现能力、投资报酬率、股票的市盈率和每股收益率等。除了财务指标以外，还可以对各种经济指标进行审计评价，包括行业标准、市场占有率、产品竞争情况、市场定位情况等。但要注意的是，内部审计人员要从横向与纵向进行评价，要从企业内部与外部进行评价；同时，也要对国内水平与国际先进水平进行比较分析和评价。

5. 重大投资决策管理效益情况审计评价。企业的重大投资项目往往是企业领导干部经济责任的决定性内容，如对外投资项目、重大基本建设项目、决策性的企业重组或兼并等，都应审查和评价。对这些投资活动的审查可评价领导者的决策能力、专业技术水平、综合素质及遵守法律法规情况。

6. 财务管理和内部控制制度的审计评价。财务指标是经济效益的量化表现，企业内部控制制度是获取经济效益的关键。审计人员要从这两个方面审查涉及高层决策者的责任，包括评价企业内部的授权制度，客观控制系统，组织内部的职能划分，有无利用内部控制失调进行舞弊欺诈的现行审计评价，对领导干部关注环境保护的责任进行审计评价，对社会责任保险制度进行审计评价等。

总结起来，金融组织经济责任审计评价的内容很多，基本集中于政策制度执行情况审计和经济责任履行情况审计两个方面，所以本章将侧重于这两方面阐述。

五、经济责任审计的程序

经济责任审计的程序可以分为6个步骤。

1. 搞好审前调查。开展审前调查，是审计部门的优良传统和突出优点，也是成事之基，谋事之道。审计人员应根据金融业务特点在实施审计前到被审计单位上级主管部门组织、纪检、监管以及相关的其他部门和人员那里走访了解，从定性和定量、宏观和微观、价态和动态、横向和纵向方面进行调查了解，以便掌握第一手材料，从而确定最优审计方案。

2. 召开被审计对象所在单位的全体职工大会，听取被审计对象作工作述职报告。

3. 开好审中座谈会，听取他们的评价及意见。座谈会参加人员可根据审计的需要确定，形式可多样化。

4. 检查有关报表、账簿、实物，查阅有关文件、会议记录，掌握各项工作开展情况。

5. 根据掌握的材料进行初步分析，深入有关部门及企业部门进一步验证，以查清问题的来龙去脉，正确评价领导干部应承担的经济责任。

6. 形成结论，征求被审计人的意见，提请党组研究确认。

六、经济责任审计的原则

为了正确考核评价责任人的功过，使经济责任明确可信，审计人员在依法进行审计评价时应坚持如下原则。

（一）普遍性原则

中国审计出版社出版的《任期经济责任审计实务》中提出了审计五项原则，即：（1）依法审计原则。（2）客观公正原则。（3）重要性原则。（4）谨慎性原则。（5）实事求是原则。这五项审计原则是任何一类形式的审计都必须遵循的共性原则。

（二）特定性原则

特定性原则，是指在揭示领导干部任期经济责任审计的本质特征时，指出与之相适应的审计原则，并且有别于其他审计形式内在要求的原则。

1. 依法行政原则。依法行政是依法治国政治制度的组成部分，因此，在对金融机构领导人员经济责任审计的过程中，必须把领导人员任期内行政行为是否依法作为重要审计内容而不得弛放。

2. 民主集中制原则。民主集中制原则是党和国家的根本组织制度和领导制度，是载入宪法的原则。对金融机构的党政领导干部任期的经济责任审计，无论是查证过程还是作出评价，都必须严格审查其行政行为是否遵循民主集中制这一根本领导制度。

3. 发展经济原则。发展经济原则不仅是检查领导干部任期经济责任的重要原则，同时又是评价原则。发展经济的原则主要体现在领导干部在任期内对于发展经济的存款、贷款、投资决策，在维护金融秩序等方面所作的努力、贡献和发展金融事业各项实现指标的真实性，通过这些内容可以科学地、客观地评价领导人员发展经济的水平，从而评价其领导能力与执政水平。

4. 正确划清经济责任原则。在经济责任审计报告中，既要肯定成绩，又要指出其工作中存在的不足和隐患，特别是对其承担的经济责任和法律责任，要正确划分主客观原因，作出客观公正的评价。如对被审计人存在的问题，首先要划清责任归属，是属于全部责任还是部分责任，是前任责任还是现任责任，是直接责任还是间接责任。直接责任是指被审计领导人员对任职期间的下列行为应当负有的责任：第一，直接违反国家财经法纪法规的行为；第二，授意、指使、强令、纵容、包庇下属人员违反财经法规的行为；第三，失职、渎职的行为；第四，其他违反国家财经法律、法规的行为。主管责任是指领导人员对其所在部门、单位或地区的财政收支或财务收支真实性、合法性、效益性以及有关经济业务活动应当负有的直接责任以外的领导和管理责任。其次要分清责任性质，即法律责任、经济责任、行政责任以及工作失误责任；最后要褒贬结合，离任审计不仅要查明被审计人履行职责过程中存在的主要问题，而且还要总结工作的成绩，进行综合评价。

5. 认定性原则。由被审计人在经济责任审计报告中签字，达成共识。同时，划分统一的评价标准和处理意见，按照人事部门的考核要求，确定为四个档次，即优秀、称职、基本称职和不称职。

第二节　政策制度执行情况审计

一、金融法规执行情况审计

金融法规包含的内容很多，其中的许多规定，包括《中国人民银行关于实行资产负债比例管理的通知》《支付结算办法》等，其执行情况如何，自然可以根据有关业务的审计结论作出评价。本节主要讨论金融法律条文执行情况的审计。目前的金融法律主要包括《银行业监督管理法》《中国人民银行法》《商业银行法》《票据法》《保险法》《担保法》《证券法》等。对其执行的审计可以从以下几个方面进行。

1. 了解被审计人员及其所在单位的金融法律知识水平。一个不懂得或不熟悉金融法律知识的人，在工作中是不能真正地遵守和执行金融法律的，所以考核有关人员的金融法律知识水平是金融法规执行情况稽核的重要一环。考核的主要方式可以是金融法律知识考试，也可以通过面谈。

2. 了解被审计人员及其所在单位在任职期内卷入的金融法律纠纷的情况。因被审计人如有违反金融法律的行为，就容易引起金融法律纠纷。所以，了解被审计人及其所在单位或部门在任职期内卷入金融法律纠纷的情况，能够从一个侧面掌握被审计人的金融法规执行情况。具体操作时应注意审核的内容包括是否卷入金融法律纠纷，何种情况下卷入，过程如何，卷入后的应对措施是否得当，纠纷的处理结果如何，谁的责任，责任的性质如何，是否总结教训以警未来等。

3. 抽查有关业务，正面了解金融法规的执行情况。如通过抽查抵押贷款合同与借据等，可以了解《担保法》的执行情况；通过抽查贷款业务可以了解《商业银行法》的执行情况等。但应注意选用科学的统计抽样方法和统计分析方法。

二、金融政策执行情况审核

1. 审查国家货币政策执行情况。我国一贯坚持稳定的货币政策，坚持货币政策服从经济发展的需要。在向市场经济转轨的今天，国家货币政策对社会经济有着十分重要的调节作用，金融机构的领导者对国家货币政策的贯彻执行情况的审计，可以从存款准备金、再贷款、再贴现、公开市场业务等方面进行抽样、评价。

2. 审核利率政策执行情况。审核利率政策执行情况包括存款利率、贷款利率、同业拆借利率、债务利率管理等方面。从利率制定的合理性、科学性，执行的严肃性，浮动的正确性，调整的必要性与合理性等诸方面进行审计，可结合存、贷款业务等的审计情况进行判断和评价。

3. 审查存、贷款政策执行情况。可抽查有关存、贷款业务进行评价，也可结合已有的存贷款业务审计结论综合评价和鉴定。

三、金融制度执行情况审核

1. 审核对辖属机构的监督情况。作为金融机构的领导者，在其任职期内，有责任监管下属机构执行国家和中央银行的金融法规、政策、办法。经济责任审计时，应对这种监管是否履行、履行得如何进行审计。可以通过审核有无监管措施、监管制度、监管人员安排、监管记录、监管处罚等来评价被审计人的此项责任履行的情况。

2. 审核维护辖内金融秩序的情况。审核维护辖内金融秩序的情况包括维护结算秩序、储蓄秩序、处理破坏金融秩序的行为、协调金融机构的关系等方面。

3. 审核内部管理制度的执行情况

（1）审核内部管理制度是否建立和完善。完善的内部管理制度直接影响责任人的业绩，也体现责任人的能力。因此注意检查是否有一套严密措施、有文字可查的内部管理制度；制度是否切实可行等。

（2）审核内部管理制度是否得到真正的贯彻执行，是否流于形式。可以通过与职工座谈的方式对这方面的情况进行了解。

4. 审核内部制度的执行情况

（1）审核内部制度是否建立和完善。包括权力牵制、人事回避、业务的交叉控制、财务审批，尤其是风险防范机制等是否有一套定性的控制制度，制度是否科学、严密、有效。

（2）审核内控制度是否贯彻落实，是否仅停留在口头或文字上。审计可以通过控制流程图、风险审查、座谈等方式进行。

第三节　经济责任履行情况审计

现阶段我国经济责任的内容主要包括财务收支活动的真实性，财政财务收支及其管理活动的效益性、合法性，领导人的管理水平和经营能力，以及企业的发展潜力等。因此，经济责任审计内容除第二节简述的对领导人是否贯彻执行我国的金融法律、法规、政策、制度，是否依法经营外，还应从以下几个方面进行审计。

一、经营目标和主要经济指标完成情况审计

金融企业的经营目标和经济指标，包含着丰富的经济内容，能够最为直观地反映企业的盈利水平和经营状况，是评价经济责任人履行经济责任情况最主要的依据，可以运用比率分析、趋势分析和结构百分比分析等方法，计算、分析有关财务和经济指标，对企业的经营状况作出评价，并在此基础上准确评价领导干部的业绩或责任。具体可以审核以下两点。

（1）各项业务活动指标的完成情况，包括吸收存款、发放贷款、吸收储蓄、压缩不良资产、实现规定的业务规模（如保费收入、信用卡业务量等）。这种审计应与计划相对照，进行综合评价。

（2）各项财务指标的完成情况，可结合财务管理指标完成情况的审计结论作出评价。

在运用上述指标进行分析时，首先，要遵循客观性原则。比如，职工收入及福利的增长幅度等于或稍低于单位经济效益的增长幅度是正常的，如果其增长幅度大大超过企业经济效益增长幅度，或者经济效益下降甚至亏损，职工收入及福利仍然大幅度增长，则很可能是领导人的短期行为所致。其次，要注意指标的层次性，利用不同层次的指标，分析不同层次的问题。

二、行使经济权力情况审计

行使经济权力是指被审计责任人履行其岗位职责，因为这些职责的履行一般与经济活动有关。对行使经济权力情况的审计，主要应结合被审计责任人的岗位职责进行。

（1）审核被审计责任人的岗位职责是否明确。如果没有明确的岗位职责，无法想象责任人能较好地履行其职责是否合法、合理、合规、适当。

（2）被审计责任人是否正常履行了其岗位职责，正当地履行职责赋予的经济权力，

如贷款审批权、呆账贷款的核销权等，有无在其位不谋其政的情况，有无滥用职权的情况等。

三、资产保值增值审计

作为金融企业领导人，首要责任是防止亏损，保持资本金的程度，保证资产的保值增值，在此基础上，不断实现盈利和资本积累。审计金融企业资产是否保值增值，应在资产真实性审计的基础上，将离任时资产负债表中所有者权益部分与领导人任职期相比较，即离任时所有者权益／任职期所有者权益×100％计算资本保值增长率，其结果等于100％为保值，大于100％为增值。

四、领导者本人执行廉政纪律情况审计

对领导者本人执行廉政纪律情况的审计，一是通过对财务的审计，检查领导者本人是否违规报销应由个人负担的各项费用，是否存在私设"小金库"行为，特别注意有无为本单位的利益而损害全局或国家利益的情况，是否存在个人长期无偿占用公共财产的行为；二是通过座谈或群众举报，发现问题和线索，追踪资金流向。廉洁对保证金融干部队伍的纯洁性和反腐败有十分重要的意义，是考核干部的重要的一环，应予充分重视。

五、未来发展和获利能力审计

目前经济责任审计制度只强调离任责任人任期内的经营行为是否合法、合规，是否完成各项任期目标，而忽视了任期内的经营行为对本单位长远发展的未来获利能力的影响，这可以说是许多金融机构存在短期行为的重要原因。因此，在对其责任人进行经济责任审计时，在评价责任人任期内经营行为的合法性、合规性的同时，还应注重对其所在单位的未来发展和获利能力进行考核。这项审计内容可以结合财务审计中财务比率和财务分析进行，将在第五章金融安全财务审计中详述，在此不再赘述。

第四节　经济责任审计文件

重要的经济责任审计文件包括：经济责任审计报告、管理建议书、审计结果处理与运用的文件。审计人员完成经济责任审计外勤工作后，应对审计工作底稿进行整理和复核，在此基础上撰写审计报告，作为完成经济责任审计工作的终结和证明。审计组织和审计委托者根据审计报告提出相应的审计意见书，或作出相应的审计处理、处罚决定。注册会计师还应根据在审计过程中发现的被审计单位内部管理制度中存在的主要问题出具书面管理建议书。

一、经济责任审计报告

经济责任审计报告是审计人员根据审计规范的要求，在实施了必要的审计程序后

出具的对被审计单位在被审计领导人员任职期间财政收支或财务收支的真实性、合法性和效益性以及被审计领导人员在任职期间经济责任履行情况、经济责任目标完成情况及个人遵守国家财经法纪和廉洁自律情况所发表审计意见的书面文件。

（一）经济责任审计报告的作用

审计小组撰写的经济责任审计报告，除具有一般报表审计报告所具有的鉴证、评价、保护、证明作用外，还具有对被审计领导人员的考评作用。

1. 鉴证作用。审计人员以超然独立的第三者身份，对被审计单位在被审计领导人员任职期间财政收支或财务收支的真实性、合法性、效益性和被审计领导人员在任职期间经济责任履行情况、经济责任目标完成情况及个人遵守国家财经法纪和廉洁自律情况发表审计意见。这种意见具有鉴证作用，可以得到政府及其各部门和社会各界的普遍认可，特别是组织人事部门、纪检监察机关及被审计单位主管机关的认可。

2. 评价作用。经济责任审计报告分类概括反映了在审计过程中发现的重大问题，实际上是评价了被审计单位的会计资料及其他相关资料的真实性、正确性和公允性，资产、负债、损益的真实性、正确性、合法性和效益性，内部管理的健全性和有效性等；也评价了被审计领导人员在任职期间与资产、负债、损益目标责任制有关的各项经济责任指标的完成情况，任期经济责任的履行情况，应承担的主管责任和直接责任，经营管理水平、能力及实际业绩，遵守国家财经法纪情况和廉洁自律情况等。

3. 保护作用。审计人员通过在经济责任审计报告中披露所发现的各种重大问题以及前述的评价，可以使审计报告使用者了解被审计单位及被审计领导人员的真实情况，既可以保护被审计单位资产的安全和完整，促进被审计单位加强经营管理，也对兢兢业业、廉洁勤政、业绩突出但不善于或不愿意走"上层路线"的领导人员的工作积极性起到极好的保护作用。纪检监察机关可以利用经济责任审计报告保护或惩处相关被审计领导人员。对于组织人事部门来说，利用经济责任审计报告可以较为全面客观地评价被审计领导人员的经营管理能力、水平、业绩及遵纪守法、廉洁勤政情况，降低在领导干部任免、职务晋升、解聘辞退等工作中失误的可能性。这样，对党、国家和人民利益及被审计领导人员的合法权益都起到了极好的保护作用。

4. 证明作用。经济责任审计报告是对审计人员审计任务完成情况及其结果所作的总结，可以表明审计工作的质量并明确审计人员的审计责任。因此审计报告可以对审计工作质量和审计人员的审计责任起证明作用。通过审计报告，可以证明审计人员在审计过程中是否实施了必要的审计程序、是否以审计工作底稿为依据发表审计意见、发表的审计意见是否与被审计单位和被审计领导人员的实际情况一致、审计工作的质量是否符合要求等。通过审计报告，也可以证明审计人员审计责任的履行情况。审计人员的审计责任，是指审计人员对其出具的审计报告的真实性、合法性负责。

5. 考评作用。经济责任审计既"对事"，又"对人"。其"对人"就是在审计被审计单位财政收支或财务收支的基础上，直接对被审计领导人员在任职期间经济责任的履行情况，与资产、负债、损益目标责任制有关的各项经济责任指标的完成情况，遵守国家财经法纪情况和廉洁自律情况，对单位违反财经法纪行为及投资效益差等应承担的主管责任和直接责任情况，经营管理能力及实际业绩等进行审查和评价，这些可以直接作为组织人事部门、纪检监察机关对被审计领导人员进行考核和评价的重要依据。同时，对于在任职期间不遵守国家财经法纪、不廉洁勤政的被审计领导人员，经济责任审计报告又成为纪检监察机关和司法机关对其依法进行处理和处罚的重要依据。

另外，经济责任审计报告还是审计机关提出意见书、作出审计处理、处罚决定的重要依据，也是国家审计机关向组织人事部门、纪检监察机关和其他有关部门报告经济责任审计结果的重要证据。

（二）经济责任审计报告的主要结构和内容

经济责任审计报告的结构和内容目前正处于探索之中，审计署在"两个暂行规定实施细则"中指出对其作出经济责任审计报告准则之前，注册会计师受托开展经济责任审计时，其出具的经济责任审计报告的结构和内容也应以"实施细则"的规定为基准，包括其要求的所有内容。

1. 经济责任审计报告结构的基本要素和主要内容。

（1）经济责任审计报告结构的基本要素。基本要素包括：标题、主送单位（收件人）、审计报告的内容（即正文部分）、审计小组组长签名或盖章（注册会计师的经济责任审计报告，则由注册会计师和会计师事务所签名盖章）、审计报告日期。

（2）经济责任审计报告的主要内容。审计署在"两个暂行规定实施细则"中规定的经济责任审计报告的内容是：《县级以下党政领导干部任期经济责任审计暂行规定实施细则》第十六条规定，审计组实施审计后，应向审计机关提交经济责任审计报告，其内容包括：实施审计工作的基本情况；被审计领导干部的职责范围和所在单位、部门地区财政收支、财务收支工作各项目标、任务完成情况；审计发现的被审计的领导干部及其所在单位、部门、地区违反国家财经法规和领导干部廉政规定的主要问题；被审计的领导干部对审计发现的违反国家财经法规和廉政规定的问题应负有的主管责任和直接责任等；对被审计的领导干部及其所在单位、部门、地区存在的违反国家财经法规的问题的处理、处罚意见和改进建议；需要反映的其他情况。《国有企业及控股企业领导人员任期经济责任审计暂行规定实施细则》第十七条规定，审计小组实施审计后，应当向审计机关提交经济责任审计报告，其内容包括：实施审计工作的基本情况；被审计企业领导人员的职责范围和与所在企业资产、负债、损益目标责任制有关的各项经济指标的完成情况；审计中发现违反国家财经法规和领导干部廉政规定的主要问题；企业领导人员对审计发现的违反国家财经法规和领导干部廉政规定问题应负有的主管责任和直接责任；对被审计的企业领导人员及其所在企业存在的违反国家财经法规问题的处理、处罚意见和改进建议；需要反映的其他情况。

此外，我们还建议，在经济责任审计报告的结构中应增加"对被审计领导人员经济责任履行情况的定性评价"。

2. 经济责任审计报告的格式及具体要求。经济责任审计报告一般分为导言、基本情况、审计结果、存在问题及处理意见、审计评价和审计建议6个部分以及处理说明的其他情况。

（1）导言。主要写明审计的依据、审计工作的起讫时间、审计范围、审计方式、会计责任与审计责任、审计行为规范和审计小组所完成的主要审计程序等。审计依据：主要说明开展经济责任审计的直接依据；审计工作的起讫时间：主要说明审计工作从何日开始，至何日结束；审计范围：主要说明审计期间范围、审计的主要内容与目标；审计方式：就地审计还是送达审计；会计（管理）责任与审计责任：主要说明会计责任是保证报表核算质量，而审计责任是对报表发表鉴证意见；审计行为规范：《国家审计基本准则》或《中国注册会计师独立审计基本准则》；已实施的主要审计程序和完成的主要工作。

（2）基本情况。写明被审计领导人员所在地区、部门、单位或所在企业的基本情况，主要包括：地区经济的发展情况；单位的性质及隶属关系，财政预算管理形式，企业的规模、经营范围、财务核算形式、人员状况等，被审计领导人员担任职务的起讫时间、主要职责范围等，被审计单位对所提供的经济资料的真实性、合法性、完整性的承诺情况等。

（3）审计结果。审计领导人员所在地区、部门、单位或所在企业情况，分别写明：财政收支或财务收支工作各项目标、任务完成情况（或写明与企业资产、负债、损益目标责任制有关的各项经济指标的完成情况）。应以数量指标的比较形式说明经审计后认定的各项任期经济责任目标完成情况，应特别注意写明经核实后的任期内重大经营决策和对外投资及效益等问题，是否经过领导集体的讨论等。对于党政领导干部任期经济责任审计，则重点说明任期内所在地区主要经济责任指标的完成及变动情况，财政收支或财务收支工作各项目标、任务完成情况；对于企业领导人员任期经济责任审计，则重点说明与企业资产、负债、损益目标责任制有关的各项经济指标的完成情况。在说明时，建议采用表格以分类对照形式进行说明。表格可分为六栏，分别为：序号，任期经济责任指标，被审计单位及被审计领导人员自我总结数（即未经审计数），审计核实结果，完成目标的百分比，备注。

（4）存在问题及处理意见。本部分应将审计查出的问题逐一列出，并依据有关法律法规提出处理、处罚意见。主要有：被审计单位违反国家财经法规的主要问题。分类说明审计中发现的被审计单位在被审计领导人任职期间违反国家财经法规的主要问题。应分类说明发现问题的性质、金额，并对被审计领导人员及其所在单位（部门、地区）存在的违反国家财经法规的问题，根据国家相关法律规定，在审计职权内提出处理、处罚意见。被审计领导人员违反国家财经法纪及领导干部廉政规定的主要问题，同样应分类说明审计中发现的被审计领导人员任职期间违反国家财经法规及领导干部廉政规定的主要问题，并分类说明发现问题的性质、金额。分别针对审计中发现的被审计领导人员及所在单位（部门、地区）违反国家财经法规和领导干部廉政规定的主要问题，分别划清并确定被审计领导人员应承担的主管责任和直接责任。

（5）审计评价。本部分应对审计结果进行归纳，以审计结果为依据对审计对象进行评价。对其任职期间的成绩给予肯定，对违反财经法纪、损失浪费等问题，区分被审计领导人员是负有主管责任还是直接责任。除此之外，还要说明以下内容：经营者管理活动及财政收支或财务收支合规合法性评价，即对被审计单位经营活动及财政收支或财务收支活动给出是合规合法、基本合规合法或不合规不合法的定性评价结论。对内部管理状况健全有效性评价，即对被审计单位内部管理制度给出是健全有效、基本健全有效、不健全有效的定性评价结论。对被审计领导人员个人遵守财经法纪及廉洁自律情况定性评价，即对被审计领导人员个人在经营管理活动及财政收支或财务收支活动中遵守国家财经法规、廉洁自律情况给出是遵守、基本遵守、不遵守财经法纪的定性评价和在个人廉洁自律方面是廉洁自律、基本廉洁自律、不能廉洁自律的定性评价结论。对以会计报表为主的经济资料真实正确性（公允性）定性评价，即对被审计单位提供的会计凭证、账簿、报表及其他经济资料出具真实正确（公允）、基本真实正确（公允）、不真实正确（公允）的定性评价结论。对重大经营决策失误造成的损失、投资效益低下或无效益，应分清被审计领导人员的主管责任和直接责任。

（6）审计建议。本部分对审计单位在财政收支、财务收支和经营管理活动中存在的问题，提出切实可行的建议；对重大问题中被审计领导人员应负的行政责任、经济责任及其他责任提出处理建议。

（7）处理说明的其他情况。根据实际情况，本部分可说明以下内容：针对审计过程中发现的被审计单位或被审计领导人员存在的某些问题，因种种原因无法落实而需说明的问题；审计中未能涉及的事项；其他需要向审计组织和审计委托人说明的重要问题。在审计中，如发现被审计领导干部本人或其他工作人员有重大经济犯罪问题的，为保密起见，可不在审计报告中详述，另附专项审计报告。

（三）编制和使用审计报告的要求

为便于审计报告使用者通过审计意见了解或判断被审计单位在被审计领导人员任职期间财政收支或财务收支的真实性、合法性、效益性及被审计领导人员任期经济责任履行情况，经济责任目标完成情况及个人遵守国家财经法纪和廉洁自律情况，发挥审计报告的作用，编制及使用审计报告时应符合下列基本要求。

1. 内容全面完整。审计报告使用者希望根据审计报告对被审计单位在被审计领导人员任职期间财政收支或财务收支的真实性、合法性、效益性，被审计领导人员任期经济责任履行情况和经济责任目标完成情况及个人遵守国家财经法纪和廉洁自律情况作出正确判断。因此，审计人员在编制审计报告时，内容一定要全面完整，其结构和内容要符合相关规定的要求，不能省略简化。正因为这样，经济责任审计报告的篇幅比一般财务报表审计报告长得多。

2. 表达清晰准确。经济责任审计报告对相关内容的表述要清晰准确，不能模棱两可。一是尽可能用数据说话，用经济指标表达内容；二是数据运用，特别是百分比、增长或降低百分比的运用要准确，表达要清楚；三是引用的相关法规要查对原文，不能仅凭印象；四是不能用含有歧义的词语。

3. 证据确凿充分。经济责任审计报告中的评价内容是组织人事部门、纪检监察机关及国家其他有关机关对该被审计领导人员的经营管理水平、能力、业绩及廉洁自律情况进行考核和评价的重要依据，涉及党和国家能否客观、公正、正确地选拔领导干部的问题，也涉及能否对被审计领导人员作出客观、公正、公平评价的问题，其影响重大、深远。因此，经济责任审计报告更要建立在充分确凿的审计证据基础上。这就要求对拟写入审计报告的事实必须具有真实性，应足以支持审计意见，绝不能凭主观臆想作出审计结论。只有证据确凿充分才能使审计报告令人信服，达到客观、公正的要求。

4. 责任界限分明。审计人员应按照审计准则和其他相关审计规范要求，通过实施适当的审计程序和审计方法，收集必要的审计证据，从而对经济责任审计对象和内容作出客观公正的评价，并把自己的评价结论即审计意见在审计报告中恰当地表达出来。审计人员对审计报告的真实性、合法性负责，这是审计人员的审计责任。被审计单位在被审计领导人员任职期间的经营管理活动或财政收支和财务收支活动遵守国家相关法律法规规定，会计资料和会计报表及其他经济资料的编制符合《企业会计准则》、国家有关财务会计法规及其他法规的规定，在所有重大方面公允地反映其财政收支或财务收支及财务状况、经营成果和现金流量，这是被审计单位及其被审计领导人员的管理责任。审计人员的审计责任并不能替代或减轻被审计单位及被审计领导人员的管理责任。因此，必须在审计报告中明确指出这两者的界限。

5. 审计报告使用要恰当。审计报告是审计人员对被审计单位在被审计领导人员任职期间财政收支或财务收支真实性、合法性、效益性及被审计领导人员任期经济责任履行情况和经济责任目标完成情况、个人遵守国家财经法纪和廉洁自律情况、对所在单位（部门、地区）违反国家财经法纪行为与投资效益差等所应承担的主管责任和直接责任等所有重大方面发表审计意见，并不是就被审计单位的全部经营管理活动发表审计意见，也不是对被审计领导人员在任职期间所有主管责任和直接责任发表审计意见。在出具审计报告时必须明确这一点。审计组织应要求委托人按照审计委托建议书或业务约定书的要求使用审计报告。委托人或其他人因使用审计报告不当所造成的后果，与审计人员及其所在的审计组织无关。

二、经济责任审计管理建议书

审计人员在经济责任审计过程中，在对被审计领导人员管理责任进行审查和评价，以及对相关会计资料和经济资料进行审计时，会发现被审计单位内部控制存在的某些重大缺陷和生产经营中的重大不足，注册会计师应就注意到的问题与被审计单位沟通，并出具管理建议书。

（一）管理建议书的含义及编写原则

《独立审计实行公告第 2 号——管理建议书》第二条规定："本公告所称管理建议书，是指注册会计师针对审计过程中注意到的、可能导致被审计单位会计报表产生重大错报或漏报的内部控制缺陷提出的书面建议。管理建议除针对审计过程中发现的重大内部控制缺陷外，还可以就审计中发现的生产经营中存在的重大不足出具建议书。"

审计人员在提出意见和建议，出具管理建议书时，应遵循以下原则。

1. 重大性原则。在审计过程中，审计人员可能发现被审计单位内部控制中的许多缺陷，这些缺陷都可以采取口头形式与被审计单位管理部门交换意见。但写进管理建议书的，应是内部控制中的重大缺陷，以突出重点。

2. 针对性原则。内部控制中的缺陷应是被审计单位实际存在的缺陷，提出的完善和健全建议应符合被审计单位的实际情况，具有针对性和可行性，使被审计单位通过努力能够解决或改善存在的重大缺陷。

3. 清晰性原则。针对重大缺陷所提的相应建议应进行明确的分类，使其条理清晰，表述准确，易于理解和采纳。如果可能，也可以提出更为具体、完善的建议，供被审计单位采纳。

4. 沟通性原则。在出具管理建议书之前，审计人员应对审计工作底稿中记录的内部控制重大缺陷及其改进建议进行复核，确保其正确性，并应与被审计单位管理方相关人员讨论管理建议书的相关内容，以确认所述重大缺陷是否属实，建议是否具有针对性和可行性。

（二）经济责任审计管理建议书的基本结构与内容

经济责任审计管理建议书的基本结构与内容如下。

1. 标题。管理建议书的标题可以统一规范为"管理建议书"。

2. 收件人。管理建议书的收件人应为被审计单位管理当局。

3. 经济责任审计目的及管理建议书的性质。在管理建议书中，应指明经济责任审计的主要目的。管理建议书需特别指明审计人员仅指出了在审计过程中发现的内部控制重大缺陷，不应视为对内部控制发表的鉴证意见，所提出的建议不具有强制性和公证性。

4. 内部控制重大缺陷及其影响和改进建议。管理建议书中应分类指明所发现的内部控制设计及运行方面存在的重大缺陷及其对经营管理活动和会计报表可能产生的重大影响，以及相应的改进建议。必要时，管理建议书可说明被审计单位管理当局对内部控制缺陷和改进建议作出的反应。本部分是管理建议书的核心。

5. 使用范围及责任。管理建议书中应指明其仅供被审计单位管理方内部参考，因使用不当造成的后果，与审计人员及其所在审计组织无关。

6. 签章。管理建议书应由审计人员签章，并加盖审计组织公章。

7. 日期。管理建议书的日期一般可为审计人员完成外勤工作的日期。

三、审计意见书

审计意见书是审计机关在审定审计小组或受托的民间审计组织提交经济责任审计报告后，对审计事项作出评价和向被审计领导人员所在单位提出财政收支、财务收支管理意见的书面法律文件。它主要是对被审计单位财政收支或财务收支情况作出结论，对被审计领导人员任职期间经济责任履行情况和经济责任目标完成情况作出客观公正评价。违反国家财经法纪的财政收支或财务收支行为，情节轻微的，可责令其自行纠正，不需要进行处理、处罚。

1. 审计意见书的基本要素。审计意见书的基本要素主要包括发文编号、标题、主送单位名称、正文（审计意见内容）、发文机关名称、发文日期、主题词、抄送单位等。

2. 审计意见书正文的主要内容

（1）审计依据、范围、内容、方式和时间、审计工作过程及主要情况。

（2）审计认定的财政收支或财务收支情况。

（3）审计评价。主要对被审计单位与财政收支或财务收支有关的经济活动的真实性、合法性及其效益性进行评价；对被审计领导人员任期经济责任履行情况和经济责任目标完成情况以及个人遵守国家财经法纪和廉洁自律情况进行评价；对所在单位（部门、地区）投资效益差等情况所应承担的主管责任和直接责任进行划分、确定和评价。

（4）责令被审计单位自行纠正的事项。

（5）改进被审计单位财政收支或财务收支管理及提高效益的意见和建议。

四、审计决定书

审计决定书是审计机关对被审计单位违反国家财经法纪规定的财政收支、财务收支行为依法作出的处理、处罚的行政文件。在经济责任审计中，审计机关如果发现被审计单位或被审计领导人员有违反国家财经法纪规定的财政收支或财务收支行为，需要依法给予处理、处罚的，除应对审计事项作出评价，出具审计意见书外，还应在法定职权范围内作出审计决定，进行处理处罚，出具审计决定书，或者向本级人民政府、组织人事部门或主管机关提出处理、处罚建议；同时也需要对领导人员任期内经济责任审计结果作出客观公正评价，向本级人民政府提交领导干部经济责任审计结果报告，并抄送同级组织人事部门、纪检监察机关和有关部门。

1. 审计决定书基本要素。一般应包括：发文编号、标题、主送单位名称、正文（违法违纪事实、处理处罚依据、处理处罚决定等）、发文机关名称、发文日期、主题词、抄送单位等。

2. 审计决定书正文的主要内容

（1）审计的范围、内容、方式和时间；

（2）违反国家规定的财政收支、财务收支行为；

（3）定性、处理、处罚决定及其依据；

（4）告知被审计单位及被审计领导人员，他们有依法申请复议的权利，并告知复议期限、复议机关。

3. 审计处理的种类。审计机关可以进行审计处理的种类主要有以下几种：

（1）责令限期缴纳、上缴应缴纳或上缴的财政收入；

（2）责令限期退还违法所得；

（3）责令限期退还被侵占的国有资产；

（4）责令冲转有关会计项目；

（5）依法采取其他处罚措施。

4. 审计处罚的种类。审计机关可以作出的审计处罚种类如下：

（1）警告、通报批评；

（2）罚款；

（3）没收违法所得；

（4）依法采取其他处罚措施。

审计机关的处理、处罚权限是有限的。如不能对违反国家财经法纪行为有关责任人作出处理、处罚决定，应由任免机关或纪检监察机关处理；应依法追究刑事责任的，移送司法机关处理。审计机关应自收到审计报告之日起 30 日内，将审计意见书、审计结果报告和审计决定送达被审计领导单位、被审计领导人员、决定经济责任审计的机关和其他管理监督部门。对地方各级人大常委会任命的国家工作人员的经济责任审计的重要结果，应报送同级人大常委会。

五、经济责任审计结果报告

经济责任审计结果报告是审计机关依据审计报告中的审计结果、评价意见，向委托部门提交的书面报告。审计结果报告报送委托审计的干部监督管理部门、本级政府时，应附有被审计领导干部及所在单位、部门、地区或所在企业对审计报告的书面意见。经济责任审计结果报告的基本要素一般应包括：发文编号、标题、主送单位名称、正文、发文机关名称、发文日期、主题词、抄送单位等。

经济责任审计结果报告正文的主要内容包括：审计时间、方式、审计过程及完成的主要审计工作。审计结果应与经济责任审计报告中的评价意见相同；评价意见应与经济责任报告中的评价意见相同，但如果被审计领导人员或其他个人有经济问题，需移交司法机关处理的，也要在报告中写明；注明"以上供组织部门参考"。

（一）经济责任审计建议书

在经济责任审计中，对被审计单位严重违反国家规定的财政收支、财务收支行为负有直接责任的主管人员和其他直接责任人员，审计机关认为应给予行政处分的，应按照干部管理权限向被审计单位或其上级机关、监察机关提出给予行政处分的建议，并出具审计建议书，移交给有关机关处理。

（1）审计建议书的基本要素一般应包括：发文编号、标题、主送单位名称、正文；发文机关名称、发文日期、附件（违纪证明材料的份数及页数）、主题词、抄送单位等。

（2）审计建议书正文的主要内容包括：发现的违纪事实；提出建议处理的依据；提出书面告知处理结果的要求。

（二）经济责任审计移送处理书

对于经济责任审计过程中发现的被审计领导人员或其他人员违反法律、行政法规规定，构成犯罪的，应依法移送司法机关追究刑事责任，审计机关应出具移送处理书。

审计机关应将移送处理书及相关的证明材料移送司法机关。

（1）移送处理书的基本构成要素一般应包括：发文编号、标题、主送单位名称、正文、发文机关名称、发文日期、主题词、抄送单位等。

（2）移送处理书正文的主要内容包括：审计中发现的违法犯罪事实；移送处理的理由；提出书面告知处理结果的要求。

【拓展阅读】

关于对中国工商银行重庆忠县支行行长慕容农人同志的离任审计报告

根据万州分行离任审计通知和《中国工商银行高级管理人员离任审计办法》，万州分行审计组于 2009 年 8 月 21 日至 23 日，对中国工商银行重庆忠县支行行长慕容农人同志实行了强制休假；对其任职期间贯彻执行国家经济、金融方针政策，执行总行、市行和万州分行有关规定，履行行长职责，组织支行经营管理，完成经营目标等情况进行了离任审计。现将审计情况报告如下。

一、审计组工作情况

（一）慕容农人同志作了书面述职。审计组发出 7 份、收回 6 份《基层网点负责人离任（岗）审计调查问卷》，并针对问卷调查内容进行了个别谈话，了解该同志任职期间经营管理及履职情况。

（二）查阅了该行 2007 年至 2009 年上半年工作总结，跟踪核实了近两年内控制度建设和上级行对该行审计检查、内控评价发现问题的整改落实情况。

（三）现场抽查了支行营业部运行管理、电子银行等方面的工作，调阅了查库记录。网点检查覆盖面基本达到该行 4 个网点的 1/3。

（四）采用了 2009 年 4 月"案件防控百日整治活动"检查结果、市分行内控合规部 2009 年 7 月理财业务专项检查记录表结果、2009 年 8 月 14 日《关于对万州分行信贷业务检查的审计意见》和万州分行 2009 年上半年安全保卫检查情况报告。

整个审计工作得到了忠县支行和慕容农人同志的积极配合，保证了离任审计工作的顺利完成。

二、审计事实

慕容农人，男，1965 年 12 月出生，现年 43 岁，重庆万州人，中共党员，大学文化，经济师。1984 年 8 月参加工作，曾任天城支行信贷员、办公室主任、营业部主任等职务。1999 年 9 月任万州分行团委书记，此后曾任天城支行副行长、副行长（主持工作），2004 年 9 月任天城支行行长（正科级），2006 年 1 月起任忠县支行行长。忠县支行内设公司业务部、个人金融业务部、前台业务部、办公室等4个职能部室，下辖4个营业网点，全行员工65人。本次审计时限为2006年1月至2009年7月。

（一）经营管理行为

慕容农人同志任职期间，能认真贯彻执行国家经济金融方针政策和上级行的各项工作部署及要求，服从上级行的领导，接受行业及相关部门的监管，坚持依法合规经营，防范和化解金融风险，保证了支行各项业务的稳健发展。

一是重点围绕"五争三保"和县支行"6＋1"战略目标，率领全行员工发扬自强不息的精神，狠抓储蓄存款及个人金融业务。慕容农人同志任职期间，完善营销竞赛考核奖惩办法，支行对个金产品逐一制定了营销费用配置标准，按季度组织考核。支行组成营销团队，抓住拆迁补偿和征地赔偿等源头揽存，按项目建立跟踪台账，及时掌握信息，制订周密的营销方案，全力组织营销。明确各阶段的储蓄存款增存目标，细化落实到各部门、网点和个人，加强进度督办，按月通报完成进度及分析营销工作中存在的问题，对完成任务进度差的网点负责人进行谈话，促使其采取措施，提升业绩。

二是积极营销公营存款。通过《对公特大客户联系人名单》和《对公大客户联系人名单》，完善营销体制，实行分层营销，把优质客户的维护责任落实到人，做到任务明确，职责清楚。对重点客户建立营销团队，营销团队负责日常关系维护、深度挖掘客户价值，了解客户资金流向。支行按月通报、分析存款增长变化情况。建立了定期拜访客户制度，掌握客户动态，稳固银企关系。建立了重大事项通报制度，提高了支行对客户的响应速度和市场反应能力。狠抓信息利用，加强与县发改委、工商局、财政局、招商局、工业园区管委会的沟通联系，及时掌握源头信息。加强重点客户、项目营销，对县内规模以上企业及纳税前50名的企业进行了调查摸底。密切与工商部门联系，了解企业注册信息，争取企业开户。强化与税务部门的合作，大力争揽银税通客户。同时积极寻找新的对公存款增长点，重点加强对通达投资公司、社保资金、农村公路建设、房地产开发项目的营销。

慕容农人同志持之以恒地牵头做好大客户维护工作，使住房管理中心在该行存款稳定增长，同业占比达80%以上，公积金委托贷款该行同业占比达90%以上。同时还对污水处理项目等9个千万元以上存款大户加强了维护；从建行成功挖转存款上千万元的重庆北世房地产开发公司。

慕容农人同志任职期间，亲自多次重点营销了海螺水泥项目，总行已批复对该项目有条件承诺贷款函5亿元；高度重视不良贷款的收取，通过十分艰苦的工作，成功收回不良贷款600万元，实现了不良贷款为零的目标。

（二）内部控制管理情况

慕容农人同志在任职期间，始终坚持"内控优先"的原则，认真履行案防第一责任人的职责，确保安全营运，严防事故发生。一是经常性地对员工开展案防教育，重点分阶段、分层次组织了对《员工违规行为处理暂行规定》等的学习、在员工大会上组织学习有关案件通报，让员工引以为戒，牢记"莫违规、违规必被惩""莫伸手、伸手必被捉"的道理。二是高度重视内控案防工作，正确处理业务发展与内控案防的关系，始终坚持"内控优先"的原则，通过"过细研究、逢会必讲、加强辅导、深化检查、强调履职、监控排查、整改到位、务求实效"等措施，始终抓住重要风险环节不放松，切实加强风险点的排查，列号督导整改，做了大量扎实的工作，真正做到了稳健经营。三是深入推进案防长效机制建设，定期主持召开案防形势分析会、员工思想动态分析会、党风廉政建设领导小组会，扎扎实实，不走过场，并层层签订"责任状"，确保履职到位。四是深入推进"扫雷工程"，强化制度的执行力。广场分理处被确定为2007年第十周期"雷区"网点后，于2008年5月成功解除"雷区"。由于扫雷工作成效突出，该行第十一、十二周期无"雷区"网点。在事后监督上收市分行后，核算质量逐月提高，受到了万州分行的表扬，总行《网迅》也进行了报道。五是高度重视安全保卫工作，坚持"谁主管、谁负责"的原则，确保技防到位、人防到位、检查到位、履职到位。由于员工警惕性高、尽责履职，2008年至2009年上半年，该行数次擒拿到在ATM上作案的不法分子送交公安机关，保护了客户和银行的资金安全。

忠县支行在万州分行2009年二级支行内控评价中被评为二级。

（三）业务发展情况

1. 存款变化情况。忠县支行2006年末各项存款余额72116万元，比上年末增加7217万元，增长率为11.12%；2007年末各项存款余额74129万元，比上年末增加2013万元，增长率为2.79%；2008年末各项存款余额80629万元，比上年末增加6500万元，增长率为8.77%；2009年7月末各项存款余额84519万元，比上年末增加3890万元，增长率为4.83%。

在忠县工行、农行、中行、建行四大行中，2006年1月末忠县工行储蓄存款同业占比为16.42%，对公存款同业占比为32.26%；2009年7月末忠县工行储蓄存款同业占比为13.37%，对公存款同业占比为18.49%，三年半的时间中分别下降3.05个、13.77个百分点。

2. 贷款业务情况。忠县支行2006年末各项贷款余额737万元，2007年末各项贷款余额9945万元，比上年增加9208万元，增长率为1249%；2008年末各项贷款余额10039万元，比上年末增加94万元，增长率为0.95%；2009年7月末各项贷款余额12583万元，比上年末增加2544万元，增长率为25.34%。在忠县工行、农行、中行、建行四大行中，2009 年 7 月末忠县工行各项贷款同业占比为 12.86%。不良贷款余额为零。

3. 中间业务发展情况。2006 年实现中间业务收入 122 万元，完成万州分行下达任务的 110.91%；2007 年实现中间业务收入 560 万元，完成万州分行下达任务的 135%。2008 年实现中间业务收入 319 万元，完成万州分行下达任务的 46.81%。2009 年 1—6 月实现中间业务收入 141 万元，完成万州分行下达任务的 22.56%。

4. 财务指标完成情况。2006 年实现拨备后利润 188 万元，完成万州分行下达任务的 100.53%；2007 年实现拨备后利润 748 万元，完成万州分行下达任务的 120%。2008 年实现拨备后利润 860 万元，完成万州分行下达任务的 49.51%。2009 年 1—6 月实现拨备后利润 245 万元，完成万州分行下达任务的 23.54%。

5. 行长经营绩效考评。在万州分行行长经营绩效考评中，忠县支行 2006 年综合得分为 1064.76 分，等级为 B＋＋级，在辖区 7 个支行中排名第 4 位；2007 年综合得分为 856.05 分，等级为 C＋级，在辖区支行中排名第 2 位；2008 年综合得分为 758.64 分，等级为 C－－级，在辖区支行中排名第 4 位。2009 年上半年综合得分为 517.73 分，在辖区支行中排名第 6 位。

三、审计中发现的主要问题

1. 忠县支行个人客户经理配备不齐。

2. 电子银行企业客户证书管理未按制度规定将已制作未发放的客户证书纳入 820099 科目指定专户核算，而是由支行客户经理从万州分行领回后通知客户直接领取。该问题属于屡查屡犯。

3. 要害岗位有 11 人未按规定轮换。

4. 市分行信贷业务检查审计意见提出：票据贴现合同存在瑕疵，重庆星博化工有限责任公司，5 月 31 日贴现 1 笔 10 万元票据，票号为 BB0102668172 的合同需方名称有涂改；将"东大橡胶有限公司"改为"临海市东大橡胶有限公司"且无合同双方签章确认。

5. 2009 年 8 月 22 日现场审计中发现《业务操作指南》电子密码未下发网点。

6. 2009 年 8 月 22 日现场审计中，调阅支行 2009 年 1—8 月网点查库记录，支行行长漏查库一次。

四、审计建议及整改要求

1. 加强业务宣传及网点设施建设，提升支行对外形象，扩展市场份额，努力提高各项业务的同业占比。

2. 建议支行专业部门组织学习总行《业务操作指南》，使每位员工熟知业务流程、风险点及风险控制措施，认真执行电子银行企业客户证书内部传递流程，使内控制度落到实处。

3. 坚持重要岗位人员定期轮换制度。

4. 对本次审计中发现的问题，支行应认真落实整改工作，并于收到审计报告之日起 8 个工作日内将整改报告报万州分行办公室。

五、审计评价

审计认为，慕容农人同志在担任忠县支行行长期间，能认真贯彻执行党和国家经济和金融政策，依法合规经营。克服了异地就职生活上的诸多不便和工作上人地生疏的困难，实干苦干，勤奋敬业，认真履行岗位职责。组织带领全行员工认真做好各项工作，存贷款方面实现了不同程度的增长，其任期内未发生各类重大经济案件和安全事故。但慕容农人同志作为该行主要负责人，对任期内忠县支行岗位轮换基本制度执行不到位负有主要责任，对信贷和前台业务方面存在的不足之处负有一定的管理和督导责任。

资料来源：http://www.orz520.com/a/doc/2012/0516/1995387.html。

【本章小结】

本章在经济责任审计概述部分介绍了经济责任审计的意义、特征、对象、内容和方法，之后重点讲解了经济责任审计中政策制度执行情况审计和经济责任履行情况审计，最后全面介绍了金融组织经济责任审计文件，包括经济责任审计报告、经济责任审计管理建议书、经济责任审计意见书、经济责任审计决定书和经济责任审计结果报告等文件。本章的重点是经济责任审计的文件，难点是政策制度执行情况的审计和经济责任履行情况的审计。

【复习思考题】

一、名词解释

经济责任审计　经济责任审计对象　经济责任审计报告

二、简答题

1. 何谓经济责任审计？试述其特征。

2. 如何对金融机构主要负责人进行经济责任审计？

3. 开展经济责任审计应坚持的原则有哪些？

4. 简述经济责任审计文件包含的内容。

第四章

金融安全绩效审计

【教学目的和要求】

　　通过本章的学习，要认知金融安全绩效审计的概念和对金融安全的意义；熟悉金融安全绩效审计的目标、对象和内容；重点掌握金融绩效审计的方法和途径；并进一步了解金融绩效审计考评的历程、考评指标的确定和考评报告的基本格式。

【案例导入】

　　节能减排工作是我国乃至世界各国经济发展中关注的重要问题。在《国民经济和社会发展第十一个五年规划纲要》中，我国首次明确了节能减排的目标和总体要求，确定了长远战略方针。2006 年 9 月，人民银行总行对系统内节能减排工作进行了安排部署，制订了《中国人民银行系统节能工程实施方案》，明确了人民银行系统"十一五"节能减排主要目标和工作重点。2010 年是"十一五"规划的最后一年，市县两级人民银行节能减排目标完成程度如何，迫切需要监督部门以独立的身份进行检验和评价，为上级行确立节能减排工作是我国乃至世界各国经济发展中关注的重要问题。在这一前提下，中国人民银行某中心支行于 2011 年立项开展了节能减排绩效审计。

　　资料来源：徐丽红．基层人民银行节能减排绩效审计案例分析［J］．中国内部审计，2014（1）．

　　思考题：1. 绩效审计对金融安全的意义。

　　　　　　　2. 绩效审计如何开展。

第一节　金融安全绩效审计概述

一、金融绩效审计的概念及必要性

（一）金融绩效审计概念

绩效审计又称"3E"审计，即经济性（Economy）、效率性（Efficiency）和效果性（Effectiveness）审计。金融绩效审计的内涵就是真实性、合法性审计基础上的"3E"审计，其主要特征：一是强调对金融机构业务活动的经济性、效率性和效果性的审计；二是对金融机构自身履行职责过程的审计。金融绩效审计实质上是一种综合性审计，要求在审计项目中，把真实性、合法性和绩效性目标有机地统一起来，在真实性、合法性审计基础上，进一步突出绩效评价内容。

（二）金融绩效审计对金融安全的意义

从 2008 年后期开始，由美国次贷金融风暴引起进而逐渐肆虐全球、自上世纪 30 年代以来最为严重的一场金融危机，已经成为我们面临的最严峻的经济挑战。全球经济增长放缓，经济形势不断恶化，据国际货币基金组织（IMF）2009 年 10 月判断：发达经济体 2009 年经济增长率最多仅达 0.1%；我国的经济增长速度也受到严重影响。目前，世界各国已就对国际金融体系进行改革达成共识，并出台了一系列政策联合救市，积极倡导建立公平公正和透明的国际金融新秩序。我国也及时对国家宏观调控政策作出调整，转而实行积极的财政政策和适度宽松的货币政策，我们的当务之急是稳定金融业和推动经济增长（保增长）。除了 4 万亿元的刺激经济计划，我国央行已经连续多次降息，取消银行贷款额度控制。金融在国民经济运行中具有举足轻重的地位和作用，它是一个国家国民经济运行的中心。伴随着国家经济工作重点的转变，金融审计的重点也必须转变，传统的财政财务收支真实性审计已经不再适应新的要求，维护金融安全应当成为金融审计的出发点和落脚点，国家金融、货币政策的执行情况、效果、缺陷，资金使用的安全、效率、效果和效益，资源、环境、社保等民生问题应该成为我们审计的重中之重，这就要求我们必须及时和充分开展金融绩效审计。

二、金融绩效审计的目标

审计目标是审计机关和审计人员履行审计职责所要达到的结果，具有多层次结构。金融绩效审计目标分为三个层次：总体审计目标、一般审计目标和项目审计目标。总体审计目标是金融审计发挥"免疫系统"功能所要实现的战略性目标；一般审计目标是金融审计项目共同参照的目标；项目审计目标是按每个项目或每类业务分别确定的分项实施目标。

第一层次是总体审计目标，在今后一段时期，金融绩效审计的总体审计目标就是"维护安全、防范风险、促进发展"。金融审计将从注重单个金融机构的风险、管理、效益转变为关注金融系统整体的风险、安全和发展。

第二层次是一般审计目标，一般审计目标是总体审计目标的具体化，可以概括如下：

1. 真实性：金融机构各项业务的发生及会计核算是否真实。

2. 合法性：金融机构各项业务的发生、会计核算及监管活动运行是否符合国家相关法律法规的规定。

3. 经济性：金融机构投入的人、财、物等经济资源和信息资源是否为其履行部门职责、开展经营管理活动发挥了最大效用，是否存在效益低下和损失浪费等问题。

4. 效率性：金融机构内部控制和风险管理等一系列内部管理机制是否健全并得到

高效率的执行和遵守。

5. 效果性：金融机构的经济活动是否符合预期要求，所实施的各项措施和手段是否有效，是否达到了预期的政治目标、经济目标和其他预期目标。

第三层次是项目审计目标，项目审计目标是根据具体审计项目确定。下面以人民银行绩效审计为例说明金融绩效审计的项目审计目标，如表 4 - 1 所示。

表 4 - 1　　　　　　　　　　金融绩效审计的项目审计目标

一般审计目标	项目审计目标（人民银行绩效审计目标）
真实性	1. 人民银行的各项收入是否全部纳入财务收入，核算是否真实、合规。2. 人民银行的各项支出是否据实列支，有无虚列支出、挤占串用、设置账外资产等问题。3. 人民银行有三大职责，即制定和执行货币政策、监管银行间金融市场维护金融稳定、提供金融服务。人民银行是否切实履行了这三大职责
合法性	是否依法履行职责。尤其是政策制定和监管运行的合法性，包括制定及实施过程的各个程序和环节是否都符合法律和制度规定
经济性	1. 人民银行对人财物等资源的投入和使用是否合理、节约、有效，有无挥霍国家资财、损失浪费问题。2. 人民银行在执行监管、提供金融服务过程中是否考核核算成本。是否进行自我评估，有无为提高效率而不计成本问题
效率性	1. 人民银行执行货币政策的效率评价。包括执行政策的具体措施是否完备有效，政策的调整是否及时，对政策执行情况的跟踪评价是否及时有效。2. 人民银行执行监管职能的效率评价。包括监管内控制度是否健全、监管措施是否完备有效、监管方式和手段是否适应业务的发展、监管范围是否适当、有无监管越位和监管缺位问题。3. 人民银行提供金融服务的效率评价。包括服务是否及时高效、能否满足经济发展的需要
效果性	1. 人民银行执行货币政策的效果评价。货币政策是否得到贯彻落实、落实的效果如何。2. 人民银行执行监管职能的效果评价。监管的短期目标、中长期目标实现程度如何。3. 人民银行提供金融服务的效果评价。人民的满意度如何

三、金融绩效审计的对象和内容

（一）对经营性金融机构审计

经营性金融机构是金融业的主导力量，它的主要经营原则是安全性、流动性和盈利性。随着金融业经营的国际化、市场化、混业化发展，金融机构所面临的各种经营风险逐渐加剧，且风险具有扩散性。因此，评价金融机构的经营效益、风险管理、内控制度的有效性和各项经济政策落实情况就称为经营性。

金融机构绩效审计的主要内容和重点包括：业务经营合规性及创新业务开展情况；核实资产质量、经营利润等主要经营指标的真实性，全面客观评价经营效益状况；全面评价内部控制和风险管理的健全性和有效性，揭示内部控制和风险管理中存在的薄弱环节和突出问题；从金融创新和金融服务的角度，评价金融机构的服务能力和发展水平；贯彻国家有关经济政策情况等。

（二）对政策性金融机构审计

政策性金融机构不以盈利为目的，主要从事政策性业务，服务于社会经济结构、产业结构的平衡和国家经济政策贯彻的需要，因此审计内容和重点是金融机构贯彻落实国家各项经济政策情况的经济性、效率性和效果性。包括：资产质量和损益真实性；内控制度的健全性和有效性；资金投放是否符合国家产业发展和宏观调控政策；是否有效发挥了政策导向性作用；是否存在重大损失浪费问题等。

（三）对金融监管机构审计

金融监管机构的主要职能是监管，因此审计的内容和重点是对其履行职责情况的经济性、效率性和效果性进行审计，即对监管绩效进行审计和评价，包括：监管的内控制度是否健全并能够及时作出调整；监管措施是否完备并得到有效执行；监管方式和手段是否适应业务的发展并真正发挥作用；监管的内容和范围是否适当、有无监管越位和监管缺位问题；监管效果跟踪和自我评价制度是否健全有效；监管工作是否有效并能适应金融业的不断发展。

四、金融绩效审计的评价标准

绩效审计评价标准是审计人员对审计事项进行评价的依据，是衡量绩效目标完成程度的尺度，是绩效审计能否实现预期效果的一个重要环节。评价标准的确定取决于审计项目的具体审计目标，因此，选择和确定金融绩效审计评价标准必须从金融机构的实际出发，充分了解金融机构的职能、业务特点和管理要求，并紧密围绕审计目标来进行。目前，我国金融绩效审计处于初级阶段，还没有形成较成熟的绩效计量标准。审计实践中，通常采用以下几种标准作为绩效审计评价标准。

（一）法律法规标准

它是指以国家相关法律、法规和国家的方针政策为依据制定的评价标准。这是目前审计实践中普通使用的标准，可分为两个层次：一是全国人大通过的法律，如《审计法》《会计法》《中国人民银行法》《商业银行法》《证券法》《保险法》等；二是国务院颁布的有关行政法规，如《外汇管理条例》等。

（二）行业标准和同业规范

它是指参照国家公布的行业指标数据或金融行业相关管理办法和规定制定的评价标准。如财政部颁布的《金融类国有及国有控股企业绩效评价暂行办法》。人民银行、银保监会、证监会等制定的管理办法和规定，如《商业银行内部控制评价试行办法》《商业银行授权授信暂行管理办法》《商业银行市场风险管理指引》《证券投资基金管理暂行办法》等也可以作为绩效审计评价标准。同时，这些管理办法和规定也是绩效审计的内容，需要在审计实践中不断修改和完善。

（三）项目计划制定和实施标准

它是指以预先制定的目标、计划、预算、定额等数据作为评价的标准。

五、金融绩效审计的方法和途径

（一）树立绩效审计意识，明确绩效审计目标

审计人员只有弄清楚金融绩效审计目标才能更好地开展金融绩效审计工作。金融绩效审计目标主要围绕"3E"，即经济性、效率性和效果性三个方面开展。因此将金融绩效审计目标分为三个层次：总目标、一般目标和具体目标。总目标主要包括四个方面：经济效益、偿债能力、资产质量及发展能力。一般审计目标是在总目标的基础上进一步划分为一般目标，再将一般目标进一步细分就是具体目标。不同的金融机构，其绩效审计目标也不同，审计人员在开展绩效审计时必须要把握大局，始终以贯彻落实国家的经济政策，控制金融风险，保持经济稳定增长，自觉履行社会责任为审计目标。

（二）加快绩效审计法制建设

立法是全面推进金融绩效审计的重要保证。目前国家审计署正在积极推进金融绩效审计的法制建设。国家财政部已经印发《金融企业绩效评价办法》及《金融企业绩效评价指标及结果计分表》《金融企业绩效评价指标计算公式说明》等有关法律法规。相应地各金融机构应该加快建立不同级别的绩效评价标准，使得金融机构在绩效评比上具有可比性。通过加快绩效审计的法制化建设和规范国家金融绩效审计工作，提高绩效审计工作的整体水平。

（三）统一绩效审计方法，提高审计效率

开展绩效审计最重要的是选择正确的审计方法。目前绩效审计的具体方法仍然是传统审计所采用的方法，主要有：审阅法、观察法、访谈法、抽样和案例分析、统计分析法和比较分析法等六种方法。绩效审计作为一种融合现代科学技术的审计，不再是过去的合规性审计和舞弊性审计，而是转向如何提高资源配置效率和资本利用率等方面的一种综合性审计，同时由于金融行业的特殊性，有必要统一绩效审计方法，提高金融绩效审计效率。平衡计分卡作为上世纪末最先进的绩效管理方法，并且在许多领域已经取得实效。在此，针对金融审计的复杂性，如果将平衡计分卡完全运用到审计工作中，势必能够起到事半功倍的效果。

（四）完善绩效审计环境

一是建立健全金融绩效审计法规体系，明确国家审计机关开展金融绩效审计的职责、权限，强化金融绩效审计的合法地位，提高审计的权威性，实现有法可依；二是制定金融绩效审计准则和操作指南，明确国家审计机关开展金融管理绩效审计的审计标准、原则以及执业规范和道德准则；三是树立绩效审计理念，加强培训、提高认识，打造一支高素质、高水平的金融绩效审计队伍。

（五）创新审计方式，找准切入点，积极稳妥推进

现阶段开展金融绩效审计，应以真实性、合法性审计为基础，找准绩效审计的切入点、积极稳妥地推进：（1）对经营性金融机构和政策性金融机构的绩效审计，以金融政策实施情况及其效果审计为切入点，服务国家宏观政策，推动金融改革。（2）对金融监管机构的绩效审计，应以评价监管内控制度的健全性、有效性为切入点实施经常性审计，促进金融监管体系完善，提高监管水平，从而有效防范金融风险。在审计方式上要不断创新，坚持多种审计类型和审计方式的有效结合。将经济责任审计与金融审计相结合，积极尝试开展金融机构负责人的任期经济责任审计；将审计与专项调查相结合，充分发挥专项调查针对性强的优势；将系统性审计与专题审计相结合，针对金融生活中的热点、难点问题，形成一个专题，进行跨系统、跨地区、跨行业的专题审计；将信息系统审计与绩效审计相结合，从投资绩效和维护金融安全的角度开展金融信息系统审计等。

（六）提高审计技术水平，加快金融审计信息系统建设

金融业信息化应用程度的迅速提高，客观上要求并推动了金融计算机审计工作不断深入开展。金融审计信息化建设要立足提高审计工作效率、提升审计工作质量和成果、有效发挥审计综合性优势，以金融审计信息系统建设为依托，大力提高计算机技术应用水平。金融审计信息系统建设，将建成面向客户跨行业统一的金融审计数据库，不仅可以利用标准化的金融审计分析方法体系来实现"以客户为中心、以资金为导向"的跨行业审计分析，揭露金融业存在的系统风险；而且可以利用数据挖掘方法从金融审计数据库中发现有关联度的问题和趋势预测，开展宏观决策分析。同时，联网作业模式将会实现对整个金融体系的动态、预警、连续的监管，大大提高金融审计的宏观性、科学性、建设性。

第二节　金融绩效审计考评

就绩效审计考评而言，不同的企业有自己的特点和优势。它们在规模、产品种类、管理技能、文化理念和信息化等方面都存在差别。有的金融企业侧重于成本分析，有的则关注预算管理，还有的发挥责任审计功能。正是由于这种差别，才反映出企业对现代科学管理手段的迫切需求，也推动了整体绩效考评的不断发展。从绩效审计考评的发展历程看，先后经历了从简单到复杂、从低级到高级、从局部到整体、从静态到动态、从片面到全面的不断演变历程。

一、金融企业绩效审计考评的发展历程

从考评性质上讲，把审计考评与管理考评进行比较，既有差别，又有联系，区别是管理考评来自内部职能部门或股东委托的相关机构，两者的联系表现在考评的对象、内容及法律依据都基本相同，考评的手段和方法也基本类似。为了真正了解绩效考评的实质，总结现代绩效考评的发展历程，将其分成以下几个阶段。

第一阶段：银行预算和责任的审计考评。

在此考评阶段中，金融企业注重基本的管理数据控制。无论是内部还是外部的考评人员，都努力把非利息费用或非经营费用控制在预定的目标和范围之内，实施目标管理，主要以责任控制、责任管理和责任审计三种手段来完成。典型的审计信息包括：

预算信息、实际与预算差异信息、收入和成本报告的信息、银行目标利润及完成情况的信息。在此阶段中，核心的审计考评就是固定预算、弹性预算和零基预算。

第二阶段：银行费用和成本的审计考评。

在此阶段中，银行监控者努力把握企业各个责任中心的成本、费用目标，科学地设计一套成本费用管理指标，明确了完成这些指标的相应措施及奖惩方法，在此基础上，金融企业建立了一套独立的成本核算或费用归集系统，合理分配信息费用、计算机运行费用、场地费用及其他管理及办公费用等。

在此过程中，银行合理选派了一些职能部门及专业人员实施成本费用核算，定期发布成本费用信息，执行成本费用控制及监督。成本分配手段包括许多，如会计的完全成本法、标准成本法、作业成本法和信息成本法。还需要建立一个内部的结算中心，执行一套内部的转移定价制度和结算手段，以进一步完成成本费用的审计考核。

第三阶段：金融机构盈利能力的审计考评。

在具备了银行的各种责任制度、信息回馈体系和成本归集手段之后，外部监控人员应着力评价"金融主体"的财务绩效。为了完成这一阶段任务，首先要落实各项责任分配制度，建立统一的绩效考评指标和可行的调查渠道，以完善考评的效果。

在此阶段，完善的内部资金转移定价制度和科学细化的费用分配方法都发挥了技术保障作用，它们为审计考评工作提供了关键数据和分析线索，也帮助审计师建立了一个技术平台以完成整体考评任务。

第四阶段：特定产品盈利能力的审计考评。

从监控的"金融主体"到监控的"特定产品"，不仅是审计考评标准的不断细化和系统化，也是金融企业考评技术和手段的明显飞跃，在此阶段中，外部监管者试图分析企业中有哪些金融产品作出了突出贡献，哪类金融产品创造了非凡的收益，又有哪些金融产品的收益超越了行业标准。

完成这一阶段的特定产品盈利能力考评工作，应具备会计的"个别计价法"和资产保管的"永续盘存制度"，还需要科学的产品成本分摊方法（如作业成本法）与合理的费用分摊机制（如同步分配机制）。以产品成本为中心的现行考评体系是对传统成本分配制度的扩展，与前面三个阶段比较，第四阶段则需要更多的信息来源和传递渠道，需要更完善的成本核算机制，需要更专业和更有效的职能部门。在此阶段中，除了完成对特定产品盈利能力的分析之外，还要汇总整个产品或整个企业的实际绩效结果。现代信息工程和自动化程序为上述工作提供了帮助，只有具备这些条件才能完成考评任务。

第五阶段：客户的分析考评。

在这一阶段中，监管者认识到以顾客为中心进行考评是最好的方法。以顾客分析与主体分析、产品分析比较，只有顾客才是金融企业的服务对象，只有满足顾客需求才能实现利益双赢。本着这一目标，金融企业的考评重点应收集顾客信息，分析金融产品有多大的服务潜力，能给顾客带来多少经济利益和心理满足。该阶段的考评方式包括先确定顾客活期存款、现金管理和其他服务的产品成本；然后在典型的顾客分析过程中集中这些成本；最终完成企业的整体考评工作。应当讲，对顾客的分析，比对产品的分析更有价值，也更客观；因为只有抓住顾客才能抓住各种产品需求的市场变化规律。顾客需求决定了产品的市场规律。

在该阶段的考评工作中，要考虑企业与顾客之间的整体关系，不仅是存贷款，还包括信托服务和现金结算服务等其他关联的内容（如信用卡）。应当让顾客的需求分析成为决定产品定位、金融创新及组织变革的关键因素。对顾客的需求分析既要考虑好的一面，也要考虑坏的一面，金融企业既要选择那些道德好、信誉高和有偿债能力的客户以增强合作关系，也要放弃那些素质低或不讲信誉的客户以降低企业风险。实际上，顾客需求分析并不是一蹴而就的，还会受到企业文化、管理环境和管理风格等因素的影响。

第六阶段：产品模型的审计考评。

该阶段金融企业应注重战略规划，建立产品和客户之间联系的整体分析模型。通过模型总结产品、组织和顾客需求三者之间的内在联系和相互影响，从历史和未来的角度预测金融组织和金融产品的发展趋势，从行业及社会范围分析产品与顾客的变化，既要收集静态数据，也要考虑动态指标。

该阶段建立的产品模型必须具备完善的客观条件和技术环境。譬如，广泛的信息范围、良好的信息传播渠道、多样化的成本分析手段、可行的预算管理及控制指标等，管理层还应具备较强的管理技能。

第七阶段：信息系统的审计考评。

迅速发展的信息系统强化了上述阶段的考评程序。信息系统建立了完备的数据库和多功能的计算机软件，信息工具能分析金融产品、顾客、收支渠道，并细分市场，信息工具远比手工记账和人工统计方法要先进和科学得多。信息系统既能进行会计分析，也能收集非财务数据，如对产品质量、人力资源和新技术研发都能依靠信息系统提高工作效率。在绩效考评工作中，综合、一体化的信息系统有几个特点：一是确保总利润中各组成要素的数据保持一致性和连贯性；二是剔除重复步骤并提高信息运算效率；三是实施费用成本分配的审计跟踪；四是能有效收集各种复杂的控制数据；五是审计效率较高。"价值链"分析和"增值"管理就是最典型的例子。越是复杂的工作程序，越应当依靠信息系统。

第八阶段：银行价值链的审计考评。

在本阶段中，监管者不仅要依靠信息系统分析，也要深入考评银行价值链以使该阶段的审计范围更广泛。价值链分析兼容了各种数据，会计要素与统计指标离不开价值链，增值会计与增值管理也依靠价值链，只要掌握了价值链，也就掌握了管理控制的关键，企业盈利、产品盈利、顾客需求最大化及股东权益最大化，都能在价值链分析的基础上进行。当然，价值链中也包括了风险价值因素，价值链是风险评估和风险模型决策的核心因素。

第九阶段：银行平衡计分卡的审计考评。

使用平衡计分卡是一种战略管理和全局控制。金融企业的考评指标不仅包含财务信息，也包含了非财务数据：不仅有局部的，也有整体盈利考评；不仅需要企业内部，也要求外部的数据。平衡计分卡能满足上述要求。平衡计分卡综合地反映了历史、现实及未来数据，完整地揭示了数量指标（如贷款金额和贷款期限）和质量指标（如贷款顾客的满意度）。平衡计分卡还能提供作业、产品和技术等综合性的指标，能在企业制定战略决策上发挥重要作用。

在现代管理手段中，平衡计分卡统一协调了企业的作业流程、产品生产和技术变革三者的关系，在解决矛盾的过程中，使企业找到最佳的平衡点，不仅能总结历史经验和教训，也能分析现在工作中的差距，还能提供未来工作的导向。

但是，平衡记分卡也有局限性。譬如，它需要一个完善的市场竞争环境或商品供求机制，需要健全的法律体系和科学的管理手段以及较高的员工素质。

二、金融企业绩效审计考评指标的确定

（一）确定绩效考评指标维度

确定绩效考评指标最主要的矛盾就是如何协调财务信息与非财务信息。在市场经济中，顾客和投资者都日益精通银行业务和金融产品的活动规律，银行与顾客之间的竞争不断加剧。为了兼顾银行工作的安全性和效益性，监管者在努力寻找解决各种矛盾的根本方法。显然，财会信息不能满足监管决策的要求，也不能保证投资者和银行客户的利益，只有在银行绩效考评中增加大量的非财会信息，才能完成上述任务，也才能事半功倍。

譬如，在银行绩效审计考评活动中，除了应用权益收益率和资产收益率分析之外，也要涵盖相关的非财务数据。如考评客户的满意度、存贷款指标等，如图 4－1 所示。

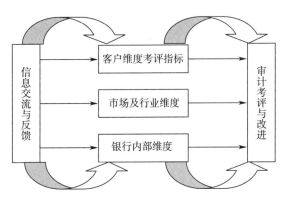

图 4－1　银行业的审计考评指标维度

在第一个维度中，以顾客为中心不断提供有关产品服务、产品设计和满足顾客需求的各项考评信息；在第二个维度中，从市场和行业角度出发，不断提供市场规范和行业自律的考核指标；在第三个维度中，以金融企业整体及管理部门为单位，不断提供企业盈利能力、内部运营和内部财务分析类型的考核指标。在多数情况下，银行监管者发现分析三个维度是一种综合平衡能力，需要兼顾三者利益或实施统筹管理，不

能片面，也不能丧失平衡。

（二）银行绩效考评的基本步骤

绩效考评需要一个漫长的过程，不是一蹴而就，而是选择了某种考评方式之后，就应相对稳定或全力以赴。在整个考评程序中，既需要董事会、监事会的决策支持，也需要高层管理者的思想重视，具体考评的单位还要制定严谨的工作程序，具体考评步骤如下：

1. 必须从上到下、再从下到上地反复制定和修改银行的考评目标，也要为实现战略目标确定几种可行的方案。

2. 必须确定银行审计考评的指导原则和实施方法，这些原则和方法要包含上述三个维度的内容，譬如，要制定为顾客服务的管理手段，要从行业及市场角度考评银行的盈利潜力，要从组织内部检查、内部控制、执行效果等三个维度审计考评的核心，其他工作都要围绕这两个维度展开。值得注意的是，金融企业的审计考评不能目标太多，要突出重点，分清主次，正确把握风险审计导向。

3. 根据重要性原则和风险导向的理论基础，审计师确定各种量化指标。比如，使用排队论的控制方法，审计师可把 ATM 和审批贷款所耗费的时间作为考评因素，分析顾客等候时间与机器运行时间的差距，发现问题或寻找解决问题的方案，最终提高工作效率。在审计考评程序中有几种影响绩效的重要因素，包括职工技能、专业技术、金融产品价格、金融服务、顾客满意度、价值潜力等因素。审计师应对这些重要因素逐项分析，考虑它们对绩效的影响，帮助监管者决策。

4. 根据银行的内部组织形式、顾客和市场情况，对关键的影响因素及相关的考评指标，用流程图方式进行描述。流程图能帮助银行监管者综合平衡、统筹决策和果断行动。

5. 加工处理上述指标并建立一个完整的指标体系。在评价考评指标时，要考虑到是否需要其他分析方法，是否需借助数据库和计算机模型等辅助技术。为了反映银行的客观状况，要把各种分散的指标进行归纳或汇总。

6. 按照上述三个维度，把初步确定的指标与现有考评指标进行对比。比较工作可用计算机上的"柱状图"和"饼状图"以及审计工作底稿方式完成，通过图表的直观比较，揭示管理的问题或分析潜在的影响，研究指标的内在联系，最终找到解决矛盾的方案。

7. 按照目标均衡的基本要求，对指标实施最后的筛选和过滤，去粗取精、去伪存真、由表及里、由此及彼。该步骤要满足以下要求：（1）要充分符合银行的战略目标；（2）不同角度和维度的指标要互相补充，彼此互补；（3）指标之间不能发生冲突或信息不对称，要经得起独立的第三者推敲；（4）要符合考评的4M原则。

（三）财务考评指标的合理选用

金融企业用于审计考评的财务指标有三种：现行财务体系指标、业务单位财务指标、后台辅助中心财务指标等。

1. 现行财务体系指标。争夺客户、抢占市场份额是现代银行相互竞争的必然结果。随着"全能银行"体制变革形势的发展，银行业也与保险业、信托业、证券业、租赁业、理财咨询业等展开了激烈的竞争。除了竞争彼此的规模之外，也开始把触角延伸到存款竞争、服务性产品竞争方面。

银行的利差不断缩小，利差在损益中所占比重也持续下降，因此增加业务量及增大组织规模显得尤为重要。比如，在卖方转为买方市场的条件下，商业银行通过改变经营模式并创造出"竞争性的储蓄利率"和"货币市场基金""可商定利率的大额定期存单"产品等方法以服务于顾客，提供现金管理、商业票据发行、信托服务和保管等服务来增加金融服务费收入。为了适应这种局面，银行考评也运用了相应的新指标。

在考评银行收入方面，主要绩效指标是服务费收入占总资产的百分比、利息收入占总资产的百分比。这些指标能很好地反映金融机构的发展潜力和竞争方向。如两家银行的资产收益比率差别不大，但两个指标差别却很大，说明它们选择了不同的战略发展方向。

在考评银行费用方面，主要绩效指标是利息费用占总资产的百分比、非利息费用占总资产的百分比，以及效率比率（非利息费用占营业收入的比率）。同样，这些指标能反映金融机构的绩效情况。

把费用和收入结合起来，也有一些审计考评指标，其中："贷款损失准备占净利息收入的比率"就是其中之一，它及时反映了金融机构风险与收益之间的配比关系。如果一家银行的贷款损失比率较高，它就要增加净利息收入，才能不断提高经济效益，因此，管理层可以利用该指标确定风险定价的依据是否合理。

下面着重分析一下传统财务指标的利弊。

（1）权益收益率指标。权益收益率是银行惯用的考评指标，但其缺点在于它并不是所有业务的通用考评指标。譬如，存款或以服务费为基础的银行业务不需要占用资产，而只需要银行资本的支持，所以使用资产收益率不够准确。解决这个问题的思路应计算单位、产品或客户的权益收益率，但使用这些指标考评，监管者须考虑合理地设计资本的分配方式，只有这样才能计算出准确的权益收益率。

实际上，一旦资本完成分配程序，银行股东可以将权益收益率与其他投资方式（如信托投资）获得的收益率进行比较，权衡银行的风险。总之，金融企业的风险是作业、产品和顾客损失的集合性风险，银行本身必须用权益性资本来抵消发生损失的可能性，如果金融机构只用资产百分比来分配权益资本的话，则忽略了资产类别包含的风险比重。如信用卡贷款比普通的消费信贷风险高且损失更大，因此，分配给信用卡贷款的股东权益比重就应多一些；反之，银行监管者和高层领导会高估信用卡贷款所带来的权益收益率，而低估了其他消费信贷的权益收益率。下面的考核指标也有类似的问题，具体问题具体分析，从"点到面"，再从"面到点"，不能片面，也不能割裂业绩指标间的内在联系。

（2）资产收益率指标。相对于权益收益率而言，资产收益率的缺陷也十分明显。一方面，当资本数额及企业规模达不到金融监管机构的要求时，必须依据杠杆管理的目标，监控股东权益以确保资本达到特定的要求或水平。当几家银行具有相似权益杠杆水平时，监管者可把努力方向转移到资产收益率上。考评资产收益率不存在股东权益分配方面的干扰，只需要把资产类别分配到被考评的业务单位、产品和客户主体的指标中，以便监督资产收益率。

资产收益率的考评指标一旦被监管者用于盈利分析时，连锁问题也就产生了。在银行资产总体中，我们不能同样地分配收益和收入，因为并不是所有的银行收入都能归结到资产上。实际上，通过科学的转移定价策略才能最终把收益分配到资产及负债两大项目中。

此外，在补偿性存款余额与收取手续费之间也存在着更严重的问题。如果选择资产收益率作为绩效考评指标，存款部经理会选择"让客户频繁地支付手续费"方式，而不需要保持"补偿性存款余额"，这样就会提供虚假数据以逃避考核。如两家银行提供相同的服务，账户乙的收费从收益的角度看更好一些，它收取手续费更多且存款数额还少，这样，人为调节收益的现象产生了。

尽管上述两个标准（权益收益率和资产收益率）存在明显不足，但监管者可借助以下两种方式加以完善，即使用产品盈利能力财务指标和整体贡献边际。

（3）产品盈利能力财务指标。一个考评方法是将金融产品分拆分析，那些以前出售关联产品的客户也发现根据产品价格来选择不同金融机构提供的服务更加经济。这些客户最精明的做法是让一家银行为其管理资金，而从另一家银行融资，还能把信托业务交给第三家金融机构。在这种复杂情况下，有关产品盈利能力的信息对于产品定价、产品研发、产品终止来说就必不可少了。

金融产品的"贡献边际"对绩效考评非常有用，它等于产品价格减去单位变动成本。如果银行监管者想分析这个数据和与产品相关的年度固定费用，就能计算出盈亏平衡销售量。但要注意的是，这个指标是在企业持续经营条件下统计的。

银行监管者可以利用贡献边际指标对价格和销售量分析，也能对价格及销量共同影响盈利能力的情况分析。此外，另一个考核指标是行业销售利润率，用该指标比较银行与非银行机构，评价非信贷产品时非常有效。它的计算方法是用某一个金融产品的税前利润除以从该产品得到的手续费收入。尽管销售利润率中包含了分配进来的成本，它能使监管者判断目前的销售量及销售水平对销售利润率的影响程度，我们还要用"净现值"指标加以补充，分析现金流入的时间和效率。总之，边际贡献和净现值指标有助于监管者考评金融产品的未来发展，也能评价目前的销售收益率或业绩。

（4）整体贡献边际。该指标是用单位贡献边际乘以销售量计算。应注意的是，使用该指标通常为了抉择是否放弃某个金融产品，分析时要用某产品的整体贡献边际减去终止这种产品所能降低的固定费用（也包含沉淀成本和机会成本），最后得出差额（类似于贡献边际条件下的净现值法）。如果差额为正数，则应保留该金融产品；如果差额为负数，则要放弃。

2. 业务单位财务指标。所谓业务单位是指，由于职能和地理位置原因被独立地划分出来的金融机构某一部分。根据监管的目标和业务单位工作职能的需要，可用许多考评的方法，其中包括后台辅助中心和营销中心（或结算中心和责任中心）。

3. 后台辅助中心财务指标。后台辅助中心是为了向客户交付金融产品所提供营运辅助的成本中心。在金融企业中，典型的辅助中心包括记账部门、项目部门以及中央计算机运行部门等。这些中心对产品收入或实际业务量没有控制能力和参与机会，换句话讲，就是这些中心不能创收。这些中心的管理目标是在不降低整体服务质量的前提下，使辅助交易的单位成本达到最小化。

由于设立辅助中心是为了整体管理目标的需要，所以，我们在控制单位成本和销量的基础上，也要控制营业费用。如果只看损益表中的产品销售收入项目，就会误解产品支出与销量之间的逻辑关系。比如，某产品辅助中心的实际工资及设备费用可能随着销量的增加有所上升，但单位成本却会不断下降，此外，考评辅助中心业绩时还要考虑单位成本、产品质量、销售目标与可控的单位标准成本因素。

如果某家银行选择标准成本法进行核算，依据每个辅助中心的成本差异就能掌握它们的资源耗费情况及经营效率。影响标准成本的因素包括每 100 笔金融交易中发生错误的笔数和某些反映顾客满意度的指标（如顾客等候时间、每 100 名客户所提出的投诉次数等）。

选择质量控制标准必须考虑以下条件，如为完成管理目标和战略决策所需要的质量服务、成本效益原则或经济性原则、质量控制是否可行等。

三、金融企业绩效审计考评信息报告

准确的信息报告关系到审计考评工作成败，审计考评报告是整个工作程序的结果，也是审计产品。报告准确地反映了审计师选择的分析指标、测试方法和调查程序，也反映了审计师的专业能力和谨慎的精神态度，因此，考评信息报告必须格式明确、分类合理、逻辑关系清晰，也便于决策者阅读和理解。以下从管理者、顾客和行业监管者三个角度，介绍考评报告的格式和内容，介绍考评报告信息对审计决策的影响。

一般来说，金融行业的考评报告格式有许多，许多标准都是自行决定的。比如，报表所列示的分类和报告项目的细分程度，都是每个金融企业根据业务需要及风险控制要求自行设计的。在编制有关盈利能力方面业绩报表的初始阶段，不仅应考虑报告信息的内容和分类，还要考虑信息对决策者的影响程度，此外，审计人员还应关注报告信息的使用者究竟是谁、已报告信息与未报告信息及其他信息的关联。

金融企业业绩考评报告包括汇总损益报表、组织单位盈利能力报表和产品盈利能力报表等。

1. 汇总损益报表。它是一份为盈利能力考评系统编制的典型的汇总损益报表。由于银行要了解非利息费用的详细信息，因此，这种报表反映了一家银行的整体盈利能力和水平。非利息费用部分还应有多种细节以使报表格式可供决策者选择，但这些细节都会反映在随后报送的明细报表和报表附注中。这些明细报表为非利息"直接费用"提供了额外的明细信息，它们一般都建立在总分类账册中的汇总账户基础上，例如工

资和福利、房屋占用费用、计算机运行费用等；该报表中还排列出由于分配成本的原因而产生的"间接费用"。

2. 组织单位盈利能力报表。它是一份以银行内部组织单位为反映对象的盈利能力报表，该报表非常适用于评价组织单位的盈利能力水平。它所列示的直接费用项目一般为总分类账户，这样使得组织盈利能力考评系统便于实施，且易于转换成用户所能接受的基本形式；此外，组织盈利能力报表中所列示的主要项目通常都与计划或预算报表中的相关项目进行匹配。因此，采用这种格式编制报表时，用户无须重新对直接费用进行划分和换算。但这种格式报表也有缺点，即没有提供间接费用的明细信息，只给出了间接费用汇总信息，有关间接费用的细节有时会单独显示在间接费用明细表中。其中各项间接费用，有的是分项计算的，也有的是其他部门分配过来的。

3. 产品盈利能力报表。它是依据产品品种方式编制的产品盈利能力报表格式，该格式对按产品职能划分组织结构的银行来说非常适用，因为它们以各个产品经理作为收集费用信息的对象及来源，所以，该报表体系能反映该组织的产品结构及责任归属。在全部成本法下，各个产品的总费用都必须分摊，产品结构报表更容易编制，其数据即为被分摊的费用。

 【拓展阅读】

金融企业责任审计与绩效审计之间的差异比较

经济责任审计是审计监管体系的一种创新形式，也是一种从基础性审计工作中演变而来的人格化形式。就责任审计与绩效审计两者而言，存在着以下几点差异。

（一）审计主体方面的差异

绩效审计可以包括政府审计、民间审计和内部审计，或三者并重。相对而言，责任审计主要是依靠政府审计，因为政府的权威性更高或实施效果更好。可见，在国有金融企业或国有控股金融企业责任审计方面，政府审计机关是主要力量并发挥着主导作用。

（二）审计委托人及依据的差异

绩效审计的委托人一般是被审计单位，但责任审计则是政府、金融监管机构及被审计单位的上级部门。在审计依据方面，绩效审计主要是依据各单位的计划及工作方案，而责任审计主要依据各级政府下达的审计指令加以执行。当前所执行的责任审计联席会议制度，就是在上年末及本年初由联席会议确定责任审计计划，然后再下达审计指令给本级政府及本级组织部门，最终由各个审计机关来执行。

（三）审计对象及内容的差异

绩效审计的对象主要是被审计单位的经营管理活动及相关资料。审计内容主要是被审计单位财务收支的效益性、资产的安全性和完整性、收益分配的合理性等。责任审计对象不仅包括上述对象及内容，还包括领导人员责任履行情况、个人廉洁自律情况，以及企业领导在任职期间与企业资产、负债和损益目标相关的各项经济指标完成情况；企业领导对本企业会计要素不真实、投资效益差及违法应负有的主管责任与直接责任；企业领导是否存在侵占国家财产、违反财经纪律。

📖【本章小结】

本章首先介绍了金融安全绩效审计的概念和对金融安全的意义；进而说明了金融安全绩效审计的目标、对象和内容；并详细阐述了金融绩效审计的方法和途径；同时引入了金融绩效审计考评的历程、考评指标的确定和考评报告的基本格式。本章的重点是金融安全绩效审计的方法和途径，难点是金融绩效审计考评指标的确定。

✍【复习思考题】

一、名词解释
金融绩效审计　金融绩效审计考评

二、简答题
1. 简述金融绩效审计的含义和作用。
2. 简述金融绩效审计的目标。
3. 简述金融绩效审计的对象和内容。
4. 简述金融绩效审计的方法和途径。

第五章

金融安全财务审计

【教学目的和要求】

通过本章的学习，要认知金融安全财务审计的含义、意义；熟悉金融安全财务审计的内容和依据；重点掌握金融财务账项的审计，金融会计循环的审计，金融财务报告的审计；并了解金融会计档案安全审计，从而全面理解金融安全财务审计的内容和方法。

【案例导入】

8 家银行违规放贷和办理票据业务超 175 亿元

中青在线北京 6 月 23 日电（中国青年报·中青在线记者王亦君　刘世昕）审计署审计长胡泽君今天下午在向党的十二届全国人大常委会第 28 次会议做审计工作报告时表示，从跟踪审计工商银行、农业银行等 8 家重点商业银行信贷投放情况看，这些银行加大重点领域信贷支持力度，加强风险监测预警和防控，金融服务能力进一步提升。审计发现的主要问题有：

资金投向仍需进一步优化。8 家商业银行 2016 年信贷规模增长 8.9%，但与企业生产经营联系密切的贸易融资有所下降，涉农贷款下降 3.27%。办理续贷时部分银行出于风险控制的需要，要求先"还旧"再"借新"，贷款企业只得另行高息自筹资金过渡，延伸调查 20 家企业筹得过渡资金的年化利率平均达 27%。

信贷发放和资产管理中存在违规操作问题。审计发现，8 家银行的分支机构违规放贷和办理票据业务 175.37 亿元。在资产质量管理中，有些分支机构采用不及时调整贷款分类、新旧贷款置换、兜底回购式转让等方式，使不良资产信息披露不够充分。

此外，审计还发现，由于跨市场监管规则和标准还不衔接，个别保险公司与其他金融机构合作，通过万能险等筹资入市，影响资本市场秩序。

审计指出问题后，相关金融机构采取清收贷款、加固抵质押、完善手续等措施进行整改，修订制度和工作流程13项，处理处分70人。

　　思考题： 1. 8家银行违规放贷办理票据业务对金融财务安全有何影响？

　　　　　　2. 请结合相关理论知识分析问题产生的原因。

　　　　　　3. 如何有效防范这类问题？

第一节　金融安全财务审计概述

一、金融安全财务审计的概念及意义

（一）金融安全财务审计概念

　　财务是指利用价值形式，对有关财产的管理或经营，各种资金的筹集、调拨、使用、分配、借贷进行决策、计划、监督、控制、计算和分析考核等活动。金融机构是经营货币信用业务的经济组织，在运用信用形式动员和再分配资金的活动中，必然会发生有关财务收支，并形成损益。所以金融财务审计是金融审计的必要组成内容。

　　金融安全财务审计是指为了实现金融组织财务数据的真实、准确和完整公允目标，而对金融组织运营活动中形成的财务数据和资料进行审核监督，包括对财务内部控制的评审和主要财务账户及财务报告的审计，从而鉴证金融组织财务工作的效果，保证金融组织财务报告使用者的相关利益，并促进金融组织的自身发展。

（二）金融安全财务审计意义

　　金融安全是金融财务审计的根本目标，为了防范金融机构财务风险而发挥审计的监督作用。通过审计，可以促进金融财务各项法规制度的正确执行，维护金融财务工作秩序，保障金融财务数据信息的准确、及时、真实和完整，从而全面推动金融财务管理水平的不断提高，充分发挥金融财务在整个金融管理中的基础地位和重要作用。

　　同时，做好金融财务审计工作，对于严格财务管理制度，查错防弊，改进金融机构的经营管理，促进其业务发展，提高其经济效益等，都具有十分重要的意义。其主要作用体现在以下几方面：

　　1. 发现问题，揭露弊端，保证金融机构各项财务收支的合法性、合理性、合规性；

　　2. 维护国家的财经纪律，保障金融机构资金财产的完整和安全；

　　3. 促进金融机构加强经济核算，合理控制成本费用，提高经济效益；

　　4. 监督金融机构正确进行利润分配，切实维护国家、金融机构、投资者以及员工等各方的合法权益，促进我国现代金融事业的健康发展。

　　由于银行财务会计是金融财务会计的主要组成部分，而商业银行财务会计是银行财务会计的主体，所以本章将侧重阐述商业银行财务会计的审计。

二、金融财务风险的主要表现

金融财务风险按照会计循环体系的构成，主要表现为：（1）金融财务内部控制体系不完善，财务管理法规制度不健全不落实；（2）所有者权益及其变动缺乏验证，缺乏抗风险能力；（3）财务收支记录缺乏真实性、完整性和准确性；（4）过渡性资金列支不明，缺乏审批手续；（5）财务成果缺乏可靠性，利润分配不合理；（6）账务处理不规范；（7）财务报告列报不真实不完整；（8）会计档案保管不完整。

三、金融财务审计的内容

1. 财务内部控制评审。对内部控制的检查和评价，是金融财务审计的基础和重要组成部分。应重点审查被审计单位是否建立了相关的财务内部控制制度，且内部控制制度是否执行，是否有效，能否保证会计核算和业务记录的真实、正确和完整，为具体的财务审计打下良好基础，并明确审计重点。限于本书第二章已经全面阐述了金融机构内部控制问题，所以本章关于内部控制的问题不再详述。

2. 所有者权益审计。所有者权益是投资者对金融机构净资产的所有权，对其进行审计是金融审计的一项非常重要的内容。审计时应注意被审计单位在设立时是否有经过验证的法定资本金，是否具备了一定的抗风险能力，实收资本变动时是否经过了法定的程序；资本公积、盈余公积和未分配利润的核算是否正确。

3. 财务收支审计。财务收支是指金融机构的各项收入、各项支出与费用，它们最终形成金融机构的成果。各项收入、支出与费用的真实、正确，决定着财务的真实正确与否。因此，对金融机构财务收支的审计主要侧重于各项收入、支出与费用的真实正确性，同时，应注意督促被审计单位加强财务收支管理，取得更好的经济效益。

4. 过渡性资金审计。过渡性资金是指金融机构在经营活动及财务活动中发生的临时性、偶然性或一时不能定性处理的各项应收应付款项。各项应付款属于流动性负债，主要包括应付利息、应付工资、应付福利费、应交税金、应付利润、其他应付款等；各项应收款属于流动性资产，主要包括应收利息、其他应收款等。过渡性资金是金融机构比较容易隐藏问题的一个项目，如久悬未取款、待处理错账等，都暂挂在上面，因此，对其进行审计也是金融审计的一项重要内容。应着重检查其是否严格控制列账范围和标准，是否正确使用账户，坚持审批程序，经常性地进行清理。

5. 财务成果审计。财务成果反映了金融机构在一定时期的经营成果。金融机构在办理各项资产、负债业务时会发生各项财务收入和财务支出，也将最终产生经营成果。为确保被审计单位利润的真实性以及利润分配的合理、合规性，就必须加强对其财务成果的审计。

6. 金融会计循环审计。金融会计循环审计主要是对金融会计的会计科目、会计凭证、账务组织与账务处理程序以及账务核对等内容进行检查监督。

7. 金融财务会计报告审计。金融财务会计报告审计，主要是对金融机构资产负债表、利润表及利润分配表、现金流量表、会计报表附注以及财务情况说明书等内容进行检查监督。

8. 金融会计档案审计。金融会计档案审计，主要是对会计档案的保管、会计档案的调阅、会计档案的移交、会计档案的销毁等内容进行检查监督。

四、金融财务审计的依据

金融财务审计的依据主要包括：《会计法》《公司法》《中国人民银行法》《商业银行法》《银行业监督管理法》《企业财务会计报告条例》《企业会计准则》，各项具体会计准则包括：《企业财务通则》《金融企业会计制度》《金融保险企业财务制度》《内部会计控制规范——基本规范》，各项具体规范包括：《会计基础工作规范》《商业银行内部控制指引》《全国银行统一会计基本制度》《人民币银行结算账户管理办法》《会计档案管理办法》，以及各家金融机构系统内会计制度和其他有关会计操作规程等。

第二节 金融会计循环审计

一、金融会计循环审计概述

金融会计循环审计是金融企业审计的主要内容。金融会计循环体系是以会计科目为基础，以会计凭证为依据，以账务组织与账务处理程序为核心，以账务核对为保障的综合体系。因此，会计循环审计的对象主要包括：会计科目、会计凭证、账务组织与处理程序及账务核对几项内容。

通过对会计循环的审计，对被审计单位的会计基础工作进行检查和评价，监督其在会计核算中，认真执行各项会计制度，促进和加强会计核算工作，维护正常的会计核算工作秩序，不断提高会计核算质量，从而确保会计核算能够提供及时、准确的会计核算资料，并为有关各方管理和决策之用。

二、会计科目审计

会计科目是对银行会计对象（资产、负债、所有者权益、收入、费用和利润）进行分类汇总反映的类别名称，是分类记录银行会计事项的依据，也是设置账户、确定会计报表项目和进行会计核算的基础。当前，我国银行的会计科目按其使用范围的不同可分为银行业统一会计科目和各家银行系统内会计科目。财政部会同中国人民银行总行根据商业银行会计核算的常规需要制定银行业统一会计科目，并在《金融企业会计制度》中作了明确规定。而各家商业银行在银行业统一会计科目的原则规定下，根据自身会计核算的实际需要，还各自制定系统内会计科目，在进行具体业务核算时使用。此外，中国人民银行根据其地位、职能和工作任务的特点单独设置会计科目。总之，银行会计科目体系目前尚处于一种不规范、不统一的状态。

对银行会计科目的审计应主要从以下几方面进行：

1. 检查会计科目设置情况

（1）检查各金融机构各级行、处是否按中国人民银行总行的统一规定或《金融企业会计制度》的有关规定设置会计科目，各商业银行总行、分行增加、减少或合并会计科目是否影响会计核算要求和会计报表指标汇总，是否影响对外提供统一的会计信息资料。

（2）检查省、自治区、直辖市分行增设的辖内专用科目，是否在向总行上报报表时，由分行并入总行统一规定的有关科目内。

（3）检查各基层行、处有无合并或更改总、分行规定的会计科目名称或代号，有无任意增设会计科目等问题。

2. 检查会计科目使用情况

（1）依据会计核算对象，审查会计科目分类和使用是否正确。如资产、负债和所有者权益类科目的划分是否正确；流动资产、长期资产、无形资产、递延资产及其他资产科目的划分是否正确；流动负债和长期负债科目的划分是否正确；实收资本、资本公积、盈余公积和未分配利润科目的划分是否正确等。

（2）依据资金性质，审查会计科目的使用是否正确。如财政性存款和一般性存款科目的使用是否正确；单位存款和储蓄存款科目的使用是否正确等。可抽查部分分户账，看有无将财政性存款列入一般性存款、将单位存款列入储蓄存款科目核算。

（3）依据不同的资金账务往来业务，审查会计科目的使用是否正确。如：联行往来和同业往来科目的使用是否正确；二级联行往来科目的使用是否正确等。

（4）依据各项收益和费用开支的范围、标准等，抽查部分凭证、账户，审查会计科目的使用是否正确。如营业收入与非营业收入、营业支出与非营业支出科目的划分和使用是否正确；资本性收支与收益性收支的划分和科目使用是否正确等。

（5）依据已发生的不涉及资金增减变化的业务事项，审查表外科目的使用是否正确。如：对有价单证、重要空白凭证、代保管物品和抵押物品等是否通过表外科目进行控制；有无违反权责发生制原则，将应纳入表内科目核算的应收、应付利息列入表外科目核算等。

3. 检查会计科目变更情况。检查按统一规定变更会计科目时，是否办理新旧科目的结转。如果年度中间变更，是否一律采取填制传票，通过会计分录结转；如果年度终了变更，是否采取会计科目结转对照表方式办理结转。

三、会计凭证审计

会计凭证是用来记录经济业务的发生情况，明确经济责任，作为记账依据的书面证明，也是核对账务和事后留存查考的重要依据。填制和审核会计凭证，是银行会计核算操作的起点和基础，因此，任何一项经济业务的发生，都必须及时取得或编制会计凭证。作为记账依据的会计凭证，必须具备会计凭证的基本要素并经审核合格，以保证会计核算资料的正确性和真实性。对银行会计凭证的审计应主要从以下几方面进行。

1. 检查会计凭证的正确性和完整性

（1）检查会计凭证的使用是否正确、规范，有无错用、滥用会计凭证的现象，特别是特定凭证，是否限于规定使用的业务范围。

（2）检查会计凭证内容是否完整，规定填写的要素是否齐全，是否按规定加盖有关章戳，有无签章手续不全、遗漏签章的情况。

（3）检查会计凭证填写的各项内容是否正确，大、小写金额计算与合计是否准确和一致，各种签章是否正确。

2. 检查会计凭证的合法性和真实性

（1）检查会计凭证所记录的经济内容是否符合国家的方针、政策、法令、制度等，有无违法、违纪等现象。如转账业务传票其收、付款单位及款项来源和用途是否正常、合法；现金支票是否符合现金管理的有关规定等。

（2）检查会计凭证所记载的内容，是否反映了该笔业务活动和财务活动的真实情况，有无伪造、变造和涂改凭证，有无虚报、冒领、贪污舞弊等不法行为。

（3）检查会计凭证的各种签章和密押等是否真实、有效，有无伪造、变造和涂改等情况。

3. 检查会计凭证传递的安全性和及时性

（1）检查会计凭证传递手续是否严密，各柜组之间的凭证传递是否相互签收，以明确责任；通过邮电部门发出或收到的会计凭证，交接手续是否严格，确保安全。

（2）检查会计凭证的审查和处理是否合理、及时，查阅会计凭证上的受理日期和转账日期，是否存在无理压单、压票，拖延处理凭证以及无理退票等情况。

（3）观察、询问有无将内部柜组之间往来的凭证交由客户代为传递的问题。如会计受理记账后的现金支票，有无不通过内部传递，而让客户自己持向出纳柜提取现金的现象。

4. 检查会计凭证保管的完整性和合规性

（1）抽查部分会计凭证，查看每日账务处理完毕后，是否及时集中全部凭证，按会计科目顺序进行整理装订。如对每一科目的传票，是否按现收、现付、转借、转贷的顺序整理，排放在科目日结单后面；各科目传票张数是否与本科目日结单填写的传票张数相符。

（2）检查会计凭证的装订和保管是否规范。如装订时是否将传票及附件整理整齐，另加传票封面、封底，用线绳装订牢固，并在绳结处用纸条加封，加盖装订人员和会计主管人员的骑缝章。

（3）检查已装订的会计凭证是否按年度编排序号，并及时登记有关会计档案登记簿，入库保管；调阅和销毁会计凭证手续是否完善，有无随意拆封或销毁会计凭证的情况。

5. 有价单证和重要空白凭证管理的审计。有价单证是指有价值的特殊单证，如国库券、定额本票、存单等，这些单证一经银行签发，就具有较强的支付能力，因此，应视同现金加强管理。对有价单证要贯彻"证账分管、证印分管"的原则，即会计管账、出纳管证，以相互制约、相互核对。通过表外（备忘）科目核算，建立有价单证登记簿，按单证种类、票面金额等立户，定期核对。有价单证的调入、拨出、领用、运送等均比照现金管理办法办理。

重要空白凭证是指一旦由银行或客户填写并经盖章后，就具有支付效力、未使用的空白凭证，如支票、汇票、本票、存折、联行报单等。对重要空白凭证要通过表外（备忘）科目进行核算，建立重要空白凭证登记簿，按品种立户，并登记凭证的起讫号码，由专人负责管理，以保证单证的完整与安全。

四、账务组织与处理程序审计

账务组织是指在银行会计核算中，账簿设置、账务处理程序和账务核对方法等有机配合的账务体系。建立科学的账务体系，不仅可以保证银行会计核算工作有条不紊地进行，而且有利于银行会计核算质量和工作效率的提高。

银行会计的账务组织体系由明细核算和综合核算两大核算系统所构成。明细核算是按分户账账户分户核算，反映各单位和各项资金增减变化及其结果的详细情况的核算系统。综合核算是按会计科目或总账进行汇总核算，反映各类资金增减变化及其结果的总括情况的核算系统。明细核算和综合核算都是根据共同的会计凭证，按照"双线核算"的原则，进行平行登记，分别进行的核算。因此，明细核算是综合核算的具体化，对综合核算起补充作用；综合核算则是明细核算的概括。对明细核算起统御作用。两者在反映情况方面相互配合、相互补充，在数字方面则相互联系、相互制约，共同构成了银行会计完整的、科学的、严密的账务组织体系。对银行会计账务组织与账务处理程序的审计应主要从以下几方面进行。

（一）会计账簿使用与管理情况审计

会计账簿是由相互联系并具有一定格式的账页所组成，用来分类记载各项经济业务的记录簿册。会计账簿是会计核算的重要工具，它是将大量的、分散在会计凭证上反映的经济业务经过归类整理，按照经济业务发生的先后顺序，分类地、系统地进行记载和反映，从而为编制各种会计报表提供数据和资料，并提供银行经营管理者以及其他有关方面所需要的各种经济指标。对会计账簿的审计，重点应检查各种会计账簿的设置、登记和管理情况。

1. 检查会计账簿设置和登记情况。对会计账簿设置和登记情况进行检查，主要是检查会计部门是否根据业务情况和会计核算的需要，按照综合核算和明细核算两大核算系统分别设置有关账簿；序时账簿、分类账簿和各种备查账簿的设置是否齐全，登记是否及时、准确，是否符合会计制度的有关规定。具体内容如下：

（1）检查现金收入、付出日记簿的设置与登记。①检查出纳专柜是否按收款、付款分设现金收入和现金付出日记簿，有无合并设置的现象；②检查出纳收款员和付款员是否根据现金收入、付出传票，逐笔序时记载现金收入日记簿和现金付出日记簿，有无并笔记载和不按业务发生先后顺序记载的情况；③检查每日营业终了，是否按现金收入、付出日记簿分别结出合计数，与现金收付总数核对，并结计现金库存簿。

（2）检查分户账的设置与登记。①检查是否按银行账户管理办法的有关规定开立基本存款账户、一般存款账户、临时存款账户和专用存款账户；是否按户立账，有无合并立户或以凭证代替分户账的情况。②检查记账员是否根据传票逐笔连续记载并随时结出余额；记账时是否根据凭证切实核对户名、账号、印鉴、余额等，有无串户、冒领、透支等会计质量事故的发生；是否写明记账日期、对方科目、凭证号码及业务内容摘要等。

（3）检查总账的设置与登记。①检查总账是否按会计科目设置，有无乱设总账或总账设置不全等情况。②检查总账是否根据各科目日结单的借、贷发生额合计数按日记载，并结出余额。对借贷双方同时反映余额的总账，是否根据余额表或分户账各户的借、贷方余额分别加总填记，有无轧差记载的情况。

（4）检查备查账簿的设置与登记。备查账簿是适应某些业务需要而设置的账簿。它名目繁多、形式各异。如各种登记簿等，大部分都是专用的。检查时，主要检查是否根据业务需要和核算要求以及有关规定进行设置，是否建立了严密的处理手续，及时记载，及时销记。

2. 检查会计账簿管理情况

（1）检查账页的启用与结转。银行账簿多为活页账，检查账簿的管理首先应检查账页启用时，账页上首规定填记的主要事项，如账号、户名、领用凭证记录、利率等是否详细填写。

分户账复写账页平时每记满一页后应更换，并将旧账页最后余额直接过入新账页，新账页首行摘要栏加盖"承前页"戳记。总账每月更换新账页一次，将旧账页上的"上年底余额""自年初累计发生额""月终余额"分别过入新账页的"上年底余额""本年累计发生额""上月底余额"栏。年初更换新账页时，只过上年底余额。

年度终了，各科目分户账除储蓄账和未核销的卡片账可以继续使用外，均应更换新账页在旧账页的最后一行余额下加盖"结转下年"戳记，并将最后余额过入新账页，新账页应写新年度1月1日，首行摘要栏加盖"上年结转"戳记。丁种账账页应在旧账页未销各笔的销账日期栏加盖"结转下年"戳记，将未销账各笔过入新账页，并结出余额，在摘要栏加盖"上年结转"戳记，同时填列旧账页的发生日期及摘要，以备查考。

结转完毕，应将各科目分户账新账页余额加总合计与相同科目总账新账页余额认真进行核对，以保证结转正确。

（2）检查账簿的装订与保管。检查各种账簿在更换新账页后，旧账页是否按规定分别进行装订。如总账是否每月装订一次，分户账、登记簿是否根据数量多少，按月、季度或年装订；检查装订成册的账页是否填写"账首"和"账页目录"，另加封面、封底，由装订人员和会计主管人员在加封处盖章后入库妥善保管等。

（二）账务处理程序审计

在我国，银行会计采用的账务处理程序是"科目日结单账务处理程序"。其审计要点是：

1. 是否根据经济业务及时受理或编制传票；

2. 是否根据传票及时逐笔登记有关分户账或登记簿及现金收入/付出日记簿；

3. 是否根据表外（备忘）科目传票分别登记有关表外（备忘）科目登记簿；

4. 是否在日终根据分户账抄制余额表，并根据现金收入/付出日记簿结计现金库存簿；

5. 是否在日终根据传票按科目编制科目日结单，并轧平当天所有科目日结单的借贷方发生额；

6. 是否根据科目日结单及时登记总账；

7. 是否根据总账编制日记表，轧平当天全部账务。

（三）错账更正情况审计

账务记载要力求正确无误，尽量减少甚或杜绝差错。因为错账属于会计核算中的质量事故，它不仅会影响会计核算的真实性和准确性，而且还会影响到客户以及银行的资金使用，损害银行的信誉，甚至造成资金、财产的损失。一旦发生错账须及时进行更正，并应根据不同错账情况，按划线更正法、红蓝字冲正法和蓝字反方冲正法等规定办法处理。错账更正情况的审计要点是：

1. 抽查部分账页，检查对当日发生的差错，账簿上日期和金额写错时，是否采用红线更正法更正；传票填错科目和账户，是否先改正传票再采用红线更正法更正。

2. 检查对次日及其以后发生的差错，发生记账串户，是否采用红字更正；发生传票金额填错或科目、账户填错，账簿记错，是否填制借、贷方红字传票将错误金额全部冲销，再按正确的金额、科目、账户重新填制借、贷蓝字传票记账，并在原凭证上注明串户账号和冲正日期。

3. 检查对本年度发现上年度的错账，是否填制蓝字反方向传票冲正；有无不按规定更正上年账表的问题。

4. 抽查核实原始凭证，核查有无在更正错账时，乱冲账目，挤占挪用、盗用客户资金等问题。

5. 检查在冲正错账的同时是否调整计息积数，计息积数计算是否正确。

6. 对错账冲正传票，是否都经过了会计主管人员审查盖章，并将错账冲正传票的日期、情况、金额以及冲正的日期等设置相关登记簿等进行登记，以便事后考核，分析原因，改进工作。

五、账务核对审计

账务核对，是指在账务处理过程中，为防止账务差错，保证账务记载正确，保护资金和财产安全、完整的一项重要措施，同时，也是账务处理的一个重要环节。通过账务核对，可以确保账务核算质量，从而达到"六无"和"六相符"。所谓"六无"，是指账务无积压、结算无事故、计息无差错、记账无串户、存款无透支、贷款无超额等。所谓"六相符"，是指账账相符、账款相符、账证相符、账实相符、账表相符、内外账务相符等。账务核对相符后，经办人员应在有关账簿上盖章，以明确责任；会计主管人员也应加强督促检查，保证账务核对工作及时进行。

银行会计的账务核对主要包括每日核对和定期核对两种，二者有机结合，就能确保银行会计账务核算的质量。因此，账务核对的审计也相应地包括每日核对的审计与定期核对的审计。

（一）每日核对审计

主要检查每日营业终了结账时，是否对当天的账务进行如下内容的核对：

1. 总分核对。每日营业终了，总账各科目的余额是否与同科目所属分户账以及余额表各户的余额合计数核对相符。

2. 账款核对。每日营业终了，现金收入、付出日记簿的合计数，是否与现金科目总账的借方、贷方发生额核对相符；现金库存簿的现金库存数，是否与实际的库存现金和现金科目总账的余额核对相符。

3. 试算平衡。试算平衡实际上是综合性的账务核对。每日结账时，在登记总账前，是否加计各科目日结单的借、贷方发生额合计数，进行发生额试算平衡；在登记总账后，是否编制日记表，进行发生额和余额的平衡试算。

（二）定期核对审计

定期核对是指对未能纳入每日核对的账务，按规定日期所进行的核对。其审计要点如下：

1. 检查丁种账的定期核对。使用丁种账页记载的账户，是否按旬加计未销账的各笔金额数字，并与该科目总账的余额核对相符。

2. 检查计息积数的定期核对。余额表的计息积数是否按旬、按月、按结息期与同科目总账的同期余额累积数核对相符。核对应加、应减积数及应审查数字是否正确。

3. 检查卡片账的定期核对。如储蓄账卡、贷款账卡、联行账卡等，是否按月与同科目总账核对相符。

4. 检查账实的定期核对。包括固定资产、金银、物品、有价单证、重要空白凭证等，是否按月账实核对相符；房屋、器具是否定期和在年终决算前账实核对相符。

5. 检查内外账务的定期核对。包括银行与客户之间、人民银行与商业银行以及与其他金融机构之间的往来款项，是否按月或按季度进行核对相符。

6. 检查联行往来业务的账务核对，是否按联行往来制度的有关规定办理。

7. 检查其他账务的定期核对。

第三节　金融财务账项审计

本节财务账项审计将按照账户性质分为所有者权益类账项、财务收支类账项、过渡性资金类账项和财务成果类账项依次展开阐述。其中所有者权益类账项包括：实收资本、资本公积、盈余公积和未分配利润四种账户；财务收支类账项包括：营业收入、投资收益、营业外收入、成本支出及费用和营业外支出五种账户①；过渡性资金类账项包括：应收账款、应付账款和预提费用三种账户；财务成果账项包括：利润和利润分配两种账户。而资产类账项的审计将在第六章信贷资产安全审计中详述。

一、实收资本审计

实收资本是指金融机构实际收到投资者投入的资本总额。它是金融机构最原始的资金来源，是其设立和生存的前提。实收资本与注册资本同属资本金的范畴，但注册资本是登记注册时经工商主管部门批准、达到国家法律规定的最低数量限额的资本数额，又称法定资本或开业资本金，二者是企业资本金的两种不同的表现形式。资本金具有垫支性和营利性的特点。

对实收资本进行审计，应着重掌握以下几个方面的内容。

（一）资本金制度执行情况审计

1. 资本金制度的基本内容。资本金制度是国家对于资本金的筹集、管理和核算及其所有者的责、权、利所作的法律规范。其主要内容可概括为以下八项。

（1）设立企业必须有经过验资的法定资本金（也称"开业资本金"、注册资金）。企业实收资本少于法定资本金的，投资者应及时足额缴付；投资者缴付的出资额超过资本金的差额（包括股票溢价发行、法定财产重估增值、接受捐赠的财产等）计入公积金。

（2）资本金按照投资主体分为国家资本金、法人资本金、个人资本金和外商资本金。用国有资产进行投资的，必须是有权代表国家投资的政府部门或者机构。其中外商投资除外国投资者外，还包括中国香港、澳门地区及中国台湾省的投资者。

（3）企业应当按规定筹集资本金。企业可以采取吸收现金、实物、无形资产和发行股票等方式筹集资本金。采取吸收实物、无形资产方式筹集的资本金，应按照评估确认或者合同、协议约定的价值计价。

（4）投资者可采用现金、实物、无形资产等形式向企业投资。但法人单位投资者应以其依法可以支配的资产进行投资；个人投资者应以其合法财产进行投资。投资者未按投资合同、协议的约定履行出资义务的，企业及其他投资者可以依法追究其违约责任。

（5）投资者按投资比例或合同、章程、协议的约定，分享收益和分担经营风险及亏损。资本公积是非经营活动过程中产生的增资，不是经营收益，不能做股利分配；企业不低于注册资金25%的法定盈余公积金，作为永久性投资的收益，也不能做股利分配。

（6）企业筹集资本金，在经营期间，投资者除依法进行转让外，不得以任何方式抽走，法律、行政法规另有规定的，从其规定；企业清算时，投资者应先缴付已认缴而未缴纳的出资；企业清算终了，清算净收益依法缴纳所得税后的剩余，按投资者出

---

① 2016年5月1日已全面推开营改增试点，营改增试点范围扩大到建筑业、房地产业、金融业和生活服务业。

资的比例或者合同、章程规定进行分配。

（7）资本公积金、法定盈余公积金可以按法定的程序转增资本金；企业增加、减少资本金，必须办理注册资本变更登记。

（8）企业筹集的资本金，企业依法享有经营权，但在企业资本金中，银行固定资产净值所占的比重最高不得超过30%；保险及其他非银行金融企业固定资产净值所占的比重最高不得超过50%。

建立资本金制度，体现了资本金的保全原则，明确了企业的产权关系，这有利于保障企业所有者权益，使企业所有者权益从制度上得到了保障；有利于企业正确计算盈亏，真实反映企业的经营情况；有利于健全金融机构自主经营、自求平衡、自负盈亏、自担风险、自我发展、自我约束的经营机制。

2. 资本金制度执行情况审计。在对资本金制度执行情况进行审计时，应注意是否经中国注册会计师验资；采用实物、无形资产方式筹集的资本金，是否按评估确认的价值或者合同、协议约定的价值计价；采用发行股票方式筹集的资本金，是否按股票面值计价。投资者各方是否及时、足额缴付资本金，有无在经营期间任意抽走资本金的情况；在金融机构的资本金中，固定资产净值所占比重是否严格按照国家有关规定控制；对外投资的资本，要特别注意检查其真实性、合法性。

（二）资本金充足性审计

金融业是高负债经营的特殊行业，资本金占其总资产的比例较低。对其债权人来说，总是希望其资本金越多越好，因为一个金融机构具有充足的资本金，既可显示其自我发展实力，又对维护存款安全、保障存款人的利益具有重要意义。而金融机构的经营者则希望在经营过程中最大限度地发挥资本金的作用，在负债经营能够带来经济效益的情况下，经营者将会依靠负债来获得较高的收益。这就要求金融审计部门必须注重对资本金充足性与否的审计，以促使被审计单位确定资本金的合理需要量，把握好资本金和负债的比例，使其既能最大限度地发挥资本金的作用，又能切实保护存款人的利益。

检查资本金充足与否，应按照国家有关资本金管理制度的基本要求，主要检查实有资本金是否达到规定额度，资本金的构成和来源是否正当，实现利润的积累部分是否按规定补充资本金，是否按时、按标准提取呆账准备金和坏账准备金，看有无弄虚作假、虚盈实亏，或转移、挪用等问题。同时，可参照巴塞尔协议中关于资本充足率的规定，依照下列三个指标进行审计。

1. 产权比率。这一指标是检查金融机构资产中所有者权益所占的比重。其计算公式为

$$产权比率 = 所有者权益总额 / 资产总额 × 100\%$$

检查时应注意，产权比率越高，金融机构的财务风险越小。但产权比率过高也会带来负效应，如当借款利率低于资产报酬率时，投资人本可以通过负债经营得到更多的投资报酬，可能因为过高的产权比率而丧失了一定的收益；而产权比率过低，则意味着金融机构过分依靠负债经营，将承担较大的财务风险，而一旦借款利率超过资本

报酬率时，投资人的权益将会受到损害。

2. 所有者权益与负债总额比率。这一指标是检查债权人投入的资金受所有者权益保障的程度，并反映债权人提供的资金和由投资人提供的资金来源的相对关系，反映金融机构基本财务结构的强弱情况。其计算公式为

$$所有者权益与负债总额比率 = 所有者权益总额 / 负债总额 \times 100\%$$

3. 资本风险比率。这一指标是检查金融机构的资本金为其债权人提供保护的能力，也是反映金融机构资产的质量和承担风险能力的一个重要指标。其计算公式为

$$资本风险比率 = 逾期贷款 / 资本金 \times 100\%$$

（三）资本金核算审计

金融机构应加强对资本金核算的管理，提高其核算质量。审计时应依据资本金管理和核算的有关制度规定，着重从以下几方面对资本金核算进行检查。

1. 投入资本审计

（1）检查金融机构收到投资者投入的现金是否以实际收到的金额入账；收到投资者投入的房屋、设备等实物时，是否按评估确认的价值或按合同入账；收到投资者投入的无形资产，是否按评估确认的价值入账。

（2）检查实收资本是否按投资人开立分户账并进行准确核算，有无错记漏记等情况；股份制金融机构在进行增资扩股时，是否经过中央银行审批。

2. 资本金增减的审计

（1）审查金融机构有无擅自改变注册资本金额或抽调资本金等，变更注册资本，是否经过中国人民银行的批准，是否经过中国注册会计师验资，是否进行了变更登记。

（2）审查资本金增加的真实性、合规性。一般资本金增加的途径有三条：一是将资本公积转为实收资本；二是将盈余公积转为实收资本；三是所有者（包括原所有者和新投资者）的投入。

（3）审查资本金减少的真实性、合规性。一般资本金减少的原因大体有两种：一是资本过剩；二是企业发生重大亏损而需要减少实收资本。

二、资本公积审计

资本公积是非经营因素形成的不能计入实收资本的所有者权益，主要包括投资者实际缴付的出资额超过其资本份额的差额（如股票溢价、资本溢价）、接受捐赠资产、法定财产重估增值、股权投资准备、外币资本折算差额、其他资本公积等的审计。对资本公积的审计着重从以下几方面进行检查。

1. 资本溢价审计。资本溢价是投资人投入的资金超过其在注册资本中所占份额的部分，即金融机构在筹集资本的活动中，投资人实际缴付的出资额超出资本金的差额。在审计时，主要应检查溢价金额的计算是否正确，是否如实地转入"资本公积"科目进行核算。

2. 接受捐赠审计。金融机构接受捐赠人捐赠的资产，会使其资产增加，但因捐赠人不是投资人，这种资产的增加不会形成实收资本的增加，但形成银行的资本公积。

接受捐赠的资产包括现金资产和非现金资产，非现金资产的捐赠主要有固定资产、无形资产等。审计时，应着重检查接受捐赠的真实性。如接受货币资金捐赠时，应检查其是否按实际收到的金额入账；如接受实物捐赠时，应检查其是否按捐赠方提供的有关凭证所确定的价值或同类市场价格入账；如接受无形资产捐赠时，应检查其是否按评估确认的价值入账等。

3. 法定财产重估增值审计。法定财产重估增值是指依照国家有关法律、法规的规定对金融机构的资产进行重估而产生的增值。财产重估必须根据国家的有关规定进行，而不能随意评估。一般遇到下列三种情况时才进行财产重估：一是固定资产产权变动；二是企业进行股份制改造试点；三是企业进行清产核资等。审计时应注意检查被审计单位有无擅自进行资产重估的问题；重估值是否合理，有无高估或低估的情况；对重估后的增值或减值是否及时进行了账务处理，对未能及时入账的部分应查明原因。

4. 资本折算差额审计。资本折算差额是指金融机构接受外币投资因所采用的汇率不同而产生的资本折算差额，即金融机构接受外币投资，在实际收到资金时，由于汇率变动而发生的有关资产账户的金额，与实收资本账户的折合本位币之间的差额。审计时，首先应检查其入账的汇率是否真实，然后检查其计算是否正确，有无弄虚作假等情况。

三、盈余公积审计

金融机构的盈余公积是按照规定从净利润中提取的积累资金，它包括公积金和公益金两大类。

1. 公积金审计。公积金可分为法定盈余公积金和任意盈余公积金两项。法定盈余公积金（或称一般盈余公积金）按金融机构所得税后利润（减弥补亏损）的 10% 提取，当累计达到注册资本的 50% 时，可不再提取。它主要用于弥补亏损和转赠资本，但转赠资本后，留存在金融机构的法定盈余公积金不得少于注册资本的 25%。任意盈余公积金是金融机构由于经营管理方面的需要，按照公司章程或股东会议的决议，在向投资者分配利润前提取和使用的留存收益，主要用于控制向投资者分配利润的水平及调整各年利润分配的波动。审计时应注意以下两点。

第一，公积金的计提是否正确。应着重检查计提的基数是否正确，计提的比例是否按照有关规定，有无多提或少提的情况。

第二，公积金的使用是否合规。法定盈余公积金是否按照法定程序弥补亏损或转赠资本，转赠资本后，留存于金融机构的法定盈余公积金是否少于注册资本的 25%（这部分盈余公积金应长久地留存于金融机构）；任意盈余公积金是否是按公司章程或股东会议决议进行使用的，且使用是否符合有关规定。

2. 公益金审计。公益金是按税后利润的规定比例提取的专门用于集体福利设施及弥补福利费不足的资金。根据目前有关制度规定，金融机构的公益金一般按税后利润的 5% 提取。在审计时应注意计提是否正确，有无多提或少提的情况；使用是否合规，其使用是否主要用于职工的集体福利，有无超范围使用或挪用等情况发生。

四、未分配利润审计

未分配利润是金融机构留待以后年度进行分配的结存利润，它属于所有者权益的组成部分。其含义有两层：一是这部分利润没有分配给投资者；二是这部分利润尚未指定用途。在对未分配利润进行审计时，主要应注意审查以下两个方面的内容。

1. 审查未分配利润的目的性。金融机构的利润在分配时，主要去向有三个方面：一是上缴国家；二是分配给投资者；三是结存利润，即未分配利润。审计时，应注意未分配利润的目的是什么，是否为了弥补年度亏损，是否为了今后业务和经营活动的发展，有无挪用或转移、隐瞒资金的情况发生。

2. 审查未分配利润的正确性。未分配利润是已实现的利润与已分配利润的差额，这种差额的产生，如果是由于未计应缴所得税，未分配利润就不能作为所有者权益。因此，在审计时应当注意被审计单位是否及时缴纳所得税以及其他应缴纳税的款项，如果未缴纳，应当督促其及时缴纳。

五、营业收入审计

对营业收入的审计，重点是检查各项收入的核算内容是否完整，是否包括了所有内容；各项收入是否真实，有无虚增虚收的情况；各项收入是否合法合规，是否包含有违规业务取得的收入。

1. 利息收入审计。利息收入是金融机构对客户发放各项贷款与办理贴现而计收的利息。利息收入在营业收入中占有很大的比重，尤其是在当前金融行业分业经营的情况下，利息收入是金融机构特别是银行财务成果的重要内容。

金融机构应按期计提各项贷款利息并确认收入，贷款到期（含展期）90天及以上尚未收回的，其应计利息纳入表外处理；已计提的应收利息，在贷款到期90天后仍未收回的，或应收利息逾期90天后仍未收到的，冲减原已计入损益的利息收入，转做表外处理。已转入表外处理的应收利息，在实际收到时确认为当期利息收入。

在对利息收入进行审计时，应注意以下几个方面的问题。

（1）检查贷款的期限和利率的执行情况。主要检查贷款账、据、合同三者是否相符，逾期贷款是否及时转入了逾期科目（或逾期户），并计收罚息；是否执行了中央银行规定的利率档次，有无擅自提高或降低利率的行为；按规定调整利率时，是否实行了分段计息；逾期90天以上的贷款是否转表外计息，有无为了虚增收入将表外利息收入转入表内，或为了虚减收入将表内利息收入转为表外的情况。

（2）检查计息方法的正确性。检查是否按规定结息期以及规定的利率结息，利息计算是否正确。

（3）检查利息入账的情况。检查利息收入是否全部入账，有无记错或转移利息收入的情况，应将利息凭证与有关单位存款账户利息支出相核对，看其是否相符正常，对重点单位，如有必要可填制对账单与借款单位核对，检查内外账务是否相符；尤其应注意被审计单位是否执行了权责发生制，年末应收未收的利息收入是否计入了当期损益。

2. 金融企业往来收入审计。金融企业往来收入是指各金融机构系统内、金融机构之间以及金融机构与中央银行相互之间资金往来产生的利息收入，利差补贴收入等。

对金融企业往来收入进行审计时，应注意以下几个方面的问题。

（1）检查计息的范围。注意检查各项往来、上存和拆出资金是否全部按规定计息，有无遗漏或错收的情况。

（2）检查利率的使用。检查各项资金是否按规定正确使用有关利率档次，有无违反利率政策，随意提高或降低利率的情况；利率变动时，是否按照规定计息，有无随意混淆新旧利率计算时限的情况。

（3）检查入账情况。检查分析金融企业往来收入计算是否正确，是否及时入账，有无弄虚作假，转移收入的情况；对拆出资金利息收入应根据拆出资金期限和协议规定的利率，检查利息计算是否正确，入账是否及时，有无转移、隐瞒收入截留私分的情况。

检查时，还应特别注意往来科目发生额的变化情况，不要单独检查金融企业往来收入明细资料，要结合金融机构有关往来科目一起检查，如存放同业款项、拆放同业、拆放金融性公司等科目的发生额是否正常，对大额业务要进一步查看凭证，检查资金来源是否正常，有无在往来科目上进行隐瞒存款、违规拆借、对外投资等事项。

3. 手续费收入审计。手续费收入是金融机构在办理各项业务中收取的手续费。金融机构在办理业务时收取的手续费，可以分为两类：一是自营业务手续费；二是代理业务手续费，如代理发行国库券、股票、债券及代理中央银行业务等所收取的手续费或推销费。

对手续费收入进行审计时，应注意以下几个方面的问题。

（1）检查各项业务手续费是否按规定的收费标准和收费范围收取，有无擅自扩大或缩小收费范围，改变收费标准，错收、漏收的情况。

（2）检查手续费的收取方式和计算是否正确。对收取现金的，出纳人员是否及时、逐笔向客户收取，收费手续是否齐全；对定期汇总转账收取手续费的，检查其是否及时填记收费单据，汇总扣款凭证与附件是否相符，一定时期有关收取手续费的自营业务和代理业务的业务量是否与同期收费总额基本一致。

（3）检查各项手续费收入是否及时入账，有无转移收入、私设"小金库"的情况，有无截留、私分等问题。

4. 其他营业收入审计。其他营业收入是指包括租赁收入、房地产开发收入、咨询收入、外汇买卖收入、信托收入、证券发行及买卖收入等其他与经营业务有关的营业性质的收入。在对其他营业收入进行审计时，应严格按照有关规定，检查其是否准确计算，如数入账；"其他营业收入"科目的核算手续是否齐全，有无不按制度办事的情况。

六、投资收益审计

投资收益是金融机构通过购买有价证券或以资金、实物、无形资产对外投资所获得的收益，它是金融机构财务的组成部分。对其进行审计时，应注意以下几个方面的问题。

1. 经营性证券收益审计。经营性证券是指金融机构通过市场买卖，以赚取差价为目的而收入的有价证券。金融机构出售经营性证券可以采用先进先出法、加权平均法、移动加权平均法等确定其实际成本。计价方法一经确定，不得随意改变。审计时，主要检查是否按确定的计价方法核算，并检查金融机构出售经营性有价证券实际收到的价款与账面成本的差额，是否计入当期损益。

2. 投资性证券收益审计。投资性证券是指金融机构长期持有，到期收回本息，以获取利息或股利为目的而购入的有价证券。审计时，主要检查金融机构购入投资性证券是否按有价证券面值和规定的利率计算应收利息，并分期计入损益；检查金融机构中途出售投资性证券的实收款项与账面成本和应收取利息的差额是否计入当期损益。

3. 冲减或增加债券利息收入审计。主要是针对金融机构购入折价或溢价发行的债券，实际支付的款项与票面价值的差额，检查其是否在债券到期前，分期冲减或增加债券利息收入。

4. 对外投资分得股利和利润审计。主要检查金融机构对外投资分得的股息和利润是否计入投资收益，并按规定缴纳所得税（税后分得的股利或利润，不计所得税）。同时，还应检查金融机构依据合同、协议规定到期收回或因所投资企业清算而收回投资额与账面价值的差额，如为净收益，是否计入投资收益，如为净损失，是否计入有关成本支出账户。

七、营业外收入审计

营业外收入是指与金融机构业务经营无直接关系的各项收入。包括固定资产盘盈、出售固定资产净收益、罚没收入、出纳长款收入、证券交易差错收入、因债权人的特殊原因确实无法支付的应付款项以及收回的已核销坏账损失等。审计时，应严格按照有关规定，对营业外收入进行认真审查。从日常性的审计内容来讲，应着重进行以下两个方面的审计。

1. 结算罚款收入审计。结算罚款收入是在办理结算业务中，按规定计收的各项结算罚款。这种收入的计算方式有按凭证上结算金额计算和按延付日期计算两种。对这些罚款收入进行审计时，应按照结算办法的规定，审查有关账户、凭证、资料，并核对其是否属于规定的罚款范围，罚款的依据及计算是否准确，有无应罚未罚的情况；另外对于冲销的结算罚款要检查其是否由于金融机构错罚所致。

2. 出纳长款收入审计。出纳长款是指出纳人员在办理现金收付业务时，由于种种原因，发生的现金库存多于账面记载数额的情况。对于这些长款，如无法查找，必须当日列计其他应付款科目出纳长款账户。经长期查找无着落的，一般在每年年度决算时经批准转作营业外收入科目出纳长款收入户。审计时，应注意是否坚持了"长款归公，不准以长补短"的原则。收入的金额与其他应付款科目所列金额是否相符。同时要区别金额大小，是偶然性的还是经常性的。要详细分析出纳长款原因，从制度规定、操作规程方面寻找薄弱环节，特别要注意检查有无贪污长款的问题。

八、成本支出及费用审计

金融机构的成本支出是指在业务经营过程中发生的与业务经营有关的支出。成本支出包括：利息支出、金融机构往来支出、手续费支出、汇兑损失、各种准备金等，不包括为第三方或客户垫付的款项。金融机构的营业费用是其在业务经营与管理工作中发生的各项费用，包括：固定资产折旧费、业务宣传费、业务招待费、电子设备运转费、安全防卫费等数十项费用。

在进行成本支出与费用的审计时，主要是根据有关财务管理制度规定，通过查阅账簿、凭证和有关资料，审查各项费用支出是否符合规定的范围和标准，有无乱摊成本、贪污浪费、营私舞弊等行为；有无虚增，虚减支出的情况；各项支出与费用是否严格执行了权责发生制的原则；成本核算是否遵循了一致性原则；成本核算的内容是否正确；是否加强了成本控制等。通过审计，以维护财经纪律，加强经济核算，提高经营管理水平。

（一）利息支出审计

利息支出是金融机构成本的重要组成部分，在成本中的比重较大。因此，利息支出正确与否是审查成本支出的重要任务。在审查利息支出时，主要审查对吸收的各项存款，包括对公存款、个人储蓄、其他存款等，是否按规定的计息范围和利率计付利息，有无错记、漏记、随意变动利率、减少和增加利息、支出及弄虚作假、转移利息等问题。

1. 对公存款利息支出审计。主要审查对吸收的各项单位存款是否按规定的计息范围、利率档次及计息方法定期结计利息，有无扩大计息范围、提高利率档次等问题；各存款户的利息计算是否正确；利息支出账户的支出数与转入存款单位账户的利息数是否相符，有无虚支转移和现金支付利息等情况。

2. 储蓄存款利息支出审计。主要审查对吸收的活期、定期储蓄是否根据不同的储蓄种类和存期按照规定的利率档次计付利息；对定期储蓄的提前支取和过期支取，是否按《储蓄管理条例》的规定计息；各种储蓄存款利息计算是否正确；利息支出是否按规定办理支付手续；定期储蓄是否按规定正确提取应付未付利息，实际支出时是否全部转入应付利息账户，有无虚增利息支出的情况等。

3. 其他利息支出审计。主要审查除上述存款利息支出外的其他存款利息支出。如个体存款利息支出、金融债券利息支出及信托存款利息支出等，是否按规定的利率和计息方法正确计付利息，有无多付、少付、虚付、转移和私分等问题。

（二）金融机构往来支出审计

金融机构往来支出是指金融机构系统内、金融机构相互之间以及与中央银行之间资金往来而支付的利息，包括联行往来支出、系统往来支出、同业往来支出、中央银行往来支出等。审计时，主要看金融机构往来的各种利息支出是否按规定的利率和方法计付利息。例如，对于采用主动计付利息的和对方主动划收利息方法计算的利息，审查其计算是否正确，是否及时核对，有无多记、错记等情况；支付利息的账务处理是否正确，有无虚列支出等问题。

（三）手续费支出审计

手续费支出是指金融机构支付给其他受托单位代办业务的费用，如储蓄代办手续费支出以及其他手续费支出等。审计时，应重点检查被审计单位支付给代办储蓄或其他业务的单位和个人的手续费是否按下列规定办理。

（1）代办储蓄手续费按代办储蓄存款年平均余额的 1% ~ 2% 控制使用。主要用于：支付代办劳务费、对代办人员的表彰、奖励以及按规定支付的其他费用。应付代办手续费一律以代办单位（或人员）吸收储蓄存款的上月平均余额为基础划分档次，分档计付，控制比例随余额的增加相应递减。在计算代办储蓄平均余额时，应扣除金融机构工作人员在代办单位的储蓄业务中从事吸储、复核和管理工作应分摊的储蓄存款余额。

（2）其他业务手续费按规定的标准支付。例如，代办放款手续费，按实收利息金额的 10% 以内计付；收回已核销的贷款，由各金融机构省以上管理单位在收回本息金额的 5% 以内具体规定；代办保险业务手续费，应按保费收入的规定比例控制使用（国内险种业务按 5%，涉外险种业务按 4% 等）。

（四）营业费用审计

营业费用是指金融机构在业务经营及管理过程中发生的各项费用。该费用的内容多、范围大、政策性强，是财务管理和财务审计的重点内容。审查时可按费用项目（即营业费用科目明细账）逐户、逐项审查，也可按费用的性质，分为个人费用、公用费用和业务性费用等分类进行审查。

1. 对个人费用支出审计。个人费用是指职工工资、劳动及待业保险费、劳动保护费、职工福利费、职工教育经费和工会经费等用于个人方面的费用支出。审计时，主要检查各项个人费用支出是否按规定如实列支，如职工工资是否根据企业劳动工资计划和有关政策规定发放，有无扩大工资范围，扩大工资开支标准等问题；职工福利费、工会经费、职工教育经费等是否按规定比例计提和使用，有无多提、重提、先用后提等情况。

2. 对公用费用支出审计。公用费用是指外事费、安全防卫费、车船燃料费、取暖费、水电费、差旅会议费、宣教费、低值易耗品购置费、修理费、咨询费、绿化费和公杂费等费用支出。检查时，主要看各项公用费用是否按规定正确列支，有无私自扩大开支范围、提高开支标准、铺张浪费、变相发放钱物、挤占成本等情况。

3. 对业务性费用支出审计。业务性费用是指业务招待费、电子设备运转及科研费、业务宣传费、会计出纳费、印刷及用品费、钞币运送费、邮电费、租赁费、资产摊销费和税金等各项费用的支出。检查时，主要看是否按规定如实列支，有无弄虚作假、巧立名目、变相列支等问题。例如，业务招待费的实际发生额是否突破控制比例；业务宣传费是否在规定的比例内掌握使用；其他费用的列支是否真实、符合有关规定，有无错记、漏记和多记等问题。

4. 对汇兑损失审计。汇兑损失是指金融机构进行外汇买卖和外币兑换业务而发生的损失。审查时，主要看汇兑损失的计算是否真实，损失的原因是否清楚，账务处理是否正确，有无虚假支出，未经追查或未经批准，乱列项目，扩大成本的问题。

（五）其他营业支出审计

其他营业支出是金融机构在办理金融业务时，发生的不属于上述成本内容的各项营业性支出。包括固定资产折旧、呆账准备金等。审计时应注意列支范围及会计处理是否正确。具体包括以下内容。

（1）固定资产折旧支出。要检查计提折旧的范围是否正确；提取折旧时固定资产原值、折旧年限、净残值率各要素的确定是否正确；计提折旧的方法是否正确，是否坚持了一贯性原则。

（2）对呆账准备金进行检查时，应注意一般呆账准备、专项呆账准备、特种呆账准备是否按规定比例进行提取，提取的呆账准备金是否计入了当期损益。

九、营业外支出审计

营业外支出是指与金融机构业务经营无直接关系的各项支出。包括固定资产盘亏、处置固定资产净损失、处置无形资产净损失、结算赔款支出、抵债资产保管费用、处置抵债资产净损失、债务重组损失、计提的无形资产减值准备、计提的固定资产减值准备、出纳短款损失、罚款支出、捐赠支出、非常损失等。审计的重点内容主要为以下几项。

1. 出纳短款支出审计。首先，要确认短款支出是否属于按出纳制度规定，并经批准核销的出纳短款。判别出纳短款的原因是外部还是内部，分析是技术性原因还是窃取贪污。损失款项必须在明确肯定上述性质的前提下，才符合核销的条件。其次，对已报损的款项要审核是否在各级核批权限内，手续是否齐全。

2. 非常损失支出审计。非常损失款项一般指因意外事故造成的经济损失，按规定批准支出的款项。首先，要检查其是否落实了经济损失的具体原因，并追究其直接责任者及主管人员的责任；其次，报损款项是否符合资金和财产多缺处理的权限。另外，除客观原因外，主观上是否为防止类似事件发生积极采取措施。

3. 结算赔款支出审计。检查时，要注意此项支出是否属于被审计单位在办理支付结算业务过程中，按支付结算制度规定经批准赔款的款项。要依据赔偿的书面材料，审查其是否属于该金融机构赔偿的范围。审批赔偿是否按规定权限，赔偿款项是否确实转入了客户的账户。如属于制度不健全和操作中的漏洞，应检查是否已采取了改进措施。

十、应收款项审计

对应收款项进行审计，主要是对应收款项内部控制的可行性，应收款项收付业务的合理性、合法性、可靠性及应收款项处理的适当性的检查。

1. 应收利息审计。应收利息是金融机构在权责发生制下，应向客户收取但尚未实际收到的利息。检查时应从以下几个方面进行。

（1）应收利息的计算是否正确。通常可以采取抽样调查的方法，抽查各类贷款在计收利息的过程中，是否正确执行国家利率政策和有关规定，贷款本金、利率、期限有无差错；是否严格执行了权责发生制，对应收未收的部分是否在账务上进行了正确反映。

（2）逾期贷款的利息应转入表外核算。根据有关规定，逾期 90 天以上的贷款，其应收利息转入表外核算，检查时应注意被审计单位在期限的把握上是否正确，有无利用将正常的应收利息计入表外以调节当期损益的情况。

（3）检查贷款应收利息的核销是否合规。应注意核销的应收利息是否符合坏账损失的条件，审批手续是否完备；核销的内容与批准文件是否一致，有无任意核销应收利息的情况；同时，检查账务处理，注意其使用的会计科目是否正确。

（4）检查确认为坏账的应收利息的收回核算情况。已核销的应收利息收回时应计入其他营业收入。检查时应注意其是否如实地反映了收回的已核销应收利息，科目使用是否正确，有无列入其他科目核算或不入账而进入"小金库"的情况。在具体审计时，如只从被审计单位入手难度较大，必要时可延伸到借款单位去调查。

2. 其他应收款审计。其他应收款是指金融机构应收、暂付其他单位或个人的款项。包括各种应收的赔款、罚款，按规定垫支的职工差旅费，储蓄业务备用金，应收、暂付上级单位和所属单位的款项，待处理出纳短款，错账损失以及其他应收、暂付的款项等。金融机构应按款项类别和单位、个人进行明细核算。其他应收款核算的内容较多，是比较容易隐藏问题的科目，通常都是金融审计工作的重点。检查时应从以下几个主要方面进行。

（1）检查是否严格控制其他应收款的列账范围。各种应收、暂付款项是否都是正常业务经营过程中所发生的临时性占款，有无将基本建设开支、购置固定资产开支、职工福利支出及非营业性的垫款等计入了其他应收款；或将一些不合理的支出暂挂在其他应收款账户；或在其他应收款账户中从事放款业务。

（2）检查其他应收款是否坚持进行审批。除业务性的过渡款项可按有关规定办理外，其他占款应由有关部门提出凭据和意见，按程序经过审批后列账。检查时应注意审批手续是否完备，有无未经过批准随意列账的情况。

（3）检查其他应收款是否真实。其他应收款是否按债务人进行分户核算，债务人是否确实存在，金额是否正确，是否列明债务人；对没有明确的债务人的应收款，应查明原因，并可通过检查原始支付凭证来明确债务人；对大额的、长期挂账的应收款可采取发函询证的方法，以便从外部取得其他应收款是否真实准确的有力证据。

（4）检查是否建立催收制度，经常进行清理。各种应收款应当及时清算、催收并与对方进行对账；对长期未能收回的其他应收款，应查明原因，看其有无利用长期挂账来达到挪用公款的目的的情况。

对应收账款进行审计的常用方法有：①常规检查。就是将应收账款明细账余额与总分类账余额进行核对，将应收账款的账、表、单证相互核对，看其是否相符。②逐户检查。就是按应收账款的明细账户逐户查明应收账款数额的大小，时间的长短，付款方式、客户与被审计单位是否属于正常的业务往来等。③编制应收账款账龄计算表。就是通过编制应收账款账龄计算表，来分析各种应收账款的可收回金额，未收回账款的原因，并据以检验呆账备抵的合理性。④发函询证应收账款。就是通过向被审计单位的债务单位或有关人员直接发函询证有关应收账款余额，据以从外部取得应收账款真实性、正确性的有力证据。

十一、应付款项审计

应付款项是指债务已经确立，应向债权人支付的各种款项的总称。对应付款项的审计，主要也是对应付款项的合理性、合法合规性、可靠性及应付款项处理的适当性进行检查。

1. 应付利息审计。应付利息是指金融机构吸收的各项存款，按照权责发生制的原则，计提的当期应付未付利息。检查时应注意以下几点。

（1）检查应付利息预提的范围是否正确。按照有关规定，凡1年期以上（含1年）的单位定期存款和个人定期储蓄存款均应预提应付利息，在核算上，"应付利息"科目分别设"单位定期存款利息户""定期储蓄存款利息户"。检查时应注意有无应该预提而没有预提，到期利息支付时直接从成本中列支的情况，因为这样处理不符合配比原则，会造成损益的不真实，这是目前金融机构较为普遍存在的问题；有无扩大预提范围，多提应付利息的问题；或虽已预提，但实际发生时又直接从成本中列支以调节当期损益的情况。

（2）检查利息的计提方法是否正确。检查时，首先应注意被审计单位是否按不同的定期存款种类、期限分别计提应付利息，有无将不同种类、不同期限的定期存款放在一起计提的情况；其次，检查利率的使用是否正确，有无擅自提高或降低利率的情况，如遇利率调整，更应注意利率的适用情况。

2. 应付工资审计。应付工资是金融机构一定时期内应付给职工的工资总额。审计时应注意以下两点。

（1）工资计算和发放的检查。首先，检查工资总额的组成内容是否与国家规定的内容一致，有无漏记或多记工资项目；其次，检查应付工资中各个项目的计算是否准确，标准是否符合有关规定，有无超标准发放工资等情况；最后，注意各种代扣款项计算是否正确，会计处理是否得当。

（2）工资费用分配的检查。按照权责发生制的原则，在月内发生的全部工资，不论当月是否全部发放，都应通过应付工资科目核算，计入当期成本。检查时应注意是否存在提前分配、推迟分配或重复分配的问题，是否存在以工资的分配来调节当期损益的情况。

3. 应付福利费审计。应付福利费是金融机构按规定标准（现行职工福利费按职工工资总额的14%计提）提取尚未支用的职工福利资金。主要用于支付职工医药费，医务人员工资，医务经费，职工困难补助，职工浴室、理发室、托儿所、幼儿园的人员工资和集体福利设施支出，支付独生子女保健费等。检查时应注意以下两点：一是提取时其工资总额的构成内容是否合理正确，提取标准是否符合国家规定，有无扩大提取范围和提高提取标准、多提福利费的情况；二是应付福利费的使用范围是否符合有关规定，是否进行了审批，有无变相增加工资津贴等私分公款的情况。

4. 应缴税金审计。应缴税金是金融机构在一定时期，按税法规定计提应向国家缴纳的税款，在提取以后、交付以前形成的一项负债。金融机构应缴纳的税款有：教育费附加、城市维护建设税、所得税、房产税、车船使用税、城镇土地使用税等。凡应缴纳的各种税金，在会计核算上都要通过应纳税金科目处理。检查时应注意各项税款的计提是否正确，是否在规定的科目中列支，有无错列的情况；应缴税金是否及时缴纳，有无拖欠税款或偷税、漏税等情况。

5. 应付利润审计。应付利润是金融机构应付给投资者的利润，包括应付国家、其他单位及个人投资者的利润。根据规定，金融机构应按有关规定、协议和合同，按时计算和支付投资利润。检查时应注意以下几点。

（1）检查其是否按规定的利润分配顺序来分配利润，应付利润的计算是否正确，有无多提多分的情况。

（2）检查应付利润的支付情况。检查实际支付的数字与计提的数字是否一致，有无弄虚作假，少给投资者分配利润的情况，利润是否按规定付给了投资者，有无借分配利润的名义转移利润的情况。

6. 其他应付款审计。其他应付款是指金融机构应付、暂收其他单位或个人的款项。包括职工未按期领取的工资、应付暂收上级单位和所属单位的款项、应付退休职工的统筹退休金、待处理出纳长款、待处理错账、清算退票以及其他应付暂收款项，应缴纳的教育费附加、能源交通重点建设基金与预算调节基金也属于其他应付款的内容。检查时应注意以下几点。

（1）是否严格控制其他应付款的列账范围，是否是正常业务引起的各种应付、暂收款项。

（2）其他应付款有无确切的付款对象，有无虚构债权人、虚构债务，以及截留收入隐藏在该账户中的情况，必要时可对大额、长期挂账的其他应付款进行函证。

（3）是否经常对其他应付款进行清理，保证偿还，对长期不清的应付款项，应查明原因，无法支付的款项应及时转入营业外收入。

十二、预提费用审计

预提费用是金融机构在权责发生制下预先提取但尚未实际支付的各种费用。如预提的租金、保险费、固定资产修理费等。检查时应注意以下几点。

（1）预提费用的提取是否合理。预提费用应按费用种类设置明细账，检查每个种类是否确实需要，是否符合收入与费用相配比的原则，并结合费用计划检查预提费用的预提依据，预提的期限、数额、计算等是否正确，有无多提、少提或随意预提的情况，或已经预提，但在发生时又重复计入成本，将预提费用作为调节损益的一个手段的情况。

（2）预提费用的使用是否正确。检查预提费用的使用是否经过了一定的审批手续，与预提费用的目的是否一致，与费用计划是否有差异并分析差异形成的原因；检查差异的会计处理是否得当，如果已预提的数字小于实际支付数，其差额应计入成本，如果预提数大于实际支付数，多提的费用应冲减成本；检查有无长期只提不付，久悬账而不结，造成成本和利润不真实的情况。

十三、利润审计

金融机构按年度轧算财务成果，一个经营年度的利润总额由营业利润、投资收益、营业外收支净额（即营业外收入与营业外支出相抵后的差额）构成。其中，营业利润是在一定时期内经营性获利能力的重要指标，是一定营业周期内进行业务经营所取得的收入超过所发生支出的差额部分。用公式表示为

$$利润总额 = 营业利润 + 投资收益（减投资损失）+ 营业外收支净额$$

营业利润是营业收入减去营业成本再减去税金及附加，加上其他业务利润，减去营业费用后的数额。

投资净收益是金融机构对外投资所取得的收益，减去发生的投资损失和计提的投资减值准备后的净额。

营业外收支净额是营业外收入与营业外支出的轧差额。

轧算出利润总额后，需根据利润总额并按规定的所得税税率计算应缴所得税税额，并计算出净利润。净利润就是利润总额减去所得税后的差额。用公式表示为

$$净利润 = 利润总额 - 所得税$$

1. 利润真实性审计。对利润真实性的审计，主要从利润形成的各个因素，即营业利润、投资收益、营业外收支净额等几个方面逐项核实，这里应注意审查被审计单位如何依据税法对应纳税所得的调整。

（1）税前弥补亏损是否符合规定。按照国家规定，金融机构在计算缴纳所得税时如以前年度发生亏损，可以用税前利润补亏，但连续补亏的年限不得超过 5 年。检查时应注意是否是在规定的年限内补亏。

（2）是否按照国家有关规定，在缴纳所得税前增减有关收入或支出项目。如为了避免金融机构对外投资分得的利润、股利等投资收益重复纳税的调整。

2. 投资收益审计。金融机构投资收益是指通过对外投资所获得的收益，如利息、股利、利润等。具体来说，就是金融机构对外投资货币资金或实物、无形资产而分得的利润，以及联营、合作分得的利润。如购买有价证券而获得的利息收入和股利等。

审计时，应注意以下内容。

（1）金融机构的投资收益要单独反映，不得计入营业收入，不得与投资损失相抵销；

（2）是否如实反映对外投资所取得的收益，有无隐瞒、转移等问题；

（3）出售经营性证券以及中途出售投资性证券而获得的收益是否计入了投资收益，投资收益是否完整；

（4）金融机构取得的投资收益如是税后利润，在计算应缴所得税时，是否从本期利润中扣除，以免出现重复纳税现象。

3. 亏损审计。按照利润总额计算公式测算出的结果如果表现为负数，则说明该金融机构的经营结果是亏损。按财务制度规定，金融机构如果发生年度亏损，可以用下一年度的利润在所得税前弥补，下一年度利润不足弥补，可以在 5 年内连续弥补。5 年内不足弥补的，用税后利润弥补，税前税后弥补利润的方法是相同的，只是应当注意金融机构在申报缴纳所得税时，税前利润补亏金额可以作为应纳税所得额的调整数，而税后利润弥补亏损金额则不能作为调整数。检查时，首先应通过对构成利润总额的各项因素的查实，来确认亏损是否真实，有无弄虚作假现象，然后看被审计单位用于弥补以前年度亏损的金额是否超过以前年度实际亏损金额，5 年后用于弥补以前年度亏损的利润是否为税后利润。

十四、利润分配审计

1. 利润分配顺序。根据《金融保险企业财务制度》规定，金融机构缴纳所得税后的利润，即当年实现的净利润，加上年初未分配利润，为可供分配的利润。应按以下顺序分配。

（1）抵补已缴纳的在成本和营业外支出中无法列支的有关被罚和被没收的财物损失，延期缴纳各种税款的滞纳金和罚款以及少缴或迟缴中央银行准备金的罚款。

（2）弥补以前年度亏损（以前年度亏损连续 5 年未弥补完的部分，需从当年税后利润中弥补）。历年提取的法定盈余公积金和任意盈余公积金也可以用于弥补亏损。

（3）提取法定盈余公积金。法定盈余公积金按税后利润（减弥补亏损）的 10% 提取，法定盈余公积金累计达到注册资本的 50% 时，可不再提取。

（4）提取公益金。以前年度亏损未弥补完不得提取盈余公积金和公益金。

（5）向投资者分配利润。其中，股份有限公司按下列顺序分配：①支付优先股股利；②提取任意盈余公积金，任意盈余公积金按照公司章程或股东会议的决议提取和使用；③支付普通股股利。有限责任公司应当提取税后利润5%的法定公益金。

2. 利润分配审计。对利润分配的审计，应注意以下几个方面的内容。

（1）审查被审计单位税后利润的分配顺序是否符合国家规定，有无在利润分配中违反国家规定，首先提取公益金和向投资者分配利润的情况。

（2）审查被审计单位提取法定公积金和公益金的比例是否合规，所提法定公积金除按照规定转增资本金和弥补亏损外，有无用于职工福利或向投资者分配等情况；当法定盈余公积金累计尚未达到注册资本的50%时，有无擅自停止提取法定公积金，以便多提公益金和向投资者多分配利润的情况；同时，审查金融机构（股份有限公司除外）是否存在当年无利润仍向投资者分配利润的情况。

（3）审查被审计单位有无将被没收的财物损失、支付各项税收的滞纳金和罚款以及中央银行对其因少缴或迟缴准备金的加息混同赔偿金、违约金列入营业外支出、偷漏税收的情况等。

第四节　金融财务报告审计

一、资产负债表审计

资产负债表是总括反映金融机构会计期末全部资产、负债和所有者权益等财务状况的会计报表。编制本表是为了反映金融机构资产、负债和所有者权益的增减变动以及各项目之间的相互关系；检查资产、负债和所有者权益的构成是否合理，考核各项资金计划的执行结果。

资产负债表的审计，主要是证实资产负债表所反映的财务状况的真实性、合法性和公允性，其审计要点如下。

1. 审查资产负债表应填列的内容是否齐全，对表中未填项目应查证是遗漏还是该项业务确未发生。

2. 审查资产负债表的小计、合计和总计数是否正确；资产总额是否等于负债总额和所有者权益总额的合计数。

3. 审查资产负债表"年初数"栏内各项数字的填列是否与上年度资产负债表"期末数"栏内所列数字一致。如果本年度资产负债表规定的各个项目的名称和内容同上年度不一致时，是否对上年末资产负债表各项目的名称和数字按照本年度的规定进行相应的调整。

4. 审查资产负债表各项目的数据来源是否真实可靠。审查时主要根据账表核对来查证。对根据总分类账户余额填列的项目，应与总分类账余额试算表有关项目进行核对；对汇总、抵销或分析填列的项目，应根据总分类账余额相加或相减及分析计算出的数额进行核对；对根据明细分类账余额填列的项目，应根据明细分类账期末余额，或余额与有关项目相加后的数额进行核对。

5. 审查资产负债表所附补充资料的数据是否可靠。如代保管证券、抵押品等，可与有关表外科目登记簿核对，或通过账实核对进行查证。

6. 根据资产负债表内有关项目进行分析比较，审查资产占用结构是否合理，各种负债的比例是否合理；审查所有者权益的构成；审查企业的偿债能力；评价金融机构财务状况的优劣及其未来的财务发展趋势等。

二、利润表及利润分配表审计

（一）利润表审计

利润表是反映金融机构一定时期经营成果（利润或亏损）的会计报表。编制本表是为了考核金融机构利润（或亏损）计划的执行结果，分析盈亏增减变化的原因。因此，审计利润表主要是审查其反映的经营成果的真实性和公允性，其审计要点如下。

1. 审查利润表填写的内容是否齐全。

2. 审查利润表的编制是否符合会计制度的规定。企业的利息收入、金融企业往来收入、手续费收入、证券销售差价收入、证券发行差价收入、租赁收益、汇兑收益、其他收入的确认是否符合会计制度的规定；利息支出、金融企业往来支出、手续费支出、营业外支出、汇兑损失、其他营业支出是否有违反财务制度的情况；投资收益是否按规定处理。对潜在的营业收入与收益以及不能确定的收益数，不能包括在净收入中。

3. 复核利润表有关项目的计算是否正确。复核主要根据以下公式进行：

$$净利润 = 利润总额 - 所得税$$

$$利润总额 = 营业利润 + 投资收益 + 营业外收入 - 营业外支出$$

$$营业利润 = 营业收入 - 营业支出 - 税金及附加$$

4. 审查利润各项目的数据来源是否真实可靠。如"本年数"栏是否根据各项目本年累计实际发生数填列；如果本年度利润表的项目名称和上年度内容不相一致，是否对上年度报表项目的名称和内容按本年度的规定进行了调整。也可对各种凭证进行必要的检查和抽查，对各种财产物资和往来款项进行全面或局部的清查，以确认提供的信息是否真实可靠，数据是否准确。

5. 审查利润表各项目的数据与上年相比有无异常情况，对差异较大的项目应重点审查。

6. 审查经营成果指标的完成情况。金融企业的经营成果指标，主要包括利润率、资本金利润率、成本率、费用率等。

利润率，即金融机构利润总额同全部营业收入的比例。其计算公式为

$$利润率 = （利润总额/营业收入） \times 100\%$$

资本金利润率，是用来说明金融机构利润总额同全部资本金的关系，表明金融机构拥有的资本金的盈利能力。其计算公式为

$$资本金利润率 = （利润总额/资本金） \times 100\%$$

成本率，即金融机构总成本与营业收入的比例。它表明金融机构为取得营业收入而耗费成本支出的关系。其计算公式为

$$成本率 = （总成本/营业收入） \times 100\%$$

费用率，是指金融机构的业务管理费占其收入的比例。由于金融机构往来和系统内部资金调拨具有一定的调节性，故营业收入应剔除金融机构往来利息收入这一因素的影响。其计算公式为

费用率＝［业务管理费/（营业收入－金融机构往来利息收入）］×100%

此外，审计人员还可根据实际情况，采用上述指标以外的其他指标对企业的财务状况和经营成果进行审查和评价。

（二）利润分配表审计

利润分配表是利润表的附表，它是反映金融机构利润分配的情况和年末未分配利润结余情况的会计报表。利润分配表主要是按国家、金融机构、投资者的顺序具体来说明金融机构实现利润的分配情况和结余情况的。利润分配表审计的目的是要督促金融机构按规定分配利润，以维护投资者及其债权人的利益，其审计要点如下。

1. 审查利润分配表应填列的内容是否齐全。

2. 复核表内数字计算是否正确。

3. 审查表内数字来源的真实性和可靠性。主要审查"本年实际"是否根据当年的"本年利润"及"利润分配"科目及其所属明细科目的记录分析填列；"上年实际"是否根据上年"利润分配表"填列。

4. 审查表内各项内容的合规性、合理性及一致性。（1）"利润总额"项目，反映企业全年实现的利润，应结合"利润表"的审查，查明企业实现的利润是否真实存在，有无弄虚作假、人为调节利润的问题。还应注意审查本项目的数字与"利润表"上的"利润总额"项目的"本年累计数"是否一致。（2）"应缴所得税"项目，反映企业本年利润应缴的所得税情况。应查明所得税的计算是否正确，有无偷税、漏税的情况。（3）"年初未分配利润"项目，反映企业上年年末未分配的利润。审查时要注意本项目的数字应与上年利润分配表"未分配利润"项目的"本年实际"数一致。（4）"盈余公积补亏"项目，反映企业用盈余公积弥补亏损的情况，要注意审查弥补亏损的真实性和合理性。（5）"提取盈余公积"项目，反映企业提取的盈余公积情况。审查时应注意提取的比例是否符合规定，计算是否准确。（6）"应付利润"项目，反映企业应付给投资者的利润情况，要注意审查有无虚假现象。

三、现金流量表审计

现金流量表是综合反映金融机构在一定会计期间内现金收入和现金支出情况的会计报表。编制现金流量表的目的，是为会计报表使用者提供金融机构一定会计期间内现金及现金等价物流入和流出的信息，以便会计报表使用者了解和评价金融机构获取现金及现金等价物的能力，并据此预测金融机构未来的现金流量。

（一）现金流量表审计的特点

现金流量表审计与其他财务会计报告的审计相比，有其自身的特点。

1. 现金流量表审计直接依赖于资产负债表和利润表的审计结果，这是由现金流量表本身的编制基础所决定的。由于现金流量表是基于资产负债表和利润表，借助于业务资料的分析和整理进行编制的，所以现金流量表审计也就必须以资产负债表审计和利润表审计为基础。在审计实务中，具体表现为先审计资产负债表和利润表，而后审计现金流量表。如果不对资产负债表和利润表进行审计，就不能进行现金流量表审计。

很显然，现金流量表审计直接依赖于资产负债表和利润表的审计结果。

2. 现金流量表审计立足于收付实现制原则。由于资产负债表和利润表的编制应遵循权责发生制的原则，所以资产负债表和利润表的审计，必须立足于权责发生制原则进行审查。而现金流量表则不同，其在编制上遵循收付实现制原则。从某种意义上说，现金流量表实际就是基于资产负债表和利润表以及相关业务资料进行权责发生制向收付实现制的转换。由此，也就决定了现金流量表审计必须立足于收付实现制的原则进行审查。

3. 在审计方法方面。由于资产负债表和利润表都是按会计要素各自形成它们的结构和内容，对这些报表的审计，需要分别按照资产、负债、所有者权益或收入、费用、利润等系统，运用相应的审计方法进行审查取证。而现金流量表的内容是集中资产负债表和利润表内容加以综合反映的，所以对现金流量表的审计则依据资产负债表和利润表中有关项目的审查结果，主要采用审阅、核对、计算（验算）、分析性复核等方法。

4. 在审计重点方面。资产负债表和利润表的审计，侧重于对表中项目的真实性、正确性等进行审查；而现金流量表审计，则不必再对其项目的真实性进行审查，只侧重于对表内项目的编制方法的正确性进行审查。由此，需要结合具体经济业务资料，或者索取编制现金流量表的工作底稿或丁形账户，对每一项目都要进行验算、核对和分析等。

（二）现金流量表审计要点

1. 审查现金流量表的合规性。审查现金流量表的合规性，主要是对现金及现金等价物的标准、现金流量的分类、现金流量表的报表格式、结构、项目属性及排列和补充资料项目等是否合规进行审查。

现金流量表所定义的现金包括现金及现金等价物。现金被界定为：库存现金以及可以随时用于支付的各项存款。现金等价物被界定为：企业持有的期限短（一般为从购买日起三个月到期）、流动性强、易于转换为已知金额现金、价值变动风险很小的投资，比如短期债券投资等。

现金流量分为三大类，即经营活动产生的现金流量、投资活动产生的现金流量和筹资活动产生的现金流量等。这三类现金流量构成了现金流量表的大类项目。在现金流量表的格式要求上，实际上分为两大部分：一是主表部分按直接法要求的格式；二是附注部分即补充资料部分，按间接法要求的格式。

在现金流量表具体项目设置和排列上，立足于收付实现制原则，依据现金及现金等价物标准，对现金流量的大类进行更加具体的流入、流出反映。若报表格式与有关会计制度规定的参考格式中的项目及排列有变动，则审计人员必须分析审查其变动项目的合理性和适用性。

2. 审查现金流量表表内项目的正确性。审查现金流量表表内项目正确性的内容如下。

（1）对表内差额计算、合计、总计进行复核计算。例如，对经营活动、投资活动、筹资活动产生的现金流入、流出小计；经营活动、投资活动、筹资活动产生的现金流量净额等进行复核性计算。

（2）对报表的各种勾稽关系进行审查。例如，从表内的勾稽关系来看："经营活动产生的现金流量净额"等于"经营活动产生的现金流量净额"；"现金及现金等价物净增加额"等于"现金及现金等价物净增加额"等。从现金流量表与资产负债表和利润表的勾稽关系来看：现金流量表附注中的"净利润"等于利润表中的"净利润"等。

（3）对表内项目的填列方法进行审查。在审查时，可以按照各项目的性质和内容进行分析、核对和验算，也可以索取编制现金流量表的工作底稿或者 T 形账户，对编制现金流量表的调整分录进行分析、复核和验算等，但一般多采用前一种方式。其具体内容又包括三部分，第一，核对和验算经营活动产生的现金流量项目；第二，核对和验算投资活动产生的现金流量项目；第三，核对和验算筹资活动产生的现金流量项目。

（4）审查和核对附注中的补充资料项目的正确性。

3. 审查和分析现金流量表所提供财务信息的可信性。现金流量表主要是提供金融机构某一会计年度现金流入和现金流出的信息，以及按收付实现制提供金融机构经营活动、投资活动和筹资活动等的信息。所以，通过现金流量表要能够进行如下评价：其一，评价金融机构产生现金净流量的能力及原因；其二，评价金融机构偿债能力、支付股利的能力以及对外筹资的需要；其三，评价净收益与相关的现金流量差异的原因；其四，评价会计期间内与现金有关和无关的投资、筹资业务对金融机构财务状况的影响等。

对现金流量表提供财务信息的分析和评价，从审计的角度考察，可侧重于以下几个方面。

（1）对金融机构产生现金流量的能力进行评价。现金流量表利用显示金融机构经济活动的连续性和重复性，对未来的各项财务预测具有重要的作用。因此，对现金流量表所提供的财务信息进行审查时，应尽可能取得连续数年的现金流量表，以进行连续性的趋势分析。通过分析，可以评价金融机构各类现金流量指标的上升或下降趋势，并进一步分析其原因。

（2）结合资产负债表对金融机构支付能力、偿债能力进行评价。在资产负债表审计中已对金融机构的偿债能力进行评价，在此，还应利用现金流量表中的信息作进一步的补充评价。评价时，可运用以下指标：

①现金流量对流动负债的比率。其计算公式为

$$现金流量对流动负债的比率 = 现金流量/流动负债$$

该指标可以反映金融机构短期偿债能力。

②现金流量对债务总额比率。其计算公式为

$$现金流量对债务总额比率 = 现金流量/（流动负债 + 长期负债）$$

该指标可以反映金融机构总债务的偿还能力及保证程度。

③股利支付率。其计算公式为

$$股利支付率 = 股利支付额/现金净流量$$

该指标可以反映金融机构用现金支付股利的能力。

（3）对财务状况影响的评价。金融机构投资和理财活动对经营成果、财务状况的影响分析是多方面的。在现金流量表审计中，可侧重于以下指标进行简单的评价。

①营运指数。其计算公式为

$$营运指数 = 净利润/经营活动现金净流量$$

该指标反映金融机构经营活动获取现金的能力及整体经济效益。

②折旧影响系数。其计算公式为

$$折旧影响系数 = 固定资产折旧/经营活动现金净流量$$

该指标反映金融机构经营活动产生的现金流量中通过固定资产折旧获取现金流量的比重。

四、会计报表附注审计

审计会计报表附注的目的，主要是找出被审计单位存在的问题或风险的线索，从而确定财务会计报告的真实性和可靠性以及确定进一步审计检查的重点。

一般来说，会计报表附注披露得越详细，财务会计报告就可能会越真实。因此，对会计报表附注的审计重点主要是其披露信息的详细程度。

在审计会计报表附注中披露事项时，应当重点关注以下内容。

1. 会计报表编制基准不符合会计核算基本前提的说明：（1）会计报表不符合会计核算基本前提的事项。（2）对编制合并会计报表的金融企业，应说明纳入合并范围的子公司的名称、业务性质、注册地、注册资本、实际投资额、母公司所持有的权益性资本的比例及合并期间。报告期纳入合并范围的子公司有增减变动的，还应说明增减变动的情况以及合并范围变动的基准日。对纳入合并范围但母公司持股未达到50%以上的子公司，应说明纳入合并范围的原因。

2. 重要会计政策和会计估计的说明：（1）贷款的种类和范围。（2）计提贷款损失准备的范围和方法。根据个别款项的实际情况认定的准备，应说明认定的依据，如根据对借款人还款能力、财务状况、抵押担保充分性等的评价。（3）回售证券的计价方法、收益确认方法。（4）收入确认原则。（5）对于外汇交易合约、利率期货、远期汇率合约、货币和利率套期货币和利率期权等衍生金融工具，应说明其计价方法。（6）会计年度、记账本位币、记账基础和计价原则、外币业务折算方法、外币报表折算方法、现金等价物的确定标准、合并会计报表的编制方法、短期投资核算方法、坏账核算方法、存货核算方法、长期投资核算方法、固定资产计价和折旧方法、在建工程核算方法、委托贷款计价以及委托贷款减值准备的确认标准及计提方法、无形资产计价及摊销政策、长期待摊费用的摊销政策、借款费用的会计处理方法、应付债券的核算方法、收入确认的方法和所得税的会计处理方法等。

3. 重要会计政策和会计估计变更的说明。

4. 或有事项和资产负债表日后事项的说明。

5. 关联方关系及其交易的披露。

6. 重要资产转让及其出售的说明。

7. 金融企业合并、分立的说明。

8. 会计报表中重要项目的明细资料：（1）分类列示存放中央银行款项，披露计算依据。（2）按存放境内、境外同业披露存放同业款项。（3）按拆放境内、境外同业披露拆放同业款项。（4）按贷款性质（如信用、保证、抵押、质押等）披露短期贷款。（5）按性质（如国债、金融债券回购）披露回购证券。（6）按信用贷款、保证贷款、抵押贷款、质押贷款分别披露不同期限的中长期贷款。（7）按信用贷款、保证贷款、抵押贷款、质押贷款分别披露贷款的期初数、期末数。（8）按贷款风险分类的结果披露贷款的期初数、期末数。（9）披露贷款损失准备的期初、本期计提、本期转回、本期核销、期末数，一般准备、专项准备和特种准备应分别披露。（10）按境内、境外披露同业拆入期初数、期末数等内容。

9. 有助于理解和分析会计报表需要说明的其他事项。

五、财务情况说明书审计

财务情况说明书是财务会计报告的主要组成部分。审计时，应结合资产负债表、利润表及利润分配表、现金流量表等会计报表以及会计报表附注的审查来进行，其审计的要点主要包括以下几个。

1. 审查财务情况说明书是否对金融机构的业务经营情况、利润实现及其分配情况、资金增减及周转情况、财务收支情况、税金缴纳情况、各项财产物资的变动情况等进行了明确的说明。

2. 审查财务情况说明书对金融机构所采取的主要财务会计政策、方法及其变动情况和原因以及对财务状况的影响是否进行了详细说明。审查时，应核实处理方法的变更情况和变更原因，测算其对财务状况和经营成果的影响额。

3. 审查财务情况说明书对资产负债表日后至报出期内发生的对金融机构财务状况有重大影响的事项是否充分披露。

4. 审查财务情况说明书对非经常性项目的说明是否明确；会计报表中有关重要项目的明细资料是否如实列明；对于其他有助于会计报表使用者理解和分析报表所需要说明的事项是否已详细说明等。

第五节　金融会计档案安全审计

一、会计档案保管审计

银行会计档案应由会计人员按归档要求装订成册。然后，归档进行分类保管。当年会计档案，在会计年度终了后，由本银行会计部门保管一年。一年后，原则上应由会计部门编造清册，移交本银行的档案部门保管。各种会计档案的保管期限，应从会计档案所属会计年度终了后的次年 1 月 1 日算起，分为永久保管和定期保管两类。定期保管期限一般分为 15 年和 5 年期两种。会计档案保管的审计要点如下。

1. 检查会计档案有无专人负责管理，管理人员调动时，是否认真办理交接手续。

2. 检查会计档案保管是否设置专用保管库或保管箱，库房防火、防盗、防虫、防鼠、防潮等方面的设施是否完善，是否经常整理、翻晒。

3. 检查入库保管的会计档案是否装订成册，是否符合规格并登记有关会计档案登记簿，是否逐项编号，分类排列，加贴标签，做到妥善保管、存放有序、查找方便。

4. 检查各种会计档案名称和保管范围、保管期限是否按有关规定办理。定期保管的会计档案是否按不同保管年限，分门别类管理，有无任意缩小保管范围或缩短保管期限的情况。

5. 检查永久保管的会计档案是否设有专橱，专柜或专箱，并分门别类保管。在银行保管期满后是否按规定手续移交本行档案部门，由其一并移交当地档案馆保管。为了便于事后查考，会计部门是否在移交前复制了副本存查等。

二、会计档案调阅审计

调阅会计档案必须严格手续，在"会计档案调阅登记簿"中详细登记调阅档案的名称、日期、调阅人姓名及工作单位、调阅理由、归还日期等。本银行调阅，应经会计管理人员同意；外单位调阅应出具正式介绍信，并经银行领导批准。但会计档案原件原则上不得借出，如有特殊需要，必须报主管单位批准，原卷封不得拆散，并限期归还。会计档案调阅的审计要点如下。

1. 检查是否严格执行会计档案不准外借的基本规定，严格执行安全和保密制度，切实防止丢失和泄密。

2. 检查调阅档案是否按规定办理手续，有无经过授权人批准，调阅会计档案是否建立记录，登记"查阅会计档案登记簿"，是否将查阅日期、查阅单位和人员、介绍信、批准人以及经办人等作出详细记录，以备查考。

3. 检查内部调阅会计档案是否由调阅人出具借条经会计人员批准，有无调离银行进行查阅的情况。

4. 检查公安、检察、法院等执法部门处理案件需要查阅会计档案时，是否持有县以上主管部门的正式公文，经行长或主任批准；是否有专人在场陪同查阅，有无将档案交给查阅人放任不管或将原件抽出借走等情况。

三、会计档案移交审计

会计档案保管人员调动工作必须办理正式的交接手续。银行撤销、合并后的会计档案，随同银行的全部档案，办理移交手续后移交给指定单位。因此，对会计档案移交的审计，主要是检查其有关移交手续是否合规。

四、会计档案销毁审计

会计档案保管期满需要销毁时，必须由本银行档案部门提出销毁意见，会同会计部门严格审查，填制"会计档案销毁清册"，注明会计档案的类别、名称、册数、所属日期等，然后由银行领导指定档案部门和会计部门共同监销。"会计档案销毁清册"必须长期保存。会计档案销毁的审计要点如下。

1. 检查销毁清单所列内容，是否符合会计档案销毁范围，有无将未满使用年限或属于永久保管以及悬案尚待查清的会计档案予以销毁的现象。

2. 检查销毁的会计档案是否报经省、自治区、直辖市分行批准，由县支行或以上的行处负责销毁。

3. 检查销毁时是否由当地行行长或指定专人负责监销，销毁后，是否分别报当地档案机关和上级行备案等。

【拓展阅读】

中国光大集团股份公司 2014 年度资产负债损益审计结果
（2016 年 6 月 29 日公告）

根据《中华人民共和国审计法》的规定，审计署 2015 年对中国光大集团股份公司（以下简称光大集团）2014 年度资产负债损益情况进行了审计，对有关事项进行了延伸和追溯；重点审计了光大集团本部以及所属中国光大银行股份有限公司、光大证券股份有限公司、光大永明人寿保险有限公司、中国光大集团有限公司、光大金控资产管理有限公司、光大兴陇信托有限责任公司、中国光大实业（集团）有限责任公司（以下分别简称光大银行、光大证券、光大永明保险、光大香港、光大金控、光大信托、光大实业）共 7 家子公司。

一、基本情况

光大集团 2014 年重组后，下设 7 家一级子公司，业务范围涵盖银行、证券、保险、信托等多个金融领域及环保等实业领域。据合并财务报表反映，光大集团 2014 年底资产总额 29575.65 亿元，负债总额 27101.01 亿元，所有者权益 2474.64 亿元；当年实现营业收入 947.88 亿元，净利润 332.67 亿元。

审计结果表明，光大集团积极建立健全公司治理机制，完成改革重组，加快实施综合化经营，资产规模逐年增长，盈利水平不断提高，但在财务收支、重大决策制定和执行、业务经营、风险管控和廉洁从业方面也存在一些薄弱环节。

二、审计发现的主要问题

（一）财务收支方面

1. 2014 年，光大银行广州分行将应当列入"应收款项类投资"科目进行会计核算的业务列入其他科目，造成会计核算不准确，涉及金额3.52亿元；北京、济南、上海3家分行为完成年度利润考核指标，通过少计收入或多计支出调节损益3911.57万元；光大银行6家分支机构和光大证券在会议费中超范围列支日常营销等费用共计2416.17万元。

2. 2007年11月至2014年底，光大集团、光大银行和光大实业超出国家规定的上限，为职工多缴纳住房公积金共计7662.86万元，其中2014年731.79万元。

3. 2008年至2015年6月，光大银行、光大金控、光大证券及所属公司在工资总额外，为员工购买商业保险及发放就餐补助等共计6355.67万元，其中2014年1466.55万元。

（二）重大决策制定和执行方面

1. 2015年1月至8月，光大集团7家所属一级子公司按规定应上报集团研究的各类重大事项共计71项，实际仅上报14项。

2. 2013年10月，光大永明保险第25次公司董事会决定以10亿元的价格购置商业楼，集团派出参加上述会议及决策的董事未按规定向集团报告。

3. 2010年至2014年，光大香港部分重大事项未按规定以董事会会议方式决策，而是以书面决议方式由常驻香港的3位董事签署；光大香港所属中国光大控股有限公司和中国光大国际有限公司除重大人事任免上报光大香港审批外，重大决策事项均由各自董事会决策，与光大香港"三重一大"决策制度不符。

（三）业务经营方面

1. 2014年，光大银行杭州分行等6家分支机构违规向不符合贷款条件的项目、企业及个人发放贷款，涉及金额25.55亿元。

2. 2011年3月至2013年5月，光大银行北京分行等7家分支机构违规办理无真实贸易背景的票据、信用证业务，涉及金额26.62亿元。

3. 2012年至2014年，光大银行上海、杭州、广州3家分行未严格执行国家对小微企业的划分标准，将非小微企业的贷款计入小微企业贷款中，涉及金额13.81亿元，其中2014年4.4亿元；杭州分行发放的1.4亿元小微企业贷款资金，实际被为小微企业提供担保的大型企业套取，其中2014年3608万元。

4. 2010年10月至2015年1月，光大永明保险违规以承诺收益方式获取保费收入，涉及金额14.79亿元，其中2014年1.18亿元；其所属光大永明资产管理有限公司通过购买本公司发起设立的理财产品，变相运用自有资金进行股票投资共计1亿元。

5. 2010年2月至2015年1月，光大金控出资1420万元，通过控股子公司违规以普通合伙人身份成立合伙企业从事私募基金业务，其中2014年出资190万元。

6. 2014年5月至2015年3月，光大金控超出其经营范围发放贷款1.5亿元，其中2014年1亿元。

7. 2014年12月至2015年1月，光大信托违规使用自有资金垫付信托贷款客户的欠息并形成不良，涉及金额2003.44万元，其中2014年995.94万元。

（四）风险管理和内部控制方面

1. 2009年至2014年，光大银行、光大永明保险未严格执行集中采购招标制度，存在未按规定公开招标、逆程序采购等问题，涉及金额3.93亿元，其中2014年444.76万元。

2. 2014年，光大银行成都分行等5家分支机构未严格落实贷后管理制度，致使28.15亿元信贷资金被挪用；粤沪地区分支机构未有效控制钢贸等行业风险，导致相关分支机构出现大量不良贷款。2013年1月至2015年6月，累计处置不良贷款45.22亿元，其中2014年14.59亿元。

3. 2014年，光大银行广州、杭州、南京3家分行办理售汇业务时，存在对客户提交的贸易合同真实性审核不严等问题，涉及金额45.39亿元。

4. 2013年至2014年，光大银行合肥、北京、杭州3家分行通过同业业务规避监管要求或在办理同业业务时操作不规范，涉及金额26亿元。此外，还存在通过贷款、信用证等业务变相吸收存款等不规范行为。

5. 2012年至2014年，光大银行未根据信用卡持卡人资信状况、用卡情况和风险信息对授信额度进行动态管理，在448名客户所持信用卡已形成1039.26万元呆账并核销的情况下，未将其名下其他光大信用卡的1608.48万元消费及时转为不良，其中2014年740.93万元。

6. 光大银行个别从业人员存在违规行为，其中上海分行2名理财经理私自销售股权投资基金，至2015年5月底，该基金余额1.54亿元已无法兑付；上海分行1名客户经理违规利用其个人账户帮助朋友向其负责管理的对公授信客户借款70万元；大连分行有关人员及亲属违规从事高利放贷活动。

7. 在信息系统建设和管理方面，光大银行存在客户信息记录异常、邮件系统日志管理不符合监管要求以及部分外包开发的信息系统未按规定进行验收等问题；光大证券2013年因交易软件未经测试即直接上线进行实盘操作，导致重大风险事件发生。

（五）廉洁从业方面

1. 2008年至2012年，光大银行超标准建设后台服务中心和装修办公楼，涉及金额7407.33万元；光大永明所属子公司购买高档汽车1辆，涉及金额55.85万元。

2. 2013年至2015年，光大银行、光大证券、光大金控和光大香港违规报销费用，存在违反中央八项规定精神情况，涉及金额共216.89万元。

（六）以前年度审计查出问题整改情况

审计署在2007年的审计中指出，光大银行存在通过发票报销等方式在工资总额外向员工发放车改补贴的问题，光大银行未予纠正，此后继续发生2270.17万元；在 2009 年的审计中指出，光大香港所属三亚亚龙湾球会公司存在违规租赁农用地建设高尔夫球场的问题，至今尚未完成整改。

三、审计处理及整改情况

对审计发现的问题，审计署已依法出具了审计报告，下达了审计决定书。光大集团建立整改台账，严格开展整改结果评价工作，已制定完善相关规章制度 94 项，并对相关责任人进行了处理。具体整改结果由光大集团向社会公告。

本次审计发现的违法违纪问题线索，已依法移送有关部门进一步调查处理。

【本章小结】

本章首先对金融安全财务审计的概念、意义、内容和依据进行概述；之后分别就金融机构以银行为代表财务审计的各项内容依次展开概述，包括金融会计循环审计、金融财务账项的审计和金融财务报告的审计，其中金融财务报告的审计包括资产负债表审计、利润表审计、利润分配表审计、现金流量表审计及会计报表附注审计；最后特别说明了金融会计档案安全审计的内容，包括会计档案保管审计、会计档案借阅审计、会计档案移交审计和会计档案销毁审计。本章的重点是金融会计循环审计和金融财务账项的审计，难点是金融财务账项的审计。

【复习思考题】

一、名词解释

金融财务安全　会计科目审计　会计凭证审计　资产负债表审计　金融会计档案审计　账务组织审计　现金流量表审计

二、简答题

1. 试述金融会计循环审计的主要内容。

2. 试述会计科目审计的内容。

3. 试述金融财务账项审计的要点。

4. 试述金融财务报告审计的要点。

5. 试述金融会计档案的审计要点。

第六章

信贷资产安全审计

【教学目的和要求】

信贷资产是金融机构最主要的资产，信贷资产安全审计主要包括信贷业务内部控制审计、信贷业务审计的实质性测试。通过本章学习，要了解金融机构信贷资产安全管理的主要内容及信贷资产安全审计作用，掌握信贷业务内部控制、信贷业务审计实质性程序的基本内容。

【案例导入】

××信用社2013年3月29日向××市×××贸易有限公司发放抵押贷款1 200万元，2014年3月28日到期。《贷款调查报告》显示，借款用途：流动资金（购酒水），利率执行5.5‰，抵押物：×××实业有限公司房产，调查责任人：A岗孙某某、B岗李某某。但上述贷款在信贷管理系统中显示，信用社2012年对××市×××贸易有限公司授信1 000万元，2013年又新增授信200万元，授信额度达到1 200万元，以×××实业有限公司房产作抵押。另外，×××实业有限公司以自有房产作抵押在另一家信用社贷款1 200万元（2013年5月24日至2016年5月20日），追加××市×××贸易有限公司作担保，截至2013年4月末，××市×××贸易有限公司资产总额仅有4 000多万元。

思考题：1. 根据案例分析该笔贷款存在的风险。

2. 审计组如何进行跟踪审计。

第一节 信贷资产安全审计概述

一、信贷资产安全管理

信贷资产又称为信贷业务或贷款业务，是指银行发放的各种贷款所形成的资产业务，其特点是风险大、收益高。信贷资产安全是指在金融机构的交易活动中，信贷资产能够按照原持有目的保持正常运转，借款者能够按照信贷合同按时足额地归还金融机构的贷款本息，金融机构从事先约定好的信贷契约协议中得到的权益价值不发生减损的状况，信贷资产核心价值能够不断保值、增值的过程。信贷资产业务是我国金融机构最主要的业务，保障信贷资产安全，加强信贷资产监管对金融机构十分重要。

我国目前对信贷资产的安全管理主要依赖于金融机构自身的内部控制制度。主要包括：信贷组织结构与决策机制、授权授信管理制度、贷款操作规程、贷款管理责任制、贷款风险管理5个方面。

（一）信贷业务组织结构与决策机制

1. 信贷业务组织结构。金融机构的信贷业务组织结构是指，根据信贷业务环节的内在要求、平衡制约机制要求而建立的机构或岗位配置，包括贷款发放审批决策组织的确立及其职能、信贷业务操作和审查管理部门或岗位、内部稽核部门的设立及其职责履行等。信贷业务组织结构控制对金融机构的经营活动有着极其重要的影响。要按照决策系统、执行系统和监督系统相互制约的原则进行内部控制组织结构的设置。按照金融机构建立完善内部控制制度的要求，设立顺序递进的三道监控防线。

（1）建立一线岗位双人、双职、双责为基础的第一道监控防线。属于单人单岗处理业务的，必须有相应的后续监督机制。

（2）建立相关部门、相关岗位之间相互监督制约的工作关系及程序的第二道监控防线。要建立业务文件在相关部门和相关岗位之间传递的标准，明确文件签字的授权。

（3）建立以内部监督部门对各部门、各岗位、各项业务全面实施监督反馈的第三道防线。内部监督部门作为对业务的事后监督机构，必须独立地监督各项业务活动，及时将检查评价的结果反馈给最高管理层。

涉及信贷的立项审查和发放、资金拆借、证券买卖、外汇交易、衍生工具交易等重要交易的办理与管理，必须由两个系统或两个以上职能部门共同执掌；会计业务和使用自动数据处理系统时，要有适当的程序和措施，保证职能分工，实现相互监督约束，共同负责。

2. 信贷业务决策机制。信贷业务决策分为宏观决策和微观决策。信贷业务的宏观决策包括信贷规模、贷款投向和利率决策。银行信贷作为经济发展的先导，通过贯彻宏观决策，优化贷款结构，影响企业行为。信贷业务的微观决策是指金融机构贷款业务的日常管理，包括贷与不贷、贷多贷少、期限长短、利率高低和贷款方式的选择。这一决策直接影响金融机构资产的组合与规模，影响信贷资产的收益。现就信贷业务宏观决策的内容做一简要介绍。

信贷业务作为金融机构实施金融服务的主要业务，涉及社会公共利益、企业和居民、金融机构同业、银行内部的各种经济利益关系，必须规定协调和处理这些关系的政策和原则，从总体上控制信贷业务运行符合宏观经济政策与经济发展需要。

信贷政策是指导贷款决策的具体行为准则，是国家货币政策的重要组成部分。信贷政策的基本内容主要包括贷款投向、贷款总量、贷款利率政策三个方面。贷款投向政策规定贷款应该支持和限制的对象以及如何支持或限制；贷款总量政策规定调节银根松紧的方针和贷款增长的指导性计划；贷款利率政策规定贷款利率种类、差别、档次和管理执行的权限。

国家制定信贷政策是根据宏观经济政策和产业政策的要求，运用经济、法律和行政手段，对金融机构和非银行金融机构的贷款投向和贷款总量进行引导、调控和监督，从而规范和约束各金融机构的贷款行为，达到信贷资金的优化配置，做好经济结构调整，促进国民经济持续、健康地发展。

金融机构信贷业务经营必须遵循安全性、流动性、效益性原则。安全性原则是指金融机构经营信贷业务时，要充分估计并防范各种风险，使贷款能够按期足额收回本息；流动性原则是指金融机构在经营信贷业务时，能按照预定计划，回收信贷资金，或在无损失状态下变为现金资产的能力，变现能力强说明流动性高，反之，则说明流动性低；效益性原则是指金融机构通过信贷业务实现金融机构自身与社会的经济效益最大化。

信贷原则体现了金融机构信贷资金的性质和信贷资金运动规律，体现了国家经济管理以及银行信贷管理的基本要求，体现了国家有关法律法规的综合考虑。它不仅是规范金融机构借贷行为的总体性准则，也是企业及其他借款人使用贷款资金必须遵循的基本原则。

（二）授权授信管理制度

金融机构实行一级法人体制，贷款管理逐渐引进授权授信的管理机制。1996 年 11 月 11 日，开始实行《金融机构授权、授信管理暂行办法》，中国人民银行于 1999 年 1 月发布了《金融机构实施统一授信制度指引》（试行），其主要内容如下。

1. 集中授权管理。授权管理是指金融机构的总行将贷款发放的权力逐级分配给下级行的一种管理制度。授权是金融机构对其所属信贷业务职能部门、分支机构和关键信贷业务岗位开展信贷业务权限的具体规定。

授权人是金融机构总行，受权人为金融机构业务职能部门和金融机构分支机构。金融机构应在法定经营范围内对有关信贷业务职能部门、分支机构以及信贷业务岗位进行授权。各分支机构以及信贷岗位只能在授权权限内开展业务，超过授权范围的业务，必须按照一定程序报经有权限的部门审批后办理。

授权分为直接授权和转授权两个层次。直接授权是金融机构总行对其有关业务职能部门和管辖分行的授权；转授权是管辖分行在总行授权权限范围内对所属有关职能部门及其分支机构的授权。授权不得超越中国人民银行核准的业务经营范围，转授权不得大于原授权。授权的方式又分为基本授权和特别授权两种。基本授权是对法定经营范围内的常规业务经营所规定的权限；特别授权是对法定经营范围内的特殊业务，包括创新业务、特殊融资项目以及超过基本授权范围的业务所规定的权限。

上级机构对下级机构授权的大小，主要取决于下级机构业务发展状况和业务风险状况、经营管理水平和风险控制能力以及下级机构的经济环境和信用状况。在通常情况下，对业务发展快、经营规模大的分支机构，也会授予较高的经营权限；经济发达、信用状况较好的地区和贷款需要量较大、贷款风险水平较低的地区银行的分支机构，往往能够得到较高的授权额度。

2. 统一授信管理。统一授信管理是指金融机构对单一法人客户或地区统一确定最高授信额度，并加以集中统一控制的信用风险管理制度，包括贷款、贸易融资（如打包放款、进出口押汇等）、贴现、承兑、信用证、保函、担保等表内外信用发放形式的本外币统一综合授信。

最高授信额度是指金融机构在对单一法人客户的风险和财务状况进行综合评估的基础上，确定的能够和愿意承担的风险总量。银行对该客户提供的各类信用余额之和，不得超过该客户的最高综合授信额度。金融机构各级职能部门、分支机构必须在规定的授信额度内对借款人进行授信。授信人是金融机构职能部门及分支机构，受信人为金融机构职能部门和分支机构所辖服务区及其客户。授信也分为基本授信和特别授信两种方式。基本授信是金融机构根据国家信贷政策和每个地区客户的基本情况所确定的信用额度；特别授信是金融机构根据国家政策、市场情况变化及客户特别需要、特殊融资项目及超过基本授信额度所给予的授信。金融机构实行统一授信制度要做到四个方面的统一。

（1）授信主体的统一。金融机构应确定一个管理部门或委员会统一审核批准对客户的授信，不能由不同部门分别对同一或不同客户、不同部门分别对同一或不同信贷品种进行授信。

（2）授信形式的统一。金融机构对同一客户不同形式的信用发放都应在该客户的最高授信限额以内，要做到表内业务授信与表外业务授信统一，即对表内的贷款业务、打包放款、进出口押汇、贴现等业务和表外的信用证、保函、承兑等信用发放业务进行一揽子授信。

（3）不同币种授信的统一。要做到本外币授信的统一，将对本币业务的授信和外币业务的授信置于同一授信额度之下。

（4）授信对象的统一。金融机构授信的对象是法人，不允许金融机构在一个营业机构或系统内对不具备法人资格的分支公司客户授信。

金融机构要围绕授权、授信制度，完善业务规章制度建设，制定统一的管理办法和实施细则，以及相关的业务管理制度和风险管理办法。银行内部应加强对最高授信额度和授权制度、执行情况的监督和检查，对超越授权和授信制度开展业务的行为，应进行严肃处理。

3. 贷款种类。根据《金融机构内部控制指引》的规定，对不同贷款币种、不同贷款客户对象、不同贷款种类的授信应当进行统一管理。不同贷款币种包括人民币和外币；不同贷款客户对象包括企（事）业法人、其他经济组织、个体工商户和自然人；不同贷款种类按照不同的标准，可以划分为下列各种贷款。

（1）按照贷款本息收回的责任大小，分为自营贷款、委托贷款和特定贷款。自营贷款是指贷款人以合法方式筹集的资金，自主发放的贷款，其风险由贷款人承担，并由贷款人收回本金和利息；委托贷款是指由政府部门、企事业单位及个人等委托人提供资金，由贷款人（即受托人）根据委托人确定的贷款对象、用途、金额、期限、利率等代为发放、监督使用并协助收回贷款，贷款人（受托人）只收取手续费，不承担贷款风险；特定贷款是指经国务院批准，并对贷款可能造成的损失采取相应补救措施，由国有金融机构发放的贷款。

（2）按照贷款的期限长短，分为短期贷款、中期贷款和长期贷款。短期贷款是指贷款期限在 1 年以内（含 1 年）的贷款；中期贷款是指贷款期限在 1 年以上（不含 1 年）、5 年以下（含 5 年）的贷款；长期贷款是指贷款期限在 5 年以上（不含 5 年）的贷款。短期贷款主要是对社会生产流通领域的资金需要发放的流动资金贷款；中长期贷款又分为固定资产贷款和消费贷款两种。

（3）按照贷款的保障程度，分为信用贷款、担保贷款和票据贴现。信用贷款是指以贷款人的信誉发放的贷款，不需要任何担保。担保贷款又分为保证贷款、抵押贷款和质押贷款三种，其中保证贷款是指按照《担保法》规定的保证方式，以第三人承诺在借款人不能偿还贷款时，按约定承担一般保证责任或者连带责任而发放的贷款；抵押贷款是指按《担保法》规定的以借款人提供一定的抵押品作为保证的贷款，抵押品应为易保存和变现的财产；质押贷款是指按《担保法》规定的质押方式以借款人或第三人的动产或权利作为质物发放的贷款，质押贷款的质押品的所有权和占有权均归贷款人所有。票据贴现是指贷款人以购买借款人未到期商业票据方式发放的贷款。

（三）贷款业务操作规程

贷款业务操作规程是确定贷款的贷与不贷、贷款额度、贷款方式以及贷款跟踪检查的决策过程。规范的贷款程序包括：贷款申请；对借款人的信用等级评估；贷款调查；贷款审批；签订借款合同；贷款发放；贷后检查和贷款归还。

1. 贷款申请。借款人需要贷款，应当向主办银行或者其他银行的经办机构直接申请。借款人应当填写包括借款金额、借款用途、偿还能力及还款方式等主要内容的借款申请书，并提供以下资料。

（1）借款人及保证人的基本情况；

（2）财政部门或会计（审计）师事务所核准的上年度财务报告以及申请借款人前一期的财务报告；

（3）原有不合理占用的贷款的纠正情况；

（4）抵押物、质物清单和有处分权人的同意抵押、质押的证明及保证人拟同意保证的有关证明文件；

（5）项目建议书和可行性报告；

（6）贷款人认为需要提供的其他有关资料。

2. 对借款人的信用等级评估。贷款人应当根据借款人的领导素质、经济实力、资金结构、履约情况、经营效益和发展前景等因素，评定借款人的信用等级。评级可由贷款人独立进行，内部掌握；也可由有权部门批准的评估机构进行。

3. 贷款调查。贷款人受理借款人申请后，应当对借款人的信用等级以及借款的合法性、安全性、盈利性等情况进行调查；核实抵押物、质押物、保证人情况，测定贷款的风险度。

4. 贷款审批。贷款人应当建立审贷分离、分级审批的贷款管理制度。审查人员应当对调查人员提供的资料进行核实、复测贷款风险度，提出意见，按规定权限报批。

5. 签订借款合同。所有贷款应当由贷款人与借款人签订借款合同。借款合同应当约定借款种类，借款用途、金额、利率，借款期限，还款方式，借款双方的权利、义务，违约责任和双方认为需要约定的其他事项。保证贷款应当由保证人与贷款人签订保证合同，或保证人在借款合同上载明与贷款人协商一致的保证条款，加盖保证人的法人公章，并由保证人的法定代表人或其授权代理人签名。抵押贷款、质押贷款应当由抵押人、出质人与贷款人签订抵押合同、质押合同，需要办理登记的，应依法办理登记。

6. 贷款发放。借款合同签订以后，贷款人必须按期如数发放贷款。贷款人不按合同约定按期发放贷款的，应偿付违约金；借款人不按合同约定用款的，也应偿付违约金。

7. 贷后检查。贷款发放后，贷款人应当对借款人执行借款合同情况及借款人的经营情况进行追踪调查和检查。贷后检查应严格按规定认真地进行，及时写出调查报告，如实反映贷款周转使用中存在的问题，并提出改进措施和建议。

8. 贷款归还。借款人应当按照借款合同规定按时足额归还贷款本息。贷款人在短期贷款到期 1 个星期之前、中长期贷款到期 1 个月之前，应当向借款人发送还本付息通知单；借款人应当及叫筹备资金，按时还本付息。贷款人对逾期的贷款要及时发送还本付息通知单，做好逾期贷款本息的催收工作。贷款人对不能落实还本付息事宜的，应当督促归还或者依法起诉。借款人提前归还贷款，应当与贷款人协商。

（四）贷款管理责任制

根据《贷款通则》的规定，金融机构经营贷款业务，应当建立贷款管理责任制。

（1）要建立行长（经理、主任下同）负责制。贷款管理实行分级经营管理，各级行长应当在授权范围内对贷款的发放和收回负全部责任，行长可以授权副行长或贷款管理部门负责审批贷款，副行长或贷款管理部门负责人应当对行长负责。

（2）建立审贷分离制。金融机构各级机构应当建立有行长或副行长和有关部门负责人参加的贷款审查委员会（小组），负责权限以内的贷款审查；有关贷款的重大决策，要由贷款委员会（小组）集体审议表决，以确保贷款决策和审查的正确性。审贷分离制是按照信贷业务不相容职务严格分离的要求建立的一种责任机制。通过审贷分离制的建立，将贷款调查评估、决策审批、发放与收回分别划归不同的职能部门，使贷款管理的每个环节分工合理，职责明确，各司其职，各负其责，能够调动集体的积极性，优化贷款结构，提高贷款质量。

（3）建立贷款分级审批制。金融机构应当根据业务量大小、管理水平高低和贷款风险度的不同确定各分支机构的审批权限，超过审批权限的贷款，应当报上级审批。

（4）建立和健全信贷工作岗位责任制。各级贷款管理部门应将贷款管理中每个环节的管理责任落实到部门、岗位、个人，严格划分各级信贷工作人员的职责，做到相互配合、相互制约，密切协作。

（5）对大额借款人建立驻厂信贷员制度。大额借款人既是贷款人的重要客户，其经营情况又直接影响贷款人的资金安全和效益，实行驻厂信贷员制度是贷款人加强对大额借款人进行贷后跟踪检查所采取的特殊管理措施。

（6）建立离职审计制。贷款管理人员在调离工作岗位时，应当对其在任职期间和权限内所发放的贷款风险情况进行审计。这是根据贷款业务的周期性特点而建立的管理制度，对贷款管理人员在任职期间所发放的贷款有无错误和弊端、贷款风险情况，特别是贷款到期后能否全部收回贷款本息等进行审查核实，有利于防止信贷管理人员在任职期间出现短期行为和不正之风，有利于银行谨慎经营和稳健发展。

（五）贷款风险管理

贷款风险管理主要是指贷款业务经营管理过程中，由于各种事先无法预料和不确定性因素的影响，使银行信贷资金不能按期收回和正常周转而蒙受损失的可能性。金融机构围绕信贷业务所实施的一系列信贷管理制度，如授权授信管理、审贷分离、分级审批制度等，都是贷款风险管理的重要组成部分。此外，贷款风险管理还包括贷款风险分类管理、不良贷款管理等内容。

1. 贷款风险分类管理。贷款风险分类管理是指银行综合所获得的各种信息并运用最佳判断，根据贷款风险程度，对贷款质量进行论证。贷款风险分类管理是贷款管理的一项重要工作。银行信贷管理人员对信贷资产定期进行审查，依据借款人的还款能力，即最终偿还贷款本息的实际能力和其他综合信息，确定贷款遭受损失的风险程度，按照不同标准将贷款分为不同类别，便于及时采取相应措施，降低贷款风险，提高信贷资产质量。中国人民银行于1998年4月20日颁布的《贷款风险分类指导原则》（试行），要求金融机构依据借款人的实际还款能力进行贷款质量的五级分类。自2002年1月1日起，全面推行贷款五级分类管理，将贷款分为正常、关注、次级、可疑、损失五类，简称五级分类。五级分类的定义如下。

（1）正常贷款：借款人能履行合同，有充分把握按时足额偿还贷款本息，或指借款人财务状况正常，还款来源稳定，担保人资信情况良好的贷款。

（2）关注贷款：尽管借款人目前有能力偿还贷款本息，但存在一些可能对偿还不利影响的因素，或指贷款通常具有保障但存在着潜在的弱点，如财务趋势弱化，偿还来源不稳定，贷款被挪用等；又如转期过多的贷款，有部分还款的逾期贷款及贷款虽未到期但企业经济状况不佳的贷款。

（3）次级贷款：借款人的还款能力出现明显问题，依靠其正常经营收入已无法保证足额偿还贷款本息，或指没有得到债务人现有完好财富和偿债能力保障的贷款。如没有保障单位，债务过重，财务状况削弱，现金流量不足支付贷款本息等。

（4）可疑贷款：借款人无法足额偿还贷款本息，即使执行抵押或担保权，也肯定会造成较大损失。

（5）损失贷款：在采取所有可能的措施和一切必要的法律程序之后，本息仍然无法收回，或只能收回极少部分。从银行角度看已经没有意义将其作为银行资产在账面

保留的贷款。

2. 不良贷款管理。1998 年以前，金融机构对贷款风险分类一直按照贷款是否逾期划分为正常、逾期、呆滞和呆账四类。不良贷款是逾期贷款、呆滞贷款和呆账贷款的合称，通称"一逾两呆"。逾期贷款是指借款合同约定到期（含展期后到期）未归还的贷款；呆滞贷款是指逾期（含展期后到期）超过规定年限［逾期一年（含一年）］仍未归还的贷款，或虽未逾期或逾期不满一年但借款人的生产经营已终止、项目已停建的贷款；呆账贷款是指按照财政部有关规定列为呆账的贷款。包括：借款人和担保人依法宣布破产，进行清偿后未能归还的贷款；借款人死亡或依法宣布失踪或死亡，以其财产和遗产清偿后，未能收回的贷款；借款人遭受重大自然灾害或意外事故，损失巨大又不能获得足够的保险赔偿而确实无力归还的部分或全部贷款；贷款人依法处置抵押物或质押物，所得价款不足以补偿抵押或质押贷款的部分，经国务院批准核销的贷款（以上条款简称"破、死、灾、批"）。

自 1998 年 4 月 20 日开始试行，并于 2002 年在全国银行业普遍实施的贷款风险五级分类管理，又将次级、可疑、损失三类贷款合称为不良贷款。根据《贷款通则》的规定，金融机构应当建立和完善贷款的质量监管制度，对不良贷款进行分类、登记、考核和催收。不良贷款由会计、信贷部门提供数据，由稽核部门负责审核并按规定权限认定，并按季填报不良贷款情况表。金融机构的不良贷款不得超过监管机构规定的比例，并应对所属分支机构下达和考核不良贷款的有关指标。信贷部门负责不良贷款的催收，稽核部门负责对催收情况的检查。金融机构应按照国家有关规定提取呆账准备金，并按照呆账冲销的条件和程序冲销呆账贷款；同时还应加强贷款债权保全和清偿的管理工作，严防借款人各种形式的逃废债行为，依法维护银行的正当权益。

二、信贷资产安全审计作用

各金融机构内控制度虽然存在，但是由于其受自身建设不健全、不完善、不系统、不具备操作性的约束，仅依靠内部控制制度来防范信贷资产风险，保障信贷资产安全还稍显不足，因此应加强信贷资产的外部监管，尤其是信贷资产审计尤为重要。

（一）信贷资产审计的概念及特点

信贷资产审计是审计部门根据国家金融法规、政策和制度，对金融机构各类信贷资产的合规性、合法性和效益性以及财务核算的真实性所进行的核实、鉴证和评价活动。金融机构信贷资产审计主要是对信贷业务内部控制制度和贷款业务经营活动的审计。

信贷业务审计作为专项业务审计，不仅具有一般审计所具有的独立性、权威性的特点，还具有综合性、系统性、延伸性的特点。这是由金融机构信贷业务的综合性、管理上的垂直性、信贷资金运动的特点所决定的。

1. 综合性。现代经济的一个基本特征，就是金融活动渗透到经济活动的各个方面。金融机构作为国民经济的信贷中心、现金中心、结算中心，它的经营活动与社会经济活动是紧密联系在一起的，金融机构的信贷资金是企业经营资金来源的重要渠道，特别是在我国资本市场尚不完善、不发达的情况下，企业经营资金更加依赖于信贷资金的支持。金融机构通过发放贷款，使信贷资金融入企业的经营资金、企业的经营活动，乃至整个国民经济的资金运动都会在银行业务活动中反映出来。这就决定了金融机构信贷业务具有综合性。因此，对金融机构信贷业务进行审计要综合了解并分析各方面的情况，要求具有较全面的知识和较强的分析能力。

2. 系统性。我国金融机构在组织体制上采用分支行体制，现行的管理体制实行一级法人管理体制，即总行统一管理，垂直领导。金融机构在信贷业务管理上也具有垂直性，信贷业务活动按系统垂直领导和统一管理，决定了金融机构审计具有系统性特点。金融机构内部的一些规章制度，业务规则等由总行制定，并在全行贯彻执行。因此，对其进行专项业务审计时一般以系统为宜。

3. 延伸性。信贷业务审计的延伸性是指，信贷业务审计不仅要对金融机构信贷业务活动进行监督，还要对借款人的生产经营活动进行监督，这主要是由信贷资金的运动规律所决定的。金融机构信贷业务审计的延伸性的特点表现在，信贷资金以贷款的形式发放给企业以后，转化为企业的经营资金，参与到企业生产经营的资金周转与循环中去，企业生产经营周期结束后，资金退出生产经营过程，以归还贷款的形式又回到银行。因此，对信贷业务安全性、合法性、效益性的审计，只有延伸到企业经营业务活动过程中，才能发现问题。

（二）信贷资产安全审计的作用

现代审计作为一种综合性的经济监督活动，具有经济监督、经济鉴证、经济评价的职能。信贷业务审计的作用是审计职能在对信贷业务实施专业监督、鉴证时其功能的具体体现。通过对金融机构信贷业务的审计：一是规范信贷业务的管理，保证国家货币信贷政策和原则的贯彻、执行；二是揭示潜在的信贷业务风险，提高信贷资产质量，提高金融机构防范和化解金融风险的能力，促进经济效益的提高；三是确认金融机构的经营者在信贷业务经营中执行经营决策、履行经济责任、发挥管理作用、完成经济指标的效果。

1. 保障作用。通过对信贷业务审计相关信息的审查和监督，可以揭露违反国家政策规定的行为，揭露违反金融机构规章制度的行为，以及违法乱纪、严重损失浪费等行为。督促金融机构建立健全规章制度，规范制度管理，完善制度的监督机制，保障国家各项金融政策法规的贯彻执行，维护财经纪律。

2. 促进作用。通过对金融机构信贷业务的审查，可以揭示信贷业务经营中的管理漏洞，揭示金融风险，并在分析信贷业务风险形成原因的基础上，提出解决问题的建议，促进完善信贷业务管理与控制，保证信贷资金安全，促进信贷决策的科学性，促进金融机构和社会经济效益的提高。

3. 鉴证作用。通过信贷业务审计，鉴证信贷业务活动以及信息资料的真实性、合法性、公允性；鉴证信贷业务经营中，各项经营指标的完成与实现情况，鉴证信贷部门和各级管理人员履行职责的效果。

（三）信贷业务审计目标

金融机构贷款业务审计目标是金融机构审计总体目标的具体化，是审查和评价信贷业务所要达到的结果和要求。信贷业务作为专业性审计，在符合审计一般目标要求的前提下，其具体目标必须根据金融机构信贷业务的特点和审计委托者的要求加以确定，主要是以信贷资产业务的真实性、完整性、正确性、合法性以及信贷资产的效益性作为信贷业务审计的目标。

1. 信贷业务的真实性。信贷业务的真实性是指金融机构在资产负债表和相关账簿、报表资料中所反映的各项贷款均已发生、确实存在；贷款结构和分类、借新还旧等实际情况符合规定条件；贷款发生额、余额和贷款利息收入计量准确、真实。

2. 信贷业务的完整性。信贷业务的完整性是指金融机构在特定会计期间发生的各类贷款，均按规定程序进行调查、审批和检查处理，并有系统、完整的记录；所有贷款业务都已全部、及时地记入有关账簿；贷款业务信息均以各种方式进行披露，没有遗漏或省略。

3. 信贷业务的正确性。信贷业务的正确性是指金融机构的各项贷款交易金额、贷款余额和贷款利息收入等计算准确，已在规定的会计期间内正确地记入会计账户，并在有关报表资料中及时进行了披露。

4. 信贷业务的合法性。信贷业务的合法性是指金融机构各项贷款业务的操作程序、处理方法，符合国家金融政策、法规和银行规章制度的要求；贷款业务的授权、授信、审批等内部控制系统健全、有力；贷款担保和抵押合法有效，足以保障贷款安全；信贷资产的所有权有充分、合法的证据可以确认为该行所有。

5. 信贷资产的效益性。信贷资产的效益性是指金融机构的各项贷款均按国家金融政策、法规和监管要求的规定进行了正确的分类，真实地反映出信贷资产的质量；在法定的财务会计报表和信贷业务报告中，正确地反映资产存在的风险和贷款质量分类；不良贷款的档次划分准确、认定程序符合规定要求；贷款利息收入计量准确，及时入账并保持稳定增长。

（四）信贷业务审计方法

信贷业务审计的方法是审计人员在对信贷业务进行检查、监督，鉴证、评价过程中所采用的手段，主要包括审计调查的方法、审计检查的方法、审计分析的方法。

1. 审计调查的方法。审计调查的方法是审计人员通过了解金融机构信贷业务实际情况获取信息的方法。审计调查的方法主要有观察法和查询法。观察法是审计人员通过对信贷业务活动进行实地观察来取得审计证据的方法；查询法是审计人员在审计过程中，通过口头询问（面询）和函电询问（函询）等方法，取得审计证据的方法。

2. 审计检查的方法。审计检查方法是对金融机构信贷业务管理的有关资料进行检查的方法，主要包括核对法、审阅法、盘点法、验算法等。核对法是审计人员利用会计资料之间的对应关系和勾稽关系，把两个或两个以上的数值或有关数据进行互相核对，用于确定账务处理和会计资料正确性、完整性的一种查证方法；审阅法是审计人员对被审计单位的会计凭证、账簿、报表、计划、合同、契约、规章制度等方面进行资质的审查和阅读的一种审计方法；盘点法是审计人员通过盘查清点实物，审查账款、账实的方法；验算法（复核法）是审计人员对相关会计资料的有关数字、内容进行重新验算、核查，以证实其有无会计错弊的一种查证方法。

3. 审计分析的方法。审计分析方法是通过对审计证据以及相关资料的观察、推理、分解或综合，以揭示其本质和了解构成要素之间相互关系的方法。主要包括比较分析法、比率分析法、因素分析法、账户分析法、账龄分析法和平衡分析法等。

（五）信贷业务审计主要程序

金融机构信贷业务审计的主要程序包括金融机构信贷业务控制测试和实质性程序。其中控制测试主要是针对金融机构信贷业务的内部控制进行检查，实质性程序是针对金融机构信贷的账证资料进行检查监督。

第二节　信贷业务控制测试

金融机构经营货币信贷业务是建立在负债经营的基础上的，具有高风险性，保障资金安全是金融机构经营的基础。信贷业务内部控制承担着防范风险、降低损失的责任，对金融机构信贷业务经营安全性、流动性、效益性具有更重要的意义。

信贷业务内部控制是金融机构管理的重要组成部分，是促进信贷业务有效经营管理的手段与方法的总和。金融机构应遵循内部控制制度的目标和原则，结合信贷业务操作规程、信贷政策、信贷业务管理制度的规定，以预防和降低信贷业务风险、优化信贷资产结构、提高信贷资产质量为目的，建立有效的信贷业务内部控制制度。

一、信贷业务内部控制的构成要素

金融机构内部控制是由内部控制环境、风险识别与评估、内部控制措施、信息交流与反馈、监督评价与纠正等要素组成。内部控制的各要素之间存在着紧密的联系，控制环境是内部控制有效的重要条件，控制的有效性在相当大的程度上还依赖于风险评估的恰当性、信息的可靠性、传递的及时性，以及监督的效率性与适当性。因此，内部控制各要素在发挥各自效用的同时，互为条件，互相支持，构成有机的整体，形成完整的内部控制机制。

信贷业务内部控制是金融机构内部控制的组成部分，其内部控制要素具有一致性。同时，信贷业务内部控制应符合信贷业务活动的性质、复杂性和内在的风险，内部控制系统应随其所处的环境和条件的改变进行调整。

1. 信贷业务内部控制环境。控制环境是对内部控制的建立和执行过程有重大影响的各种因素的总称。控制环境决定着其他控制因素是否能够实施以及实施效果。因此，控制环境形成内部控制的基础，亦被称为内部控制的发动机。

信贷业务内部控制作为金融机构内部控制的组成部分，其控制环境受到整体控制环境的影响，并显现出信贷业务内部控制特点的要求。主要包括信贷业务管理理念、信贷业务组织结构、人力资源管理、权利和责任的划分等。

信贷业务管理理念包括金融机构管理层的全部控制意识，反映信贷决策机构对控制的态度。信贷业务管理理念的确立，应当遵循金融机构效益性、流动性、安全性的经营目标要求。

信贷业务组织结构是规划、指导和控制信贷业务活动的整体框架，包括金融机构信贷业务部门的设立形式和性质，以及相关的信贷管理职能和报告关系。有效的控制环境要求明确界定各级信贷业务管理部门和不同岗位的信贷人员的责任和权限。

2. 信贷业务风险识别与评估。风险评估就是分析和辨认实现信贷业务经营目标可能发生的风险，是风险管理的基础。风险评估包括对风险点进行选择、识别、分析和评估的全过程。信贷业务风险识别的目的是，能够在信贷业务开展前测定出风险指标，并能够在信贷业务发生后对风险进行跟踪监测，进而实施风险控制。风险评估包括以下内容。

（1）列出重要风险要素和风险控制点。首先要弄清楚在信贷业务经营管理过程中会出现的风险。风险要素和风险点的罗列要细致、全面，既要考虑内部风险，又要考虑外部因素引起的风险。

（2）对风险进行分析和评估。要事先对信贷业务风险点进行评估，识别风险产生的原因及表现形式，识别信贷业务活动目标所面临的风险；估计风险的概率、频率、重要性、可能性；评价风险可能造成的危害。

3. 信贷业务内部控制措施。信贷业务内部控制措施是为了保证金融机构信贷业务经营管理目标、管理方针的实现，而制定的一系列制度、程序和措施。包括统一授权授信制度、审贷分离的决策机制、贷款风险管理制度、各类授信品种管理办法、贷款操作规程、信贷岗位责任制等。

4. 信贷业务信息交流与反馈。信贷业务信息交流与反馈是指信贷业务经营必须及时获取内外部信息，包括反映信贷业务经营管理状况，法律法规执行情况，财务报表资料等内部信息，以及借款企业贷款使用、盈利趋势等外部信息，并使这些信息充分交流。通过获取和交流信息，以便为完善和实现金融机构信贷业务目标，采取必要的控制活动和措施，及时解决存在的问题。

有效的内部控制系统需要建立可靠的信息系统，该信息系统要求涵盖银行的全部重要活动。这些系统包括那些以某种电子形式存储和使用的数据系统，都必须受到安全保护和独立的监督。

5. 信贷业务监督评价与纠正。信贷业务监督评价与纠正是信贷业务管理部门对内部控制的管理监督和内部审计部门对内部控制的再监督与再评价活动。主要内容包括信贷业务的组织体系是否健全，决策系统、执行系统、监督系统和支持保障系统作用发挥得如何；对内部控制的认识如何；是否有相应的信贷业务管理制度和操作规程，这些制度和规程是否完善，是否具有明确的信贷工作岗位责任制；信贷业务授权、分工协作和相互制约机制是否健全；信贷人员对制度的实质内容是否充分理解，执行情况如何；信贷业务内部稽核体系是否健全，独立性和权威性如何等。

二、信贷业务内部控制的内容

金融机构信贷业务内部控制涉及信贷政策、信贷业务执行、信贷业务监督等方面。控制重点是：实行统一授信管理、健全客户信用风险识别与监督体系，完善授信决策与审批机制，防止对单一客户、关联企业客户和集团客户风险的高度集中，防止违反信贷原则发放关系人贷款和人情贷款，防止信贷资金违规投向高风险领域和用于违法活动。

（一）信贷组织结构

信贷业务组织结构是银行进行信贷风险内部控制的组织准备，是信贷业务内部控制的关键环节。金融机构信贷业务组织结构要按照决策系统、执行系统、监督反馈系统互相制衡的原则，设置职能部门并进行业务分工。

1. 建立有效的信贷决策机构和决策程序。金融机构必须建立贷款审查委员会和企业信用等级评定委员会，负责贷款的审查和贷款企业的资信评估。委员会要制定工作规则，制定明确、必要的决策程序。信贷业务经营管理决策要按照规定程序，并保留可核实的记录，防止个人独断专行、超越或违反决策程序。

2. 各级信贷业务经营管理机构，要严格执行上级的决策，并在各自职责和权限范围内办理信贷业务、行使职权。

3. 信贷业务应按照相互牵制、相互作用的原则，设置信贷业务的组织结构。每一项信贷业务的处理过程都是在两个或两个以上的部门相互协调、互相制约的基础上完成的。贷款的立项审查和发放，必须由两个系统或两个以上职能部门共同操作。

4. 明确各部门的职责与权力。各级信贷部门的权力和责任应明确加以规定，合理的组织结构有利于专业化分工，提高工作效率，可以进行相互检查和制约，防止和纠正错弊。

（二）信贷管理政策

信贷政策通常指国家一定时期内对贷款投向、贷款总量规模和贷款利率等方面的宏观决策。贷款投向明确规定应该支持和限制的对象。金融机构实施资产负债比例和风险管理后，其贷款总量和投向，可以根据自有可用资金和国家经济政策自主决定。利率政策是国家货币政策的主要组成部分，金融机构应当按照中国人民银行规定的贷款利率上下限，确定贷款利率。

（三）信贷管理原则

安全性、流动性、效益性是金融机构信贷业务经营必须遵循的基本原则。金融机构贯彻执行这些原则就必须建立一系列贷款管理制度和防范贷款风险的措施，综合运用事前、事中和事后控制相结合的方法，采取各种有效的控制手段，优化信贷结构，提高贷款质量，保证资金安全，提高贷款效益。

（四）统一授权授信制度

金融机构的信贷业务是由各级信贷业务职能部门、分支机构、信贷管理人员和在岗人员共同完成的，实行授权授信管理制度，赋予各级人员相应的权限和职责是完成信贷任务的基础和保证。金融机构必须在规定的范围内进行授权授信。

1. 基本授权的范围包括：营运资金的经营权限；同业资金融通权限；单笔贷款（贴现）及贷款总额审批权限；对单个客户的贷款（贴现）额度审批权限；单笔承兑和承兑总额审批权限；单笔担保和担保总额审批权限；签发单笔信用证和信用证总额审批权限；证券买卖权限；外汇买卖权限；信用卡业务审批权限；辖区内资金调度权限；利率浮动权限；经济纠纷处理权限等。

2. 特别授权范围包括：业务创新权限；特别项目融资权限；超出基本授权的权限。

3. 基本授信范围包括：全行对各地区的最高授信额度；全行对单个客户的最高授信额度；单个分支机构对所辖服务区的最高授信额度；单个营业部门和分支机构对单个客户的最高授信额度；对单个客户分别以不同方式（贷款、贴现、担保、承兑）授信的额度。各银行不同部门和分支机构对同一地区及同一客户的授信额度之和，不得超过全行对该地区及客户的最高授信额度。

4. 特别授信范围包括：因地区、客户情况的变化需要增加的授信；因国家货币信贷政策和市场的变化，超过基本授信所追加的授信；特殊项目融资的临时授信。

金融机构对每一个法人客户都应当确定一个最高授信额度。在确定对法人客户的最高授信额度的同时，应根据风险程度获得相应的担保。对由多个法人组成的集团公司客户，尤其是跨国集团公司客户，应确定一个对该集团客户的总体最高授信额度，银行全系统对该集团各个法人设定的最高授信额度之和不得超过总体最高授信额度。应及时掌握最高授信额度的执行情况，对其进行集中控制和监测，不允许有擅自超越授信额度办理业务的情况发生。应根据市场和客户经营情况，适时审慎调整最高风险控制限额，但额度一旦确定，在一定时间内应保持相对稳定，不应随意向上调整额度。

金融机构授权和授信都要有书面形式的授权书和授信书，并由授权人与受权人（授信人与受信人）签字盖章。授权、授信的有效期均为一年，如发生下列情况之一，授权人应调整直至撤销授权：受权人发生重大越权行为；受权人失职造成重大经营风险；经营环境发生重大变化；内部机构和管理制度发生重大调整；其他不可预测的情况。

如果发生下列情况之一，原授权应终止：实行新的授权制度或办法；受权权限被撤销；受权人发生分立、合并或被撤销；授权期限已满。

在授信实施过程中，如发生下列情况金融机构应调整直至取消授信额度：受信地区发生或潜伏重大金融风险；受信企业发生重大经营困难和风险；市场发生重大变化；货币政策发生重大调整，企业机制发生重大变化（包括分立、合并、终止等）；企业还款信用下降，贷款风险增加；其他应改变授信额度的情况。

（五）贷款管理责任制

金融机构经营贷款业务要实行一系列贷款管理责任制度。行长负责制明确规定贷款实行分级管理，各级行长在授权范围内对贷款拥有决策权，同时对授权范围内的贷款安全承担全面责任。审贷分离制将贷款管理各个环节的职责适当分离，分级落实到每个部门、岗位和管理人员，进行专业化操作，授予相应的权限并承担相应的责任。

贷款调查人员负责对贷款申请进行调查和评估，承担调查失误和评估失准的责任；贷款审查和审批人员负责贷款风险的审查和是否贷款的决策，承担审查、审批失误的责任，并对本人签署的意见负责；贷款发放和检查人员负责贷款的发放、检查和清收，承担因操作性风险、检查失误、清收不力造成贷款损失的责任。贷款分级审批制要求，金融机构按其分支机构业务量的大小、管理水平的高低和贷款风险度的不同，确定贷款审批权限，并将相应的审批权限授予各级分支机构的行长。各级分支机构应当根据贷款种类、借款人的信用等级和抵押物、质物、保证人等情况确定每一笔贷款的风险度，各分支机构的行长在授权限额范围内自行决定是否发放贷款并承担责任，超出授权限额的贷款须报上级有权审批部门决定。信贷工作岗位责任制，通过定岗位、定职权、定责任，把贷款管理的每一个环节的管理责任落实到各级信贷工作人员，规定贷款管理的考核标准和奖惩办法，将职权和责任挂钩。这种以提高经济效益为目的的权、责、利相结合的经营管理制度，是增强银行内部活力，充分发挥银行职工主动性、积极性、创造性的有效方法。

（六）贷款操作规程

1. 贷款申请。申请贷款的借款人应当是经工商行政管理机关（或主管机关）核准登记的企（事）业法人，其他经济组织、个体工商户或具有中华人民共和国国籍的、具有完全民事行为能力的自然人。借款人申请贷款应具备下列基本条件和要求：产品有市场、生产经营有效益、不挤占挪用信贷资金、恪守信用，并已经在金融机构开立基本账户或一般存款账户；有按期还本付息的能力；有限责任公司和股份有限公司对外股本权益性投资总额不得超过其净资产的 50%；资产负债率符合贷款人的要求；申请中长期贷款的、新建项目的企业法人所有者权益占项目所需要总投资的比例不低于国家规定的投资项目的资本金比例。

借款人要根据自身年度产、供、销计划编制借款计划，填写借款申请书，直接向开户的金融机构提出申请。

2. 借款人的信用等级评估。借款人的信用等级评估就是，对借款人如约偿还贷款本息的可靠程度进行测定或审查。银行应当根据借款人的领导者素质、经济实力、资金结构、履约情况、经营效益和发展前景等因素，评定借款人的信用等级。一般分为 AAA 级、AA 级、A 级、BBB 级、BB 级、B 级 6 个等级，有的银行分为 AAA 级、AA＋级、AA 级、AA－级、A＋级、A 级、A－级、BBB 级、BB 级、B 级 10 个等级。银行根据借款人信用等级的高低来决定是否同意贷款或在贷款条件上（如贷款担保、利率等）予以区别对待。

3. 贷前调查。金融机构受理借款人申请后，应由信贷部门根据贷款种类分别进行贷前调查。对申请借款的法人调查的内容主要包括：借款人的基本情况、财务状况、经营效益及市场分析；抵押物、质物的认定、核实保证人的担保资格、担保能力的审查评估；根据贷款方式的不同（如抵押、质押、保证、信用贷款等），以及借款人信用等级、贷款金额、贷款期限的不同作出贷款风险评价。对申请借款的自然人调查的内容主要包括：申请人的基本情况；申请贷款的用途；担保情况；收入来源和还款来源。

对于不同种类的贷款，还应根据贷款业务的不同特点增加一些调查内容。贷前调查应当做到实地察看，如实形成完整、详细的调查报告，不回避风险点，不因任何人的主观意志而改变调查结论。

4. 贷款审查与批准。金融机构实行审贷分离、分级审批贷款管理制度。贷款审查人员要对调查人员提供的调查报告和有关资料认真进行审查：一是审查借款用途是否合法，是否符合国家产业政策和信贷政策；二是审查借款人的近期经营状况，主要包括产、供、销状况，流动资金占用水平，经济效益状况等；三是审查借款人的发展前景、主要领导人的管理能力；四是审查借款人的资金来源计划和偿债能力；五是审查借款人的信用等级、复测贷款风险度。经过审查，明确提出贷与不贷、贷款金额、担保方式、贷款期限、利率和防范贷款风险的对策等审查意见，对超过审批权限的贷款，应按规定报上级行审批。

金融机构应当严格执行贷款审批程序和有关规定，防止发放任何形式的外部行政干预贷款和人情贷款；不得向关系人发放信用贷款；向关系人发放担保贷款的条件不得优于其他借款人同类贷款的条件。这里所称关系人是指：一是金融机构的董事、监事、管理人员、信贷业务人员及其近亲属；二是前列人员投资或者担任高级管理职务的公司、企业和其他经济组织。

5. 签订借款合同。借款申请经审查批准后，应由贷款人与借款人签订借款合同。借款合同应当约定借款的种类、用途、金额、期限、利率和还款方式，还要载明借贷双方的权利、义务、违约责任和必要的附加条件。如银行在必要时有要求提前清偿债务的权利，变更合同的权利，银行处理担保品的权利，保证人的连带赔偿责任等。如果是保证贷款，还应由保证人与贷款人签订保证合同，抵押和质押贷款，则应由抵押人、出质人与贷款人签订抵押合同、质押合同。需要办理公证或登记的，还应依法办理公证和登记手续。

6. 贷款发放。借款合同生效后，应由借款人填制借款借据。银行信贷部门必须按照借款合同的规定发放贷款，建立贷款台账，做好贷款发放、收回及余额的记录，并将经过有权部门和领导签章的借款借据送交会计部门进行贷款账务处理。如果没有任何正当理由或在双方没有违约的情况下，贷款人不按合同约定的期限发放贷款，应当偿付违约金；借款人不按合同约定用款的，也应当偿付违约金。贷款的发放必须在贷款手续办妥后方可进行，不得逆向操作。

7. 贷后检查。贷后检查是保障贷款安全收回的一种必要手段。贷款发放后，对短期流动资金贷款应每周进行一次检查，对各类项目与中长期贷款应每季度进行一次检查，对停产、半停产或生产经营严重恶化的客户，要随时关注资产保全情况。贷后检查的主要内容包括：贷款使用情况、企业经营情况、企业盈利及偿债能力情况、企业还贷情况、抵押品的完好程度和保证人的资信情况等。对各类中长期项目贷款与固定资产贷款还应检查：项目资金到位情况、贷款项目进展情况、贷款资金使用进度情况、投资回收计划执行情况、贷款项目进行期间内外因素变化情况等。对各类贷款都必须严格认真地进行贷后检查，做到实地察看、如实记录，写出检查报告，将检查中发现的问题及时报告有关负责人员，并对如何解决问题提出具体措施和建议。

　　8. 贷款归还与展期。借款人应当按照借款合同约定按时足额归还贷款本息。贷款到期，一般由借款人开出还款支票归还贷款，也可由银行信贷部门填写特种转账凭证，送交会计部门从借款人存款账户中直接扣收。在合同期内，借款人提前归还贷款应与贷款人协商。借款人因故未能按期偿还贷款的，应在贷款到期日之前，向贷款人申请展期。是否展期由贷款人决定。保证贷款、抵押贷款、质押贷款申请展期的，还应由保证人、抵押人、出质人出具同意的书面证明、已有约定的按照约定执行。短期贷款展期期限累计不得超过原贷款期限；中期贷款展期期限累计不得超过原贷款期限的一半；长期贷款展期期限累计不得超过 3 年。贷款展期期限加上原贷款期限达到新贷款利率期限档次的，自展期之日起按新档次计算。借款人未提出展期申请或申请未予批准的，该贷款从到期日次日起转入逾期贷款账户，并按规定计收罚息。

　　（七）贷款风险控制与管理

　　1. 金融机构贷款五级分类管理。金融机构实行贷款风险分类管理，对信贷资产定期进行审查，无论贷款是否到期，一律根据贷款的风险程度，即收回的可能性大小，将贷款分为正常、关注、次级、可疑、损失五类，并对不同类别的贷款实施不同的管理办法。

　　五类贷款划分的具体标准见表 6-1。

表 6-1　　　　　　　　　　　　贷款五级分类标准（一）

类别	主要特征
正常	借款人能正常还本付息或在建项目一直按照既定用款计划进行，银行对借款人全额偿还贷款本息有充分的把握
关注	1. 净现金流量减少 2. 借款人销售收入、经营利润在下降或净值开始减少，或出现流动性不足的征兆 3. 借款人的一些关键财务指标低于行业平均水平或有较大下降 4. 借款人经营管理有较严重问题，未按规定用途使用贷款 5. 借款人的还款意愿差，不与银行积极合作 6. 贷款的抵押品、质押品价值下降 7. 银行对抵押品失去控制 8. 银行对贷款缺乏有效的监管 9. 银行贷款档案不全，重要文件遗失，并对还款构成实质性影响 10. 违反贷款审批程序发放贷款
次级	1. 借款人支付出现困难，并且难以获得新的资金 2. 借款人不能偿还对其他债权人的债务 3. 借款人内部管理问题未能解决，妨碍债务的及时足额清偿 4. 借款人采用隐瞒事实等不正当手段套取贷款 5. 借款人经营亏损，净现金流量出现负值 6. 借款人能以拍卖抵押品、履行担保等作为还款来源以保证足额偿还贷款

类别	主要特征
可疑	1. 借款人处于停产、半停产状态 2. 固定资产贷款项目处于停缓状态 3. 借款人已资不抵债 4. 借款人趁改制之机逃废债务 5. 银行已诉诸法律催收贷款 6. 贷款经过合理重组，仍然逾期，或仍然不能正常归还本息，还款状态没有明显改善 7. 即使追索保证人或处理抵押品，贷款仍然无法全额偿还
损失	1. 借款人和担保人已经依法宣告破产，经法定清偿后，仍不能还清贷款 2. 借款人死亡，或依法宣告失踪或死亡，以其财产或遗产清偿后，仍未能还清的贷款 3. 借款人遭受重大自然灾害或意外事故，损失巨大且不能获得保险补偿，确实无力偿还的贷款 4. 经国务院批准核销的逾期贷款 5. 借款人被依法撤销、关闭、解散并中止法人资格，经确认无法还清的贷款 6. 借款人的生产经营活动已经停止，复工无望，经确认无法还清的贷款 7. 借款人的产品毫无市场，亏损严重并濒临倒闭，且政府不予救助，经确认无法还清的贷款 8. 由计划经济体制等历史原因造成的，债务人主体已消亡，悬空的银行贷款

　　贷款五级分类的程序一般分为三个环节：一是查阅信贷档案。掌握借款人基本情况、财务状况、借款合同、担保抵押文件以及贷款发放管理、收回的真实记录等重要信息和相关资料。二是审查贷款的基本情况。根据现有档案资料，对贷款项目的还款来源、还款记录进行审查，并对借款人的还款能力、还款意愿和贷款担保等进行深入分析，作出贷款归还可能性的初步判断。三是确定分类结构。在上述还款可能性分析的基础上，根据规定的五级分类标准，经过严格审查或集体讨论，最后确定分类结果。

　　贷款五级分类一般应按上述操作程序评定分类结果。由于贷款五级分类强调贷款收回的可能性，主要关注借款人的偿还能力和财务状况，因此，也可以采用一种简便的方法，即根据借款人的还款记录有无逾期贷款及其财务状况是否正常两个因素进行贷款分类。具体做法是将逾期贷款情况按照实际逾期天数划分为五个档次。借款人财务状况则按良好、一般、合格、不佳、恶化划分为五个档次。

　　财务状况"良好"是指借款人生产经营正常、财务状况基本稳定，各项财务指标较好；"一般"是指财务状况基本稳定，但个别财务指标不太令人满意；"合格"是指财务状况基本稳定，但有些财务指标存在明显的缺陷；"不佳"是指财务状况很不稳定，部分财务问题甚至比较严重；"恶化"是指财务状况很不稳定，大部分财务指标较差。最后，再将不同档次的逾期贷款情况、财务状况与贷款类别对号入座，评定分类结果如表6-2所示。这种方法只是最基本的、低标准的分类方法，要做到评定准确、切合实际，还需要借助其他信息和手段进行综合分析评价。

表 6－2　　　　　　　　　　　　　贷款五级分类标准（二）

逾期天数 财务状况	30 天（含 30 天）以下	31～180 天	181～360 天	361～720 天	720 天
良好	正常	关注	次级	可疑	损失
一般	关注	关注/次级	次级/可疑	可疑/损失	损失
合格	关注/次级	次级/可疑	可疑/损失	损失	损失
不佳	次级/可疑	可疑/损失	损失	损失	损失
恶化	可疑/损失	损失	损失	损失	损失

2. 不良贷款管理。金融机构应当按照《贷款通则》和有关规定建立和完善贷款质量的监管制度。在贷款周转过程中，信贷部门要定期深入借款企业进行贷后检查，通过检查发现有问题的贷款，要分析形成的原因，主动采取相应措施，包括：加罚利息；停止支付企业尚未使用的贷款；提前收回部分或全部贷款；要求保证人履行担保责任或依法处理抵押物；通过法律程序解决。

金融机构要按有关规定做好不良贷款的登记工作。逾期贷款由会计部门在贷款到期的次日转入逾期贷款账户；对逾期 1 年以上的贷款，虽未逾期或逾期不满 1 年，但生产经营已终止、项目已停建的贷款转入呆滞贷款账户；对符合财政部规定的呆账贷款及时转入呆账贷款账户。信贷部门也应建立分行业、分企业的逾期贷款台账，逐一进行登记管理。

对逾期贷款每季度要向借款人和贷款保证人发出贷款催收通知书，要密切监督企业的存款变化情况，及时从借款人和保证人账户扣划贷款本息，或依法处理抵押、质押物抵偿拖欠的贷款本息。

对呆滞贷款要加紧催收工作，按季度发出催收通知书并保留回执，以防借款合同和保证合同的诉讼时效中断，要注意适用法律手段维护银行债权。

对呆账贷款或虽未形成呆账但实际上已无望收回的不良贷款，要整理好有关文件资料，做好呆账核销的准备工作。应分别由信贷、会计、稽核部门组成贷款呆账审批小组，按照财政部有关规定的要求与程序，组织协调贷款呆账核销申报工作，逐级审批、逐笔核销。

金融机构不良贷款应由信贷部门和资产风险管理部门组织专人进行监控和管理，参与借款人的债务重组，做好贷款资产保全和清偿工作，不论借款企业采取何种改制形式都要按照国家法律和《贷款通则》的有关规定，有效落实偿还贷款本息的责任。对违反法律、政策规定在改制经营过程中不合理分割、降价出售、变卖、私分、隐匿、擅自转移企业财产等形式或逃废银行债务的，必须坚决抵制，以维护银行的合法权益。

三、信贷业务内部控制主要问题

1. 贷款数量违规。贷款数量方面的问题，通常指绕开金融机构资产负债比例管理之外，采取各种方法发放贷款。这一做法极易导致信用膨胀和信贷膨胀，扩大现金流通和货币供应，破坏国家信贷收支平衡，同时也容易滋生腐败和犯罪，在经济和金融领域的危害显而易见。其主要表现形式如下。

（1）滥用会计科目核算贷款。主要指用限于金融机构之间使用的会计科目来核算和反映其向企业发放的贷款。例如，采用往来科目以拆借的名义把信贷资金拆借给本行房地产信贷部，再通过房地产信贷部将资金发放给企业，使"同业往来"衍生成实际意义上的"银企往来"科目。

（2）从事虚假委托贷款。把一般存款直接转入委托存款科目，堂而皇之地扩大委托贷款，不仅逃避了规模监控，而且达到少缴中央银行存款准备金的目的。

（3）利用其中间业务和表外业务变相发放贷款，主要采取的手段如下。

①利用信用卡透支的便利变相发放贷款。发卡银行把发放违规贷款的目标转向底下的信用卡部，对信誉较好的持卡企业，放宽条件，给予其优惠政策，采取降低透支利率，信用卡超期限、超限额透支等方式，鼓励企业大量透支，以此达到多透支、多盈利的目的。

②开出无贸易背景的远期信用证、保函和银行承兑汇票等，有意造成银行垫款或者套取银行资金来达到变相融资，绕开存贷款比例控制的目的。

2. 贷款投向违规。贷款投向方面的问题，是指金融机构出于各种目的，利用各种方式，改变贷款投向，从中牟取利益的违规或违法行为。这种行为不仅不能有效地贯彻国家的货币信贷政策，还极易引起社会经济秩序的紊乱。其主要表现形式如下。

（1）以流动资金贷款名义变相发放固定资产贷款。

（2）金融机构直接或者间接通过向与自己业务往来密切的企业发放贷款，然后自己挪作他用；或将贷款投资于非自用房地产；或将贷款投资于股票买卖业务；或将贷款投资于非银行金融机构和企业。金融机构的这种违法放贷行为，极大地助长了房地产业、股票证券业的投机活动，严重破坏了国家正常的经济金融秩序。同时，增加了金融机构的信贷风险，导致大量的信贷资产损失。

（3）金融机构利用单位便利，向其关系人或关系户投资或者相关高级管理人员的公司、企业和其他经济组织发放信用贷款；或者向关系人发放担保贷款的条件优于其他借款人同类贷款的条件。这类以贷谋私的违法行为将极大地增加银行的贷款风险。

（4）以贷收息和以贷缴税。以贷收息，掩盖不良资产，不仅造成信贷资产质量不实，而且加大了金融机构信贷经营风险；以贷缴税导致虚增财政收入，使信贷资金财政化。

3. 贷款利率违规。有的金融机构，违规多收贷款利息的现象屡见不鲜、屡禁不绝。其主要表现形式如下。

（1）擅自提高贷款利率标准。在计收贷款利息时，不是按照现行同档次的贷款利率收取利息，而是超过同档次贷款利率标准收取利息。

（2）巧立名目变相提高利率。通过息外收费的不正当手段实现增加收入的目的，如贷款手续费、保证金、咨询费、服务费等，息外收费实质上是变相提高利率。

（3）在贷款期限上做文章。贷款期限的约定不规范，贷款利率执行高期限，实际贷款期限却为低期限加上若干天，例如贷款期限原为半年，在计收利息时按 1 年期收息。

4. 贷款质量违规。贷款质量是指贷款的经济效益或者是获得经济效益能力的大小，是对贷款安全性、流动性、盈利性的综合评价和定性判断。从 1994 年起，金融机构开始实行资产负债比例管理。由于金融监管机构加强了资产负债比例的监管，同时金融机构自身出于维持生存发展和抵御金融风险的需要，也开始重视和加强对贷款质量的跟踪监控和量化考核，全面实行行长负责制，甚至直接与个人利益挂钩。但是，一些金融机构并没有从正面去积极防范和化解不良贷款风险，反而在不良贷款账面上费尽心机，玩数字游戏，隐瞒不良贷款。

金融机构隐瞒不良贷款的主要方式如下。

（1）借新还旧。通过借新债还旧欠的方式将不良贷款转为正常贷款。

（2）违规展期。出于掩盖不良贷款的考虑，将逾期的不良贷款再扩展期限，使之转为正常贷款。

（3）调账调表。直接在账面上将不良贷款数额压缩，有意隐瞒不报。

（4）混淆不良贷款构成。不按照不良贷款的认定标准，有意调减"两呆"贷款、调增逾期贷款，隐瞒贷款损失程度。

这类违规的账务特征一般是：在统计归并上把应转入逾期的贷款列为正常贷款，把应转为"两呆"的贷款列为逾期贷款，造成贷款质量虚假；在贷款运作上往往是更换合同，重立借据，以贷收贷，借新还旧，以此掩盖风险。

5. 核销呆账贷款违规。目前，各金融机构核销呆账贷款基本上都必须由其总行批准。客观地说，核销呆账贷款的各项报批手续和程序应该都是比较完整规范的，但由于金融机构总行与分支机构之间的信息不对称和"内部人控制"等因素影响，导致部分金融机构或信贷人员借核销呆账之名，行中饱私囊之实。其主要表现形式如下。

（1）弄虚作假。为了骗取核销呆账贷款指标，某些基层行或个人不惜采取伪（仿）造假凭证，出具假证明的手法。

（2）内外勾结。部分金融机构或个人，为了小集团利益或一己之私，与贷款企业相互勾结，由金融机构出面申请核销呆账贷款后，明里已核销呆账，实则由贷款企业继续归还贷款，而还款则不知去向。

四、信贷业务内部控制调查

信贷业务内部控制调查是审计人员运用专门的方法，调查了解信贷业务内部控制制度的建立及实施情况，是针对信贷业务内部控制本身是否完善、是否健全所进行的初步了解和评价。内部控制调查是内部控制测试、内部控制评价的基础。

（一）内部控制调查的方法

内部控制调查通常采用文字说明法、调查表法、流程图法等方法。审计人员进行信贷业务内部控制调查时，可以综合运用三种方法。

1. 文字说明法。在实际工作中，审计人员采用文字说明法对内部控制进行描述，一般是记录在审计工作底稿上，见表 6 – 3。

表 6 – 3　　　　　　　　　　　　　内部控制审计调查记录

调查单位：×××支行　　　　　　　　　　　　　　　调查时间：201×年×月×日

调查项目：信贷业务内部控制　　　　　　　　　　　　被调查人：××

被审计单位	某金融机构		
被调查人员姓名	×××	工作单位	金融机构职务信贷科长
调查时间	201×年×月×日	调查地点	信贷科
调查事项	信贷业务内部控制调查		

调查内容：

　　金融机构××支行，现有干部职工 68 人，截至 201×年 8 月底，存款余额为 187.653 万元，各项贷款余额为 141.297 万元，其中不良贷款余额为 19.562 万元，占各项贷款余额的 13.85%。

　　信贷业务组织机构

　　（1）岗位设置

　　业务部主任（信贷科长）

　　客户经理（管户信贷员）

　　信贷管理综合岗

　　（2）岗位职责

　　信贷科长职责

　　信贷员职责

　　信贷管理综合岗职责

审计组长：×××　（签字）　　　　　　　　　　年　月　日	审计人员：×××　（签字）　　　　　　　　　　年　月　日
被调查人员：×××　（签字）　　　　　　　　　　年　月　日	被调查部门或责任部门：×××　（盖章）　　　　　　　　　　年　月　日

　　2. 调查表法。调查表的格式主要包括调查问题或调查内容、调查答案或调查结果。对于调查结果一般按照调查项目分设"是""否""不适用""备注"四个栏次，见表 6 – 4。

表 6 – 4　　　　　　　　　　　　　内部控制调查表

调查单位：×××支行　　　　　　　　　　　　　　　调查时间：201×年×月×日

调查项目：信贷业务内部控制制度　　　　　　　　　　被调查人：××

调查内容	调查结果			
	是	否	不适用	备注
一、内部控制制度建设				
1. 是否按照制度规定制定了内控制度				

续表

调查内容	调查结果			
	是	否	不适用	备注
2. 内部控制制度是否具有可操作性 3. 是否定期检查内部控制的健全性和有效性 二、信贷决策机构情况 4. 是否建立了贷款审查委员会 5. 决策委员会的工作职能是否明确 6. 决策程序是否具有可操作性 三、岗位责任制情况 7. 是否建立了明确的信贷岗位责任制 8. 信贷部门设置、信贷岗位分工是否遵循必要的分离原则 9. 信贷岗位分工是否存在明显风险隐患 10. 信贷岗位责任制是否制定科学严格的考核办法 11. 奖惩制度是否落实				
审计组长：××× 　（签字） 　　　　　　　　年　月　日	审计人员：××× 　（签字） 　　　　　　　　年　月　日			
被调查人员：××× 　（签字） 　　　　　　　　年　月　日	被调查部门或责任部门：××× 　（盖章） 　　　　　　　　年　月　日			

　　3. 流程图法。流程图法是采用特定的符号和图形，将金融机构信贷业务处理手续以及业务流程，用图解的形式直观、形象地表现出来的一种方法。采用流程图法，要根据信贷业务的流程以及信贷业务内部控制要求，确定控制点，对控制点及控制环节、控制措施进行分析，然后按照控制点描述信贷业务流程（见图6-1）。

　　（二）信贷业务内部控制调查的内容

　　信贷业务内部控制调查，是对信贷内部控制制度的建设情况进行初步了解和评价，检查内部控制系统是否存在缺陷和不足。调查的具体内容如下。

　　1. 信贷综合管理的内部控制制度

　　（1）集体审批制度。是否建立并严格执行贷款审查委员会制度，有关重大决策是否由贷款审查委员会集体审议决定。

　　（2）审贷分离制度。是否按照审贷分离原则设立了相应的组织机构，并严格执行审贷分离责任制度。

　　（3）授权授信制度。是否建立了严格的授权授信管理制度，是否严格执行授权、转授权管理制度，对超越权限或未按操作规程发放贷款的否决制度。是否对借款人实行统一授信管理，贷款是否遵循最高授信额度管理。

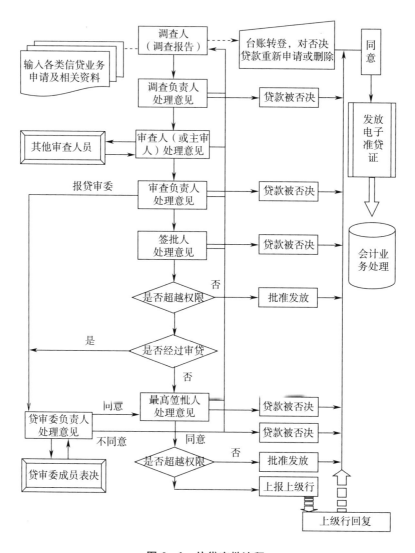

图 6 - 1　信贷审批流程

（4）信贷业务经营和管理责任制度。是否实行在授权范围内的行长负责制和经办负责人制度。

（5）信贷工作岗位责任制。是否建立了规范、完善的信贷人员岗位责任制，各信贷工作岗位是否有明确的岗位职责和岗位权限规定。

2. 贷款业务操作的内部控制制度

（1）贷款申请。是否制作了统一规范的借款申请书，并要求借款人按照规定无遗漏地填写，是否明确规定借款人应提供的相关资料。

（2）信用等级评估。是否建立统一、规范的信用等级评定制度。是否建立了信用评估委员会，是否对借款人定期进行信用等级评估，借款人生产经营或资本结构等发生重大变化时是否进行即期评估。

（3）贷前调查。是否对借款人的资格条件、经营的合法性进行严格审查；是否对借款人真实的经营现状、销售收入进行细致、深入的实地调查；是否根据国家经济政策、产业政策，对借款人行业前景，产品销路、竞争能力进行调查；是否对借款人的财务状况、资本的真实性进行调查；是否对借款人目前的信用状况进行调查；是否对借款的真实用途、贷款项目的可行性、可能存在的政策风险进行调查和分析；是否对贷款的使用效益、周转期进行客观的分析预测，对贷款本息偿还的来源以及偿还的可能性进行测算和分析；是否对贷款的抵押物、质押物的合法性、有效性、真实性、所有权与处置、登记手续的完整性进行调查；是否对保证人的资格、保证意向、保证能力进行调查；是否对票据贴现业务的真实性、合法性以及应具备的真实商品交易背景进行调查；是否对银行承兑汇票的真实商品交易背景和增值税发票以及将规定的保证金存入银行进行调查；信贷调查是否坚持"双人"原则，是否对贷款项目存在的问题或风险隐患进行充分的披露，并提出主要风险因素规避措施；调查人员是否提出贷与不贷、贷款期限和利率、贷款金额的建议；是否规范调查报告要素，以及严格执行信贷调查人员撰写调查报告的规定。

（4）贷款审批。是否设置专门的贷款审查机构和审查人员对贷款进行审查，并规定明确的职责和权限；是否对调查人员提供的数据和资料的完整性进行审查；是否根据国家的产业政策、贷款原则、对贷款投向和投量进行审查；是否对借款人的资格、借款用途、借款金额、借款期限、还款来源、保证方式进行严格的审查；是否复测贷款风险与信贷资产的风险度；是否对贷款的抵押、质押或保证人的合法、合规、可靠性进行审查；贷款是否提交贷款审查委员会或按照规定权限审批；审查人员是否具有相对的独立性，并规定了足够的审查时间，贷款审查是否坚持民主决策，出具明确的审查意见。对超出审批权限的贷款是否报送上级行主管部门审批。

（5）签订借款合同。借款合同的签订是否经过信贷部门和有权签字人的签章；借款合同中贷款要素的填写是否齐全，借款合同的必备条款约定的贷款用途、利率等是否符合政策规定与要求；借款合同与保证、抵押、质押合同的主从合同关系是否明确、相互衔接，是否具有法律效力。

（6）贷款发放。贷款发放是否遵循贷款审批与贷款发放分离原则，由贷款调查人员负责贷款发放的操作；是否根据贷款审批意见在签订借款借据后及时发放贷款；会计部门是否按照规定进行贷款账务处理，信贷部门是否建立"信贷台账"，数据是否准确完整，登记、更新是否及时；抵押、质押物权凭证是否按照规定进行登记保管。

（7）贷后检查。是否建立和执行贷后跟踪检查制度；贷后检查是否坚持定期与不定期检查、单项检查与全面检查相结合；是否对贷款调查的认定、贷款发放的合规性和合法性进行检查；是否对贷款的使用情况、借款人和保证人的资产负债情况、经营状况以及还本付息能力等情况进行检查；是否制定了规范的贷后检查报告和记录制度，每次贷后检查是否有文字报告或记录；对大企业或大项目的贷款是否建立贷款专管员制度。

（8）贷款本息的收回。贷款到期前是否按照不同的贷款种类，及时向借款人发出还本付息通知单或催收通知；贷款到期次日是否依据借款合同、借据约定从借款人、保证人账户上划收贷款本金和利息；对不能按期归还的贷款是否依法追究借款人的违约责任，是否加收了罚息；对不能归还或者不能落实还本付息事宜的，是否督促归还或者依法起诉。是否按照中国人民银行规定的贷款利率计算贷款利息；是否严格执行财政部关于贷款利息收入的确认方法，正确计算利息收入；是否按照《金融企业会计制度》规定的记账方法和核算方法进行贷款利息收入的核算。

（9）不良贷款监管与资产保全。是否建立贷款的质量监督管理制度，是否按照《贷款通则》《不良贷款认定暂行办法》等有关规定，恰当认定不良贷款并进行分类登记、考核和催收，及时上报上级行和银行业监管机构；是否明确不良贷款的监管责任，是否采取债务重组、补办抵押、依法催收等资产保全措施；对确属无法收回的贷款是否及时申报呆账核销，核销材料是否严格执行财政部的有关规定，并保留对借款人和担保人的追索权；是否按照国家有关规定计提呆账准备金，按照呆账冲销的条件和程序冲销呆账贷款。

五、信贷业务内部控制的符合性测试

信贷业务内部控制测试即对金融机构的信贷业务内部控制制度运行的有效性进行测试，以获取信贷业务内部控制运行有效性的审计证据。信贷业务内部控制的符合性测试是指审计人员在了解金融机构的信贷业务内部控制制度以后，对准备信赖的控制系统的实施情况和有效程度进行的测试，其目的在于查明被审计的金融机构各项信贷业务控制措施是否真实存在且发挥应有的作用。

审计人员通过信贷业务内部控制的调查只能了解被审计银行的内部控制制度建立情况，以及内部控制制度本身是否完善。但是完善的内部控制制度并不等于实际工作中一定能够达到预期的控制目的，由于执行不严格或根本不执行或无法执行，就会使内部控制功能失效或者被削弱。为了验证内部控制制度在信贷工作中是否得到贯彻执行，以及贯彻执行的程度如何，还必须有针对性地进行信贷业务内部控制测试。因此，审计人员应在内部控制调查的基础上，对信贷业务内部控制制度进行符合性测试。

内部控制符合性测试是审计人员针对信贷业务内部控制制度的执行情况与效果所进行的验证。测试一般采用检查证据法、验证法、实地观察法。检查证据法是审计人员检查与信贷业务相关的凭证、账簿、报表等资料，是否按照内部控制制度的规定认真贯彻执行；验证法是审计人员按照信贷业务内部控制规定的程序与要求，跟踪信贷业务的实际操作运行，验证内部控制制度的贯彻执行情况；实地观察法是审计人员深入业务现场观察业务操作中内部控制制度执行的实际情况。

对信贷业务内部控制制度进行符合性测试的具体内容如下。

（一）内部控制制度健全完善情况

1. 调阅内部控制制度目录，检查内部控制制度是否健全。各项业务是否均有制度作保障，有无新开办信贷业务无制度规定的情况。

2. 询问是否根据业务的变化情况，及时纠正制度执行中的问题，并对制度进行必要的完善和修订。

3. 运行测试内部控制制度是否具有可操作性，是否得到贯彻执行。

（二）决策机构的设置情况

1. 调阅贷款审查委员会、信用评估委员会制度、会议决议、会议记录、决策程序等，了解委员会的建立是否规范，以及运行情况是否正常。

2. 对新增加的贷款、不良贷款的剥离、呆账核销、诉讼等重大决策是否集体审议。

（三）信贷部门、信贷岗位设置及分工情况

1. 调阅信贷部门、信贷岗位设置的有关文件，检查是否符合不相容职务分离的内部控制原则。有无职能交叉或岗位职责明显不符合规定的情况。

2. 调阅职能部门岗位责任制的文件、资料，检查贷款审批的重要岗位互相制约控制情况，检查岗位职责、权限的规定是否健全、明确。

（四）授权授信情况

1. 调阅授权授信的制度规定，检查授信调查、审批、发放和贷后等环节是否有健全、完善的操作程序和具体规定。

2. 调阅各级授权与转授权书，转授权是否符合规定程序，检查转授权工作是否遵循统一管理、灵活控制、分类指导、区别授权的原则，实行逐级优先授权、分类区别授权、适时调整授权。各种授权和转授权是否以书面形式确认。

3. 对照授权书，查看相关业务开办资料，检查各项业务是否按照审批程序办理，审批手续是否健全，有无越权操作和未审批现象。

4. 抽查授信额度资料，检查授信额度是否合理，是否根据客户的信用变化及时进行调整，授信额度是否在授权范围之内。

5. 调阅授权授信检查记录，审查授权授信是否按照有关制度规定认真进行检查。

（五）贷款程序内部控制情况

1. 借款人资格测试

（1）针对抽查的贷款项目，查阅借款人资料，审查借款人身份是否真实，是否符合《贷款通则》的要求，资料是否齐全。

（2）核查借款人的财务报表是否附有会计师事务所的审计报告意见。

（3）分析验证、实地考察借款人各项资料的真实程度。

（4）检查票据贴现业务是否具有真实的商品交易背景，交易合同、增值税发票、商品发运单证复印件等资料是否齐全、真实，贴现人是否在贴现行开立存款账户。

2. 贷前调查报告测试

（1）审阅贷前调查报告和记录，分析判断信贷员的政策、业务、道德水平，以及贷前调查报告是否真实可靠、内容充分、条理清晰、观点鲜明、结论准确。

（2）审阅贷前调查报告，验证是否实地考察借款人的经营状况。

（3）审查信贷人员对借款人的财务状况，审查和判断的依据及方法是否科学、合理。

3. 贷款担保测试

（1）调阅保证合同等相关资料，审查担保人是否符合担保条件，是否具有真实的担保意愿和担保能力。

（2）审查是否对担保进行了实地核保。

（3）调阅抵押合同，审查抵押物是否属于《担保法》禁止的抵押、担保财产；是否对抵押物进行价值评估，评估价值是否合理；抵押率是否符合规定，是否合理；抵押物是否经工商管理部门、土地管理部门、房屋管理部门登记，有无重复抵押情况。

（4）调阅质押合同，审查质押物与贷款核定是否合理，是否经过登记，是否重复抵押。

（5）调阅贷款企业的借款合同及担保、抵押、质押合同，审查合同之间的相关性，审查主从合同是否衔接一致。

（6）抵押物、质押物的管理是否实行专人管理，手续是否严密，有关权证是否入出纳库登记保管。

4. 贷款审批、发放测试

（1）调阅贷款审查审批表，审查审贷分离、分级审批制度是否得到认真贯彻执行。

（2）检查是否按照审查程序经过初审、复审并签字，对贷款审查资料的完整性是否进行审查，对贷款风险是否进行复测，是否提出了明确的审查意见。

（3）检查审批权限控制，贷款额度是否在规定的授权范围内，是否符合风险管理要求。

（4）检查是否贯彻了信贷业务的统一授信制度。

（5）检查借款合同要素是否齐全，意见表达是否正确。

（6）调阅贷款台账，与会计部门贷款账核对，检查贷款业务记录是否真实、准确、完整。

5. 贷后检查测试

（1）调阅岗位责任制和人员业务分工安排表，检查贷后检查是否由专人负责，贷后检查岗位是否与贷款调查、审查和审批岗位实现分离。

（2）调阅贷后检查报告和记录，检查是否按照规定时间及时进行检查，检查频率是否足够，对于重点借款客户是否有派驻点信贷员专人管理。

（3）检查是否按照规定监督信贷资金的使用，并形成贷款使用情况书面报告，验证贷款有无挪用情况。

（4）是否及时编写贷后检查报告或记录，贷后检查报告和记录是否真实反映借款人、保证人的生产经营及财务情况，充分反映借款人信用风险信息。

（5）是否及时发出还本付息通知书、逾期贷款催收通知书，督促借款人积极归还到期、逾期贷款。

6. 不良贷款管理测试

（1）抽查不良贷款档案，检查不良贷款分类认定程序与认定标准是否符合制度规定。

（2）检查不良贷款结果的认定权限是否符合授权范围，是否对不良贷款实行了逐笔认定、逐笔签字。

（3）检查逾期贷款是否及时进行催收，是否履行了定期催收职责，是否保留了书面的催收凭据。

（4）检查不良贷款的监管责任是否落实，信贷部门、会计部门不良贷款监管责任的履行情况。

（5）检查对呆滞贷款采取资产保全措施的有效性；检查对将要破产的企业依法清收情况，检查对改组、改制、发照和法人变更贷款重新签订借款合同，并办理有效担保的情况，检查对难以协商处置或逃废银行债务的诉讼时效保全，及时向法院提起诉讼的情况。

（6）检查对呆账贷款的认定，是否符合财政部等部门的有关规定，资料是否齐全、真实。

（7）检查呆账核销的程序，账务处理是否符合制度规定。

（六）信贷业务内部控制的评价

审计人员对信贷业务实施内部控制调查、测试的目的，是确定金融机构信贷业务内部控制的健全性、有效性和风险水平，以此决定对内部控制的信赖程度，确定对信贷业务实施审计的范围、重点、规模、策略以及审计计划。因此，审计人员在完成信贷业务内部控制调查、测试后，应根据获得的证据，对信贷业务内部控制制度的有效性、健全性作出适当的评价。审计人员对于内部控制的评价包括是否依赖内部控制的结论，并明确内部控制的信赖程度。对内部控制评价可分为三种，即高信赖程度、中信赖程度、低信赖程度。

第三节　信贷业务实质性程序

信贷业务审计的实质性程序一般包括贷款经营原则执行情况、贷款业务管理、贷款真实性、贷款担保性、贷款利率、不良资产管理和贷款效益性等许多内容。根据金融机构信贷业务审计的目标，信贷业务审计的实质性程序重点内容可以归纳为四个方面：信贷业务合法、合规性审计；贷款真实性审计；贷款效益审计；贷款风险管理审计。

一、信贷业务合法、合规性审计

1. 贷前调查测试

（1）审核借款企业资料是否齐全、有效，信贷人员对借款企业的借款目的、经济实力、资金结构、履约情况、企业领导者的素质和发展前景等方面是否进行过实地调查、信用评级、风险测算和评价，是否符合有关制度规定，担保人是否具备资格。

（2）审核贷款担保是否符合规定，审查信贷人员对担保企业的经济实力、资金结构、履约情况、经济效益、风险状况、企业领导者的素质和发展前景等方面的调查分析和风险评估情况。核查抵押、质押物的评估、登记情况，看其是否可靠、真实；抵押、质押物是否通过公证，是否符合《担保法》的规定。

（3）审查票据贴现的合法性、真实性，票据的当事人是否符合规定的条件，商品交易合同、增值税发票、发货单和承兑汇票等是否齐备，经过背书转让的票据行为是否合规。是否按照规定向承兑银行对银行承兑汇票的真实性进行了查询，并判断贴现到期能够及时收回贷款。

（4）审查贷款调查人员报送的贷款资料，包括借款申请书、企业财务报表、购销合同、抵（质）押物和保证人情况等资料是否齐全，贷款调查分析报告对贷款的合法性、安全性、流动性、效益性的综合评价是否客观公正。

2. 贷款审批与发放测试

（1）检查贷款审批资料。包括贷款申请、调查资料和审贷会议记录等是否齐全；对贷款调查报告和有关资料是否进行了认真审查，明确提出了审查意见，并按规定程序送交信贷部门办理或转报上级行审批。

（2）检查贷款的审批是否严格执行审贷分离、分级审批制度，有无未经贷前调查的直接审批，或超越授权授信范围，未报上级行批准的越级审批等逆程序审批贷款的问题。

（3）检查贷款担保手续是否齐全、足值、合法，是否按规定办理对保证人、抵（质）押人和抵（质）押财产共有人的承诺，以及办理保险等估值、产权转移登记、保管等手续。

（4）检查是否存在违反规定，对不具备借款人资格的企业发放贷款，或放松申请贷款条件，向关系人发放贷款的问题。

（5）检查票据贴现的资料是否完备，以及商品交易的真实性，商业承兑汇票是否经过对方银行调查付款人的资信情况，并判断能够按期归还贷款。

3. 贷后检查测试

（1）审核信贷人员是否在贷款发放以后按期进行追踪检查，了解借款人执行贷款合同情况；是否了解借款人和担保人的生产经营、产品市场需求、财务状况和发展趋势；是否认真做好贷后检查记录，进行信用分析、评价，编写检查分析报告。

（2）审核信贷人员在贷后检查中，是否对贷款风险进行有效识别、预警，必要时查阅借款人的存款分户账，延伸检查贷款资金去向；是否存在将流动资金贷款用于购置固定资产等转移、挪用贷款资金的情况。

（3）审核贷款档案资料是否齐全，是否按时归档；抵押资料是否齐全，抵（质）押物是否完整、足值、有效。

（4）审核信贷人员是否按照规定，及时履行贷款收回手续；不能按期偿还的贷款，是否在到期次日转入逾期贷款账户；经批准办理展期的贷款是否符合规定，有无以贷收息的经营行为。

4. 贷款利率测试

（1）调阅借款合同和借据，审查借款合同中注明的利率，是否符合中国人民银行的规定，有无任意提高或降低贷款利率、错用利率问题。

（2）调阅借款合同和借据、利息收入明细账和手续费收入明细账，审查是否在借款合同中订有附加条件，通过向借款人加收信息费、咨询费等名义变相提高贷款利率。

（3）调阅借款合同和借据、利息收入明细账，审查是否存在在发放贷款当日即扣收贷款利息，从而变相提高贷款利率的情况。

（4）调阅贷款利息计算清单，审查贷款计息积数计算是否正确，有无随意虚增计息积数，增加贷款利息，变相抬高贷款利率的情况。

（5）调阅借款合同、借据、利息计算清单，审查贷款展期后，是否按新的期限（展期期限加原贷款期限）档次利率计收贷款利息。

（6）调阅逾期贷款明细账、应收利息明细账、利息收入明细账和贷款利息计算清单，审查是否对逾期贷款、挤占挪用贷款进行了追加罚息处理。

（7）调阅停息、减息、缓息和免息贷款明细账，审查在办理停息、减息、缓息和免息过程中是否严格执行国务院规定，有无越权办理的现象。

二、贷款真实性审计

1. 贷款金额测试

（1）审查信贷管理系统的贷款台账、贷款明细表、贷款统计报表的贷款金额（包括期初余额、本期发生额和期末余额）与会计核算系统的贷款明细账、总账和会计报表的贷款金额是否一致。

（2）审查本年的信贷计划和本年贷款的增长情况，并将本年贷款余额与上年贷款余额进行对比，分析本年贷款余额的增减是否正常；若有异常变动，则应注意查明原因。

2. 大额异常贷款测试

（1）抽取贷款金额排在前 10 位的贷款大户，进行详细审查：一是调阅贷款档案资料，检查借款人的条件、担保、抵押是否符合规定，贷款的审批程序是否正常，检查贷款户名、金额、期限、利率与会计部门的记录是否一致；二是通过实地调查或函询核实借款人的借款金额、利息支付与银行的账面记录是否一致；三是追踪贷款资金的去向，查明借款人是否按照借款合同的约定使用贷款，有无转移、挪用银行贷款的现象；四是检查借款人提供的贷款资料是否真实，企业经营活动、财务状况、偿债能力等有无异常现象。

（2）抽取异常的贷款项目，包括金融机构自办公司、欠息大户、相互担保企业的贷款，以及同一法人代表、同一办公地址或同一电话号码，而借款人不同的贷款等。审查借款人的生产经营状况是否正常，贷款的使用情况是否符合规定，结合对其各种存款和往来账户的审查，判断金融机构是否存在设立贷款和利息收入过渡账户和账外发放贷款的问题；借款企业是否存在转移和骗取银行贷款的行为。

（3）结合对中介业务、表外业务主要是银行承兑汇票、信用证和担保等业务的审查，判断金融机构是否存在利用这些信用工具违规运作而形成各项不能到期兑付的不良垫款行为。

3. 展期贷款测试

（1）调阅信贷档案资料，将贷款台账与会计核算账户进行核对，审查企业不能按期归还经银行批准展期的贷款，是否符合有关规定，贷款已到期，借款人未申请展期，或申请展期未获批准应转为逾期贷款的，是否及时转为逾期贷款。

（2）审查借新还旧贷款是否具备下列条件：一是借款人生产经营活动正常，并能按时支付利息；二是重新办理了贷款手续；三是贷款抵押、担保继续有效；四是贷款属于周转性。否则，均应以原贷款合同到期日为基础，划为相应档次的不良贷款。

4. 不良贷款测试

（1）审阅信贷部门按"一逾两呆"或"五级分类"口径分类的贷款明细表，与会计部门贷款明细账、总账、会计报表有关科目的贷款金额进行核对，如不相符或有重大调整项目，则应注意查明原因。

（2）根据贷款档案资料，结合实地调查或函证核实逾期贷款、呆滞贷款的数据是否真实、准确，是否符合有关规定；呆账贷款的数据是否正确，并符合财政部门有关条款（"破、死、灾、批"）的规定；是否存在借款人生产经营已经终止、项目已经停建，而未划转为呆账贷款的情况。

（3）审阅贷款档案，结合实地调查或函证，核实借款人在贷款前后的生产经营状况、资信情况、财务状况和借款的使用情况，并从以下几个方面对不良贷款形成的原因及其责任进行客观的分析。

①国家经济政策发生变化造成的贷款本息损失。

②银行经营管理上的原因造成的贷款本息损失。具体包括：银行经营行为不规范造成的贷款损失；银行自办公司贷款形成的贷款损失；银行非法从事股票、期货操作造成的贷款损失；内外勾结发放人情贷款造成的贷款损失。

③借款人所造成的贷款损失，主要是按照财政部有关规定列为呆账的贷款损失；借款人在企业改制中不规范行为造成的贷款本息损失。

④地方政府干预造成的贷款本息损失。

5. 以物抵贷资产测试

（1）审查以物抵贷资产价值，是否由具有合法资格的评估机构进行评估确定，有无低值高估的现象。

（2）审查以物抵贷资产的会计处理（包括原贷款的转销、确定入账价值与账面价值差额的处理）是否符合财政部的有关规定，有无已办理以物抵押手续和质押凭证过户手续的贷款未作账务处理的情况。

（3）审查以物抵贷资产是否有资产保全部门设专人进行登记保管，并定期进行实物盘点清查，对抵贷资产产生的收益（如租赁收入）有无截留现象。

（4）审查收回的抵贷资产（如房屋、汽车等）有无自用现象。

三、贷款效益审计

1. 贷款利息收入测试

（1）审查贷款利息收入的正确性。根据上年末贷款余额表、本年贷款明细账和贷款利率表，编制贷款利息收入明细表，与银行利息收入明细账和总账进行核对，审核利息计算是否准确，利息金额、日期是否相符。

（2）审核利息入账情况。通过抽查原始凭证，与利息收入明细账核对、核实已记账的利息收入是否全部是从借款人账户划转的；将利息收入明细账与总账和其他相关账户、损益表及其附表进行核对，检查计息清单与利息收入、应收利息的金额是否一致，是否账账相符、账表相符、表表相符。

（3）审阅结账日期前后的利息收入和应收利息明细记录，对其中的大额利息收入进行重点审查，与贷款合同、计息清单相互核对，注意其入账日期是否正确，是否存在跨年度入账，从而达到人为调节损益的问题。

2. 贷款效益指标测试

（1）根据资产负债比例管理的各项规定，审查金融机构是否建立了贷款效益指标和财务分析考核制度，对贷款效益性指标是否按期进行考核、上报，及时反映贷款效益的实际情况。

（2）审阅信贷统计报表、会计报表和利息收入记录等相关资料，检查贷款周转率、贷款利润率、贷款利息回收率等各项指标的完成情况，各项指标的统计是否真实；各项比例控制是否符合提高资产盈利性的原则。

四、贷款风险管理审计

1. 贷款五级分类管理测试

（1）调阅按"五级分类"口径编制的贷款明细表等信贷档案资料，审查金融机构是否按照《贷款分类指导原则》的规定进行贷款分类，分类程序、认定标准、分类结果是否符合规定，是否覆盖了所有的贷款。

（2）审查贷款风险防范制度的建立与执行情况。是否加强了贷款全过程的风险控制，对借款人资金使用情况、生产经营状况是否经常进行考核分析，及时调整贷款分类；真实反映贷款质量和风险动态。

（3）审查贷款风险权数认定的合理性。检查风险权数是否依据贷款合同风险管理部门认定的企业信用等级和项目风险等级确认，贷款风险结构、各类风险贷款在贷款总额中的比率是否符合规定。

2. 贷款管理监控指标测试

（1）调阅信贷统计报表和相关资料，主要审查贷款信用风险控制指标、流动性风险控制指标的计算数据是否准确，资产结构是否合理；流动性资产与流动性负债是否匹配；各项指标是否控制在规定的范围以内。

（2）调阅上报银行监管部门的报表和相关资料，审查金融机构是否严格执行了监控指标管理的规定，按期进行认真考核，及时、准确、完整地上报各项报表；审查上报的报表是否全面地披露其贷款质量和存在的风险，并将上年的报表与本期报表进行对比，分析贷款风险的增减变化情况，如有异常变动，应进一步分析原因，是否存在通过调账、调表来隐瞒和粉饰经营风险的问题。

3. 呆账准备测试

（1）调阅贷款分类统计表和呆账准备提取计算表，审查两表的贷款总额与分类是否一致。结合不良贷款的检查，核实金融机构对信贷资产风险大小的确认是否符合实际；计提呆账准备的比例、计提基数是否符合规定，财务处理是否正确。

（2）调阅呆账核销的上报和审批资料，审查呆账的核销是否严格执行有关规定，呆账的确认是否符合财政部等部门规定的条件；审核金融机构分支机构的贷款呆账是否经过财政部驻各省、自治区、直辖市或计划单列城市的财政监察专员、办事处审核同意后上报总行，再由总行审查批准后核销；审核金融机构总行本级和直属机构的贷款呆账，是否由总行按规定批准核销，审查各级银行机构有无弄虚作假多报呆账，或将核销、收回的呆账贷款转存账外的现象。

 【拓展阅读】

农村商业银行贷款合规性专项审计案例

不久前，L农村商业银行作出免去陈某A分理处主任职务的决定。这起备受关注的因违规操作，造成单位资产损失的事件虽已结束，但由此引发的对重要岗位人员监督不严，给单位造成巨大损失的思索一直在继续。

一、事件起因

截至2014年9月末，某农商行经管报表数据反映，L农村商业银行A分理处近3个月出现欠息贷款42笔，合计贷款金额695万元（其中：欠息3个月以上的23笔，金额430万元；欠息2个月的13笔，金额170万元；欠息1个月的6笔，金额95万元），已调入五级不良贷款23笔，金额430万元。以上贷款均为陈某2013年任职A分理处主任后审批发放，占陈某总共发放贷款笔数的19.27%。陡增的欠息现象引起了审计人员的注意。

二、内外合查掌握情况

（一）开展审前调查。审计立项后，审计组成员开展了细致的审前工作。通过对L农村商业银行总行的走访、对A分理处工作运营的观察以及同相关工作人员的座谈，熟悉了A分理处的信贷业务范围、贷款发放流程以及陈某关于信贷业务的审批权限。了解到陈某发放贷款共218笔，贷款余额4359.4万元（其中抵押贷款32笔，贷款余额1616万元；普通保证贷款97笔，贷款余额1647.5万元；信用贷款89笔，贷款余额1095.9万元）。

经初步了解发现，A分理处存在信贷业务的贷款调查、审批以及贷后检查均由陈某一人负责的现象，且借款人中单身比例较高。审计组根据审前调查的情况制订了审计方案，确定了审计重点。

（二）确定审计重点。根据审前调查结果，审计组决定对信贷档案合规性、抵押贷款真实性、计算机审计辅助系统疑点数据、保证及信用贷款内外核对等内容进行重点检查。

1. 利用分析复核法，对贷款的合规性、真实性进行检查。检查过程中参照《信贷会计操作"二十四条禁令"》《浙江省农村合作金融机构工作人员从业行为的若干规定》《浙江省农村合作金融机构贷款操作规程》等制度，将各种违规行为列为主要风险点，对陈某在任期间发放的贷款进行全面排查。

2. 应用计算机辅助审计系统发现审计线索。通过计算机辅助审计系统建立贷款资金流向模型，分析A分理处借款人的贷款资金流向，将其中贷款资金流向担保人账户、多客户贷款流入同一客户、还贷资金来源于其他客户等有疑点的信息，导出至Excel文件，建立贷款资金可疑流向表。采集陈某在L农村商业银行共计5个账户的交易明细，与贷款资金可疑流向表进行流向对比分析。

3. 加强现场审计力度，与全部客户进行内外核对。内外核对分3个小组开展工作：抵押物真实性审计小组负责核对全部抵押物的真实性，包括在异地登记的抵押物；电话核对小组负责与全部有余额贷款的客户进行电话联系，确认贷款使用情况的真实性；实地核对小组通过走访借贷企业及客户，核实借款人登记信息的真实性，掌握违规情况。

三、深入审计，查明真相

审计人员根据之前确定的重点进行深入审计，最终查明了事实真相。

（一）发放借名贷款。2014年1月23日，A分理处主任陈某审批、调查及经办，向吴某发放保证贷款30万元，用途：超市经营，由周某提供担保，期限：2013年12月5日至2015年11月7日。2014年1月23日，吴某账户转出信贷资金28万元至担保人周某账户。经电话核对，借款人吴某称："与担保人周某不认识，贷款发放后有28万元借给林某，其中2万元付介绍费，但给谁也不知情，自己拿到2万元。"

审计发现，陈某在任期间，以经营周转、进货为贷款用途，向吴某等6人发放贷款6笔共计220万元。上述贷款在发放后采取转账第三人，或上笔取现下笔存入相同金额的方式，将190万元信贷资金流入担保人周某账户，且之后每月的贷款利息都由周某代为支付，现周某已无法联系，该6笔贷款均于2014年7月开始欠息。

（二）与信贷客户有资金往来。2013年11月8日，A分理处主任陈某审批、调查及经办，向吴某发放保证贷款15万元，用途：超市经营，期限：2013年12

月 5 日至 2015 年 11 月 7 日。2013 年 11 月 11 日，吴某账户经手机银行转出 5000 元至陈某账户。

2014 年 3 月 6 日，陈某账户现金存入 9000 元，存款凭条客户签章为王某。2014 年 3 月 10 日，A 分理处主任陈某审批、调查及经办，向王某发放个人循环信用贷款 5 万元，用途：种杨梅，期限：2014 年 3 月 10 日至 2015 年 2 月 20 日。

（三）与资信不良客户发生信贷业务关系。2014 年 4 月 29 日，A 分理处主任陈某审批、调查及经办，向杨某发放个人循环保证贷款 20 万元，用途：进货，期限：2014 年 4 月 29 日至 2016 年 4 月 10 日止。借款人杨某个人征信信用报告中有"呆账信息汇总笔数 1 笔、金额 1735 元"的不良记录，该笔贷款于 2014 年 8 月开始欠息。

2014 年 2 月 19 日，A 分理处主任陈某调查、审批及经办，向李某发放个人循环信用贷款 20 万元，用途：进货，期限：2014 年 2 月 19 日至 2016 年 2 月 10 日，由项某夫妇提供担保。项某是 C 有限公司法定代表人，该公司在 L 农村商业银行贷款已因逾期被起诉，项某夫妇已于 2013 年 9 月 4 日被 L 农村商业银行列为"黑名单"客户。

截至 2014 年 10 月 15 日，A 分理处主任陈某向上年度有不良贷款记录的借款人发放贷款共 4 笔，合计金额 60 万元。

（四）对借款人提供资料的真实性审核不到位。2014 年 3 月 11 日，A 分理处主任陈某调查、审批及经办，向洪某发放个人保证贷款 20 万元，用途：开店及油茶抚育，期限：2014 年 3 月 11 日至 2016 年 3 月 10 日。借款人提供的贷款用途证明材料为个体工商户营业执照，经全国企业信用信息公示系统（浙江）查阅无相关记录。

2014 年 1 月 18 日，A 分理处主任陈某调查、审批及经办，向梁某发放个人信用贷款 10 万元，用途：进货，期限：2014 年 1 月 18 日至 2015 年 1 月 15 日。借款人所提供的无婚姻登记记录证明印章与同时期提供的其他证明不一致。

审计发现，A 分理处 2013 年 5 月至 2014 年 9 月发放的 218 户贷款中，共有 58 户存在借款人或担保人提供的营业执照与工商网查询不一致、公司章程不真实、婚姻证明与同时期其他婚姻证明不一致的现象。

四、审计建议

针对审计中发现的问题，审计组向 L 农村商业银行提出如下建议。

（一）做好整章建制工作，加强员工法律法规和规则制度的学习教育。相关业务管理部门应对现行的相关制度进行梳理、修订；并督促各支行组织信贷人员和综合柜员对所有信贷业务相关的规章制度进行系统的学习，要求全面掌握信贷操作流程和管理规定，提高员工风险意识、内控意识和制度执行力，防范职务犯罪。

（二）加强贷款发放规范性管理。对客户提供的身份证明、财务状况、营业执照等资料进行双人核查，对企业类贷款应通过工商行政管理局网站查询查证，真实反映客户征信情况；加强对贷后资金流向的监测，避免信贷资金被挪作他用。

（三）落实收贷措施，加大不良贷款清收力度。针对本次审计中发现的问题，相关业务管理部门和A分理处要落实专人跟踪管理，督促责任人制定收贷措施，早落实早催收，及时收回不良贷款，最大限度地减少信贷资金损失。同时，L农村商业银行要加强后续跟踪检查，要进一步加大内部监督和管理力度，开展同级监督，提高清收质量和效果。

（四）建立和完善奖惩制度。按照相关规定和纪律要求进行责任追究，对相关的违规责任人进行经济处罚和行政处罚。

（五）重点关注重要岗位人员八小时外的动态监控。本次审计中发现该分理处主任陈某平时经常出入高档娱乐场所，表现出与职务不相称的消费，未能引起相关部门的重视，一定程度上纵容了陈某违规行为的发生和延续。应当强化群众对领导干部的监督，建立长效的群众评议、群众举报奖励制度，同时加强员工家属的廉政教育，树立良好家风。

五、主要成效

（一）提前收回违规贷款并对违规人员进行了处罚。审计后，收回违规贷款58笔，金额1206.38万元，消除部分潜在信贷风险，确保了信贷资金安全。A分理处主任陈某被免职，并处以经济处罚20000元。

（二）进一步完善和落实内控制度。印发了《L合作银行信贷业务审批管理办法》，对重要岗位对贷款审批的权限和流程进行了修改和完善；加强了对重要岗位人员八小时外的监控，与全行员工家属签订《家庭倡廉助廉责任书》；对全行信贷人员与客户资金往来情况进行了专项检查。

（三）开展警示教育活动。以本案的处理处罚为契机，L农村商业银行在全行进行了审计通报，召开了违规操作专项治理会议，开展了"风险内控管理大讨论"活动，要求全体员工提高内控意识，严格按照规程操作，切实防范信贷风险。

六、几点启示

（一）内控制度执行不到位。为规范员工行为，浙江省农信联社制定了《浙江省农村合作金融机构工作人员从业行为若干规定》《浙江省农村合作金融机构工作人员违规行为处理办法》《信贷会计操作"二十四条禁令"》等制度，现有的内控制度已基本覆盖内部员工行为的主要风险点，但是上述内控制度未能有效落实，主要有以下原因：一是未配备专职客户经理，导致信贷业务的贷款审批、调查、经办以及贷后检查均由一人负责，过度的集权为违规操作提供了便利。二是制度在传递过程中，信息随着层级增加而出现缺失和不准确的情况，使员工对某项业务无知或一知半解，导致产生违规行为。三是部分员工态度不端正，防范风险意识差，没有认识到自己的某些行为会给银行带来操作风险。

（二）检查监督不力。虽然，L农村商业银行各部门每年均开展了一些检查工作，但由于检查不到位，没有严格进行问责，问责力度不大。特别是针对贷款贷前和贷后检查，L农村商业银行相关规章中都已有明确规定，但部分网点对贷前调查和贷后检查工作没有足够重视，其表现形式为贷款调查流于形式和借款人没有按借款合同约定的用途使用贷款资金。

（三）加强对重要岗位人员思想和行为的动态管理。人是风险管控的源头，银行作为高风险单位，对重要岗位人员实施八小时内外监控很有必要。要通过建立日常化、长效化防控机制，完善日常走访谈心、周边同事了解、建立廉政信息档案、监督亲属账户可疑资金流向等渠道和手段，有效掌握风险易发岗位人员的真实动态信息，防范人员道德风险。

（资料来源：http：//www.kjlww.com/lunwen_ show.php？lunwen_ id＝72842 作者单位：莲都农村商业银行）

【本章小结】

本章首先介绍了我国目前对信贷资产的内部控制制度和信贷资产审计的概念、作用、目标与方法，之后重点讲解了信贷业务审计的程序，包括信贷业务内部控制测试和信贷业务审计实质性测试的基本内容。其中信贷资产内部控制测试主要包括信贷业务的内部控制要素、内部控制调查和内部控制符合性测试三个方面。信贷业务实质性测试的内容可以归纳为四个方面，即信贷业务合法、合规性审计，信贷业务真实性审计，信贷业务效益性审计，信贷业务风险管理审计。本章重点是信贷资产内部控制测试和实质性测试，难点是信贷业务实质性测试。

【复习思考题】

一、名词解释

信贷业务　信贷业务控制测试　信贷业务实质性程序

二、简答题

1. 简要说明信贷业务审计的基本内容。

2. 试述信贷业务审计的目标。

3. 简要叙述信贷业务控制调查的具体内容。

4. 信贷业务内部控制调查的具体内容是什么？

5. 怎样进行信贷业务内部控制的符合性测试？

6. 应该从哪些方面对信贷业务合法、合规性进行实质性测试？

7. 如何进行贷款利息收入和贷款效益指标的实质性测试？

第七章

互联网金融风险审计

【教学目的和要求】

通过本章学习，掌握互联网金融风险的概念和特征，了解互联网金融风险类型和互联网金融风险的成因，从而对于互联网金融风险审计的监管作用以及构建互联网金融风险审计监督体系有所熟悉，进而掌握互联网金融风险审计监督体系的实现路径和重建审计监管模型等重要问题。

【案例导入】

2013 年互联网金融违法诈骗涉案 800 多亿元

人民网北京 6 月 24 日电（记者刘阳），审计署网站今天公布了审计署审计长刘家义在第十二届全国人民代表大会常务委员会第九次会议上所做的《国务院关于 2013 年度中央预算执行和其他财政收支的审计工作报告》。其中，在国有金融机构审计情况部分，公布了对工商银行等 8 家银行和中国投资有限责任公司等 3 家金融机构的审计结果。结果显示，这些金融机构不断加强内部管理和风险防控，综合金融服务能力有所提升，但信贷投放和业务创新等方面还存在一些问题。

一是金融创新业务不规范，有的企业规避信贷调控和监管。跟踪审计 8 家银行贷款投放情况发现，有 3749.88 亿元贷款通过同业合作、基金理财等类信贷业务投向国家限制的地方政府融资平台公司及房地产企业；有的企业通过贷款"空转"套利。抽查中有 25 家黄金加工企业 2012 年以来虚构贸易背景，进行跨境、跨币种循环滚动贷款累计 944 亿元，套取汇差和利差 9 亿多元。

二是违规经营问题仍较突出。对 3 家金融机构的审计发现，违规放贷或办理票据业务、掩盖不良贷款等问题款项 183.34 亿元；虚增中间业务收入、账外存放资金等财务违规问题款项 34.98 亿元；12 个形成损失或面临损失风险的境外投资项目存在管理人员失察、投后管理不到位等问题。

此外，审计中还发现，由于对互联网等新型金融业务的管控滞后，一些不法分子涉嫌利用互联网金融等进行非法集资、网络诈骗案件 11 起，涉及金额 800 多亿元。

审计指出问题后，相关监管部门和金融机构制定完善制度及工作流程 211 项，整改违规问题金额 200.89 亿元，处理 844 人次。

思考题：1. 互联网金融业务的主要风险有哪些？
        2. 互联网金融风险审计的方法有哪些？

第一节　互联网金融风险概述

一、互联网金融风险的概念及特征

互联网金融是指以依托于支付、云计算、社交网络以及搜索引擎等互联网工具，实现资金融通、支付和信息中介等业务的一种新兴金融。互联网金融不是互联网和金融业的简单结合，而是在实现安全、移动等网络技术水平上，被用户熟悉、接受后（尤其是对电子商务的接受），自然而然为适应新的需求而产生的新模式及新业务，是传统金融行业与互联网精神相结合的新兴领域。

互联网金融与传统金融的区别不仅仅在于金融业务所采用的媒介不同，更重要的在于金融参与者深谙互联网"开放、平等、协作、共享"的精髓，通过互联网、移动互联网等工具，使得传统金融业务具备透明度更强、参与度更高、协作性更好、中间成本更低、操作上更便捷等一系列特征。理论上任何涉及了广义金融的互联网应用，都应该是互联网金融。

互联网金融的发展已经历了网上银行、第三方支付、个人贷款、企业融资等多阶段，并且越来越在融通资金、资金供需双方的匹配等方面深入传统金融业务的核心。截至目前，互联网金融已发展出第三方支付、P2P 网贷、大数据金融、众筹、信息化金融机构、互联网金融门户六大模式。

互联网金融是金融与网络技术全面结合的产物，在互联网金融的发展过程中，安全性和便捷性始终是一对矛盾，两者相互制约，因此，凸显了不同于传统金融的新的金融风险及可能发生的弊端。

互联网金融风险是指金融和互联网结合形成的行业取得资本和收益产生负面影响的预期或不可预期的潜在可能。与人们业已习惯的传统金融对比，互联网金融采用先进的网络技术、通信互联技术等手段，其风险具有以下十方面的特性。

第一，互联网金融风险的损失性。风险是未来收益的不确定性，这种不确定性可划分为正的不确定性和负的不确定性。正的不确定性表现为一种收益，而负的不确定性对金融机构而言就是一种损失。通常而言，正的不确定性虽然也符合风险的定义，但并不给金融机构造成损失，而是带来收益。相对而言，金融机构一般很少关注正向风险，而是更为关注其所面临的负向风险，即损失。因而，狭义的互联网金融风险就是引起的可能损失性，损失性是金融风险的首要特征。

第二，互联网金融风险的客观性。对金融活动而言，风险不可避免，是不以人的主观意志为转移的客观存在，是由客观事物产生的。风险管理的目的不是消除金融风险，而是通过准确地把握其发生的时间、地点，尽量将金融风险降到可以承受和控制的范围。互联网金融风险贯穿于金融活动全过程，金融机构的破产和倒闭、股市债市的涨跌、汇率波动等金融风险随时发生，并不因特定国家和机构而有所不同。因而，客观性是金融风险的自然特性。

第三，互联网金融风险的不确定性。在金融活动中，市场变化是无限的，而人的认知能力却是有限的，同时信息也是不完全的，因而金融活动面临不确定性。互联网金融风险的成因十分复杂，其形成和发展往往难把握和穷尽。此外，在经济景气时期，金融风险既容易被忽视，也容易被掩盖。即便如此，不确定性仍是金融风险的本质特性。

第四，互联网金融风险的可控性。尽管客观存在不能消除，但风险是可以被认识和把握的。只要采取合适的预防及管理措施，互联网金融风险在一定程度上是可以控制的。例如，微观金融机构可采取诸如增加资本金、调整资产结构等手段对风险加以控制和转移，可降低所面临的互联网金融风险，提高抵御能力。因此，可控性是互联网金融风险的特征之一。

第五，互联网金融风险的隐蔽性和突发性。金融机构具备得天独厚的信用创造能力，因而能够不断通过创造新的信用来掩盖业已出现的问题及损失。在金融活动中，金融机构和消费者的信息不对称十分明显，微观金融主体对影响资产价格变化的信息的掌握极不完全；此外，金融交易具备一定的虚拟性，互联网金融风险也表现出很大的潜在性，并会在金融体系中不断积累，伺机爆发。因而，隐蔽性和突发性是互联网金融风险的典型特征。

第六，互联网金融风险的传染性。互联网金融风险的传染性表现为风险具备跨国及跨市场间的传播能力。从时间上看，金融风险一旦形成，短则延续数月，长则持续三年到五年；从空间上看，小风险可引发局部动荡，大风险则将引起全球金融的持续动荡。现代信用体系下，金融市场是一个信用网络。在一个统一的金融市场上，金融资产和金融机构密切联系，相互交织在一起组成一个复杂的体系，风险相互影响和传递，不同类型的金融机构表现出典型的同时繁荣或同时没落的网络系统特性。此外，随着金融国际化程度的加深，一国金融风险往往会通过各种渠道实现跨国"传染"，引致全球性的金融危机。因而，互联网金融风险具备一定的"多米诺骨牌效应"。

第七，互联网金融风险的双重性。风险是一种不确定性，其理应同时包括正的不确定性和负的不确定性。然而，风险管理更多地强调损失的可能性，而排除获得超额收益的可能性。尽管这种追求正收益的不确定性本属风险范畴，但其可通过激励投资者勇于承担风险，促进金融深化。互联网金融风险的双重性特征，能够更加有效地实现配置资源。

第八，互联网金融风险的普遍性。互联网金融风险的普遍性表现为"风险无处不在""风险无时不有"。任何金融子行业、任何一种金融工具、任何一个金融机构以及任何一次金融交易都可能潜伏着金融风险。金融活动是一种典型的有偿资金融通行为：资金融出方要求在未来收回资金，并盈利；资金融入方则必须偿还本金及利息。然而，由于不确定性的存在，资金融入方很容易出现无法及时、足额偿还本金及利息的情形。因而，金融风险是普遍存在的。

第九，互联网金融风险的周期性。受经济环境及货币政策周期性变化的影响，金融风险也呈现高低交替变化的规律性和周期性变化特征。根据金融经济周期理论，金融体系能够显著地冲击经济周期波动，经济周期与金融周期密切关联，经济的上升或下降往往伴随着金融的膨胀与收缩，互联网金融风险也随之放大或缩小。因此，互联网金融风险具有周期性特征。

第十，互联网金融风险的多样性和易变性。在特定的历史条件下，现实的金融风险都是具体的风险。即使同种类的金融风险，在不同的时空条件下，其内容和程度也会出现差异。一方面，国际金融市场的利率、汇率的决定因素日趋复杂，国际金融工具的杠杆种类和特性日益变化，使得国际金融风险演化差异巨大；另一方面，国际金融创新层出不穷，局部金融风险难以做到齐涨齐落、整齐划一。由此，多样性与易变性是互联网金融风险的又一重要特征。

二、互联网金融风险类型

互联网金融的核心功能是进行资源配置并服务于实体经济。因此，互联网金融存在的风险与传统金融存在的风险相同。除此之外，由于互联网技术的影响以及互联网精神的开放、共享、平等、自由等金融创新的特征，使互联网金融存在特有风险。

（一）与传统金融相同的风险分类

1. 法律法规风险。互联网金融法律法规风险产生的原因在于当前互联网金融立法不完善，存在滞后性和模糊性特征，并由此引发了交易过程中的风险。该法律政策风险主要因为国家尚未出台与互联网金融业务相关的法律条文以及政策环境的不确定性引发的交易主体或者相关机构出现经济损失的潜在可能。目前有以下几部法律法规与互联网金融相关，比如消费者权益保护法、知识产权保护法、隐私保护法以及财务披露制度等。近几年，在不同的时期，我国颁布了新的法律，但多数都是对传统金融在网上业务运营而制定的，比如《网上证券委托管理暂行办法》《电子签名法》《证券账户非现场开户实施暂行办法》《网上银行业务管理暂行办法》等，并不能满足对互联网金融风险管理的要求。现阶段，在互联网金融领域，我国仍未出台与交易主体、市场准入、资金监管、权利义务、业务范围、信息保护、合同合约、处理网络纠纷诉讼、认定电子证据有关的法律法规，这就增加了某些不法分子利用法律漏洞非法盈利的可能性，进而对金融发展的环境带来不利影响，损害他人的利益。

2. 信用风险。互联网金融领域信用风险主要是指交易主体的任何一方出现违约行为，在合约到期日不履行或不完全履行其义务而导致另一方损失的可能性。之所以会出现该类风险，主要原因在于当前不完善的社会信用体系。在互联网金融中进行交易时，尚未同央行建立的征信系统对接、所有的互联网金融机构未能交换信息，因此，相关机构不太可能借助其他力量准确评价交易双方的信用情况，一般而言，只能借助自身现有的审核技术分析交易主体的状况。在此基础上作出的评价也是极为有限的，这无疑会增加该领域的信用风险。

3. 市场风险。在互联网金融领域，市场风险主要是指因市场价格诸如汇率、利率、商品或股票价格发生变动，造成金融资产减值的可能性。一般情况下，互联网金融的市场风险是由于变化的利率产生的。各类交易平台中的基础金融变量的市场价格变动影响着 P2P、第三方支付、互联网银行、互联网证券以及互联网保险这些互联网金融业态。例如，如果传统金融市场中可以获取较低利率的贷款，则会导致大量的借款人提前还款。市场是否成熟与其所面临的风险密切相关，市场越成熟，则所面临的风险就越小。但是由于互联网金融正处于起步阶段，其市场发展空间较大，因此，与传统金融相比，其所面临的市场风险也更大。

4. 营运风险。互联网金融营运风险是因其内部人员操作失误或者相关程序出现问题从而引发相关损失的潜在可能性，这些损失不仅包括直接损失，也包括间接损失。是否会出现该类风险主要取决于该领域的技术发展水平以及员工的道德风险问题。之所以出现这类风险，主要原因包括操作流程失误、内部控制出现问题、相关主体未能深入研究具体的操作规范而出现不当操作、内部员工出现违规操作、交易系统存在明显的缺陷等。由于互联网存在便捷、快速等特点，交易中的一个十分微小的失误都可能会引发并传导较大的风险，甚至导致系统性风险，给整个领域造成不可估量的损失。

5. 流动性风险。互联网金融流动性风险主要是指在确定的时间点上互联网金融机构难以提供大量的现金满足客户提现的需求，在流动性供给层面出现一定的问题。从现实情况来看，之所以会出现流动性风险，主要原因包括不完善的储备金制度、挪用大量资金、期限错配或者由于技术原因使得现有的支付系统不能够正常运转。互联网金融机构没有通过银行间市场进行市场拆借的权利及功能，也没有作为"最后借款人"的央行的紧急支持。此外，互联网金融市场变化极快，存在瞬时性特征，一旦出现投资者集体撤资，则几乎不可能提供即时的流动性，进而产生解决难度极大的支付危机。

（二）互联网金融特有的风险

1. 技术风险。不同于传统的金融模式，互联网金融更加依赖网络信息技术。因此，技术方面存在的不足及缺陷将对互联网金融行业的健康发展产生重要影响及威胁，主要表现在以下两个方面。

其一，技术安全风险。该风险对互联网金融的发展产生直接的威胁，具有明显开放性特征的互联网金融机构如果存在诸如不完善的密钥管理、缺陷明显的加密技术、兼容性较差的平台客户端和技术系统、安全性不足的 TCP/IP 协议等问题，则会造成传输障碍、病毒入侵或者大量的黑客攻击、泄露客户信息等风险。

其二，技术支持风险。是指当前的技术体系结构难以支撑互联网金融机构相应的业务目标或结构而产生的风险。因此，先进的技术能够从供需两个层面为互联网金融模式、产品以及服务创新奠定基础，并促进其广泛应用以及推广。先进的技术需要大量的科研投入，但是目前绝大部分互联网金融机构受自身技术条件所限，同时为了节约成本，往往通过购买外部技术解决内部问题，或者直接将技术外包。如果外部技术支持无法支撑内部需求、不再提供技术服务或出现数据泄露等情况，将出现巨大的技术风险，甚至导致系统性风险的发生。

2. 信息安全风险。互联网金融信息安全风险是指互联网金融机构因为自身制度不完善、体制不健全而忽略了客户信息的"传输、使用、存储、销毁"这些具体环节，未能对客户的信息进行安全保护，造成客户信息泄露，被盗用、篡改以及滥用等，使客户在一定程度上产生损失的可能性。具体包括：一是应急管理风险。绝大多数互联网金融组织没有较好且完备的应急管理计划和灾备系统，业务连续性较差，一旦发生电力中断、地震等灾害，将给公司造成非常大的损失；二是内控管理风险，互联网金融组织大多存在内控制度的建设不完善和执行力欠缺的问题，员工的不当操作以及内部控制的失败，可能在内部控制和信息系统存在缺陷时导致不可预期的损失；三是外包管理风险。目前大多数互联网金融组织基本采用外包的形式为企业提供业务或技术支持；如果缺乏业务外包管理制度或未明确业务外包范围，将导致不宜外包的核心业务进行外包，出现泄密风险。如果存在信息安全风险、不能在合适的情况下正常使用，则会使社会群体对互联网金融产生不信任感，进而引发信任危机。就目前互联网金融发展的情况来看，信息安全风险不容忽视，需要予以重视并提出相应的对策。

三、互联网金融风险的成因

（一）与传统金融相同的风险成因

1. 金融脆弱性。由于金融业具有高负债经营等特点，始终处于高风险的状态，因此整个系统自身就具有一定的脆弱性，而这种脆弱性则是导致金融风险出现的最为重要的因素之一。互联网金融作为一种金融创新模式，也具有传统金融市场的脆弱性特征。在发展中不仅体现出许多传统金融所固有的风险，并且由于行业自身特征产生特有风险，使得金融体系脆弱性不断增加。因此，金融脆弱性是互联网金融风险形成的本质原因。

2. 金融顺周期性。传统金融体系与实体经济之间会形成动态的相互作用，在很大程度上助长了经济繁荣与萧条的周期性规律，从而使得全球经济的周期性波动变得更加剧烈，这样无疑使得金融市场更加不具有稳定性，从而引发金融风险。互联网金融是基于传统金融的一种创新模式，和实体经济之间同样也具有作用力与反作用力。因此互联网金融的健康持续发展，必然离不开实体经济对其的正向激励。而市场经济周期性波动是客观存在的规律，当实体经济下行时，由于经营者利益受损，互联网金融投资者也自然无法得到应有的保障，容易导致风险产生。因此，互联网金融和实体经济之间这种相互作用的关系，使得市场经济周期性波动的进一步加剧，而这种机制同样也成为互联网金融风险产生的另一个非常重要的因素。

3. 金融市场中的信息不对称。信息经济学指出，在现实的市场经济当中，信息不对称其实是普遍存在的，而这种情形又会导致商品价格的变化和市场相关机制的失灵。从委托和代理二者之间的关系分析，代理人和委托人相比，无疑具有信息上的优势，也就是说二者之间的信息事实上也是不对称的。金融市场作为整体经济活动中的一部分，也会因为信息不对称而导致市场失灵。在互联网金融中，大数据的广泛应用本质是解决交易各方信息不对称的问题，但是另一方面，由于信息核实成本过高、交易的即时性以及行业信息相对封闭等特征，导致交易各方的身份及所提供的信息变得非真实。同时，历史数据不能完整全面体现未来的数据，造成了信息的不可靠。虚拟信息的非真实和非可靠造成交易各方在获取市场信息的程度上存在着一定的差异，而在这样的情形之下，拥有信息优势的一方为了让自身最大限度地获取利益，就可能违背自身的道德底线，进行逆向选择，而这样很有可能会引起挤兑风险与传导效应，而这是造成互联网金融风险的核心因素之一。

（二）互联网金融特有的风险成因

1. 信息技术特征下的风险成因

（1）信息技术的不安全性。互联网金融是在互联网信息技术不断深化的基础上得以发展的，但是互联网本身所具有的开放性和固有的缺陷也给互联网金融的发展带来了风险因素的积累，给互联网金融风险管控带来巨大挑战。具体表现为：一方面，由于互联网金融与互联网系统之间是彼此依存的，其与传统的金融系统不同，具有更大的开放性，而且互联网系统不管是在硬件上还是软件上都不是绝对安全和完善的，这种情况也导致了互联网金融系统可能遭受到病毒或者是木马的攻击，轻则造成数据的泄露和资金被盗取，重则会使得整个互联网金融机构及系统陷入瘫痪状态；另一方面，因为互联网金融业的发展尚处于起步阶段，其在对相关的信息进行处理时，一般都是整体外包出去或者采取购买的形式。因此，也就出现了不同的互联网金融机构在技术解决上标准不一的情况，为了节约成本，许多机构有可能选择一些技术水平较低的平台或机构，而这无疑会使其所使用的系统存在某些缺陷或者是漏洞，当出现相关的技术危机时，这些相互连接的互联网金融机构的实践工作便有可能陷入瘫痪状态，从而造成一定的系统性金融风险。

（2）信息技术的相对滞后。目前，中国互联网技术的发展与世界发达国家相比还存在着差距。首先是支持技术的相对滞后。不论是云计算、大数据，还是在相关的金融产品模型的创新上，我国"动态大数据库"的构建和完善还处于滞后状态。其次是系统交联技术的相对落后。因为互联网系统技术的开发管理成本相对较高，因此只有大型的互联网金融机构才能承担这样的成本，对于大多数小微型企业和个人来说是无法获取的。同时，出于竞争和自身的考虑，当前的各大型互联网金融机构彼此之间在技术上呈现出互相隔离、几乎不互通共享的现状。最后是防护技术发展的相对滞后。由于互联网技术本身所具有的开放性特征，其很容易遭到黑客的攻击，从而造成数据和资金等被窃取。但是目前中国使用的互联网防护技术，大多都是从国外引进的，不仅没有自主性，而且还存在着很多的风险隐患和安全漏洞。

（3）信息技术的过度渗透。信息技术的高速发展以及移动终端的极大普及使我国互联网金融出现井喷式发展。与此同时，信息技术的过度渗透使得互联网金融的风险逐步显现。从传统金融的表现形式上看，其一般都是货币信息的传递以及交换，而互联网金融则通过数字化的信息来取代货币，在具体交换和传递的过程中拥有速度快、范围广、规模大等诸多特征。过度使用数字化信息，容易忽略金融及货币的本质，一旦出现信息安全问题，系统遭到攻击，很有可能造成金融风险中的系统性风险。

2. 投资者非理性行为。如前所述，互联网金融借助信息技术以较低成本为传统金融无暇顾及的"尾部"市场提供碎片化和低门槛的金融服务。而在这些"尾部"中的投资者与传统金融投资者相比，具有数量众多、低端化、非理性以及风险承受能力差等特征。正是因为互联网金融所具有的大众化、普惠性的特征，使得投资者的非理性行为加剧且叠加。一方面，互联网金融的投资者主要来自风险意识和投资观念不强的普通民众，其对于互联网金融交易过程中所涉及的专业知识知之甚少且对互联网金融交易方式、内容的认知极为有限，而且不少人都抱有投机心理，很容易造成"羊群效应"。在投资额度相对较小的情况下，投资者往往会忽略风险的存在，使得互联网金融风险不断加剧。而在投资者非理性投资行为不断增加时，金融风险也在不断累积，最终很有可能形成系统性风险，甚至引发群体事件，从而影响社会稳定。另一方面，互联网思维让很多投资者在投资的过程中容易失去风险控制的意识与合理收益预期，在互联网金融的法律法规尚未健全的情况下，投资者更容易被网络借贷承诺的高收益所吸引，从而导致其金融意识上的钝化。

3. 专业能力缺失。我国传统金融机构经历了几十年的发展，在政府严格监管下，准入门槛高且业务运作规范，具有较高的专业能力和信用水平。而互联网金融机构或平台与之相比，尚处于新兴阶段，行业整体基础薄弱，缺乏经验且准入门槛相对较低，加之互联网技术与世界平均水平相比相对落后，使得互联网金融机构专业能力参差不齐。甚至有些未经审批的民间借贷组织游离于监管之外，从事非主营业务外的非法业务，极易引发金融风险。从专业层面看，形成互联网金融风险的因素还包括：首先，互联网金融是建立在互联网技术革命下的新金融模式，但同时具备互联网技术和金融知识的人才十分稀缺；其次，互联网金融机构刚刚起步，互联网技术尚待完善，在金融业务运作方面的专业水平和经验较少，与传统金融机构相比，在产品定价、风险评估以及内部控制等方面存在较大差距；最后，互联网金融机构所面对的通常为一般的散户或是小微企业，其资金的供求者以"尾部"对象为主，也造成其面临着更多的不确定性和不可预测性。这些都对互联网金融机构和平台的专业水平提出了更高的要求，而许多互联网金融机构在这些方面存在缺陷，在很大程度上会导致其出现操作、信用以及流动性等方面风险的加剧。

4. 信用水平缺失。从我国当前的法律法规和监管来看，均处于不健全和不完善的现状。我国目前尚未完全建立存款保险制度，而互联网金融从业者在利益的驱使下，很有可能存在没有保险托底和准备金不充足的情况；在出现金融风险或者信用违约时，由于偿还能力不足，极有可能出现携款潜逃等情况，而这将会对投资者权益造成极大的损失，尤其是在互联网金融平台竞争不断加剧的情况下，互联网金融机构为了能够吸纳更多的投资者，很有可能出现对自身的金融产品以及财务信息虚报或者隐瞒的情况，而所有这些对于投资者而言，无疑存在巨大风险。

5. 行业自律严重失衡。由于互联网金融本身所具有的虚拟性的特征，使得其投资者与互联网金融机构之间成为了利益共同体，而另一方面二者又是相对独立的，拥有不同的特性，因此要想将两者紧密结合起来，除了通过法律法规相互约束之外，交易双方还必须在道德和信用的基础上及法律法规的底线上，实现高度的行业自律。但是从当前的情况来看，随着互联网金融的飞速发展，不论是法律体系的构建，还是信用和精神层面的发展都处于失衡状态。近几年来，互联网金融机构倒闭甚至携款潜逃等情况大量出现，很大程度上都和上述情况有着直接关系。

第二节 互联网金融风险监管体系及审计现状

一、互联网金融风险监管体系概述

（一）互联网金融风险监管的理念

我国金融监管长期从紧，但是尚未将互联网金融明确纳入金融监管体系。无论是从互联网金融目前发展趋势还是国内外对互联网金融监管的实践来看，都表明金融创新与金融监管应当并重；在发挥市场机制的同时，政府应完善该领域的法律法规制度，在保证各参与主体能够处理好相互之间关系的同时，建立适度监管的制度体系。如果不对或过少对互联网金融进行监管，将直接导致互联网金融带来风险损失；如果政府干预过多，会抑制互联网金融的发展及创新能力，并且会出现互联网金融发展游离于监管之外的业务和经营活动，会造成更大的风险。尽管我国国情与发达国家不完全相同，我们不能完全照搬发达国家的做法，但事物的基本规律还是要遵守，在完善并健全法律法规体制的基础上，监管应当秉承市场化的理念，市场可以解决的，政府应当尽量避免干预；在市场化监督的背景下，政府集中精力解决市场这一"看不见的手"解决不了的问题。因此，鼓励互联网金融健康发展，离不开良好的环境，尤其是法制环境。同时，金融创新应当遵守底线原则，在合法合规的基础上经营，切实保护消费者的合法权益，监管当局要平衡好金融创新和金融监管的关系。

（二）互联网金融风险监管的原则

由中国人民银行、工业和信息化部、公安部等部门联合发布的《关于促进互联网金融健康发展的指导意见》提出，互联网金融监管要遵循以下原则：遵守法律法规，适宜地执行分类协同监管，提高创新水平。除此之外，互联网金融监管还应包括以下原则。

1. 基本原则。完善对互联网金融的监管体系是正确且必须的，但是要把握一个基本原则，即互联网金融监管的目标是以防范互联网金融行业整体的系统性风险为基础，规范互联网金融行业行为，使行业得以健康、稳定发展。监管体系无法保证互联网金融体系内每一笔交易、每一个交易对手都能够做到零风险。因此，互联网金融监管可以引导行业的健康发展，使其既能发挥普惠性、便捷性以及低成本的优势，为大部分包括传统金融服务以外的大众提供专业的金融服务与产品为目标，又时刻接受社会各界的监督，避免与预防信息不对称现象，提高信息的透明度与公平公正性。此外，还应倡导规范监督模式，有机地结合政府监管与行业自律，从而健全相关监管体系。

2. 适度监管原则。互联网金融具有普惠功能，是服务于大众的新金融模式，具备开放性与平等性特征，共享资源，普惠公众，合理配置资源，积极发展普惠金融业态，提升金融服务的供给率与交易的效率，共同防范相关风险，推动经济的健康发展。因此，在对互联网金融风险加以控制与管理的同时，妥善协调金融监管和创新的关系，也要根据我国经济金融环境，避免对发达国家监管经验的照搬照抄，过度的监管会造成对金融创新发展的阻碍。

3. 合理监管原则

（1）分业监管和混业监管。目前，我国互联网金融机构的牌照是按照行业发放和管理的，中国人民银行管理第三方支付业务，中国银监会管理 P2P 公司，中国证监会管理众筹、中国保监会管理互联网保险。但是存在许多互联网金融机构的业务既涉及支付、P2P，也涉及众筹和数字保险等，是混业经营的方式。因此，在建立监管模式时，要根据实际情况将分业监管和混业监管相结合。

（2）机构监管和功能监管。目前，根据互联网金融的运作模式可将互联网金融业务划分为互联网支付、网络借贷、股权众筹融资、互联网基金销售、互联网保险、互联网信托和互联网消费金融（根据《关于促进互联网金融健康发展的指导意见》）。在这种情况下，需要对开展不同业务的机构实施不同的监管措施。但是也有部分互联网金融机构已经出现了混业的特征，这时就要针对风险，基于风险的成因、传导、识别、评估、预警、防范和处置进行功能监管，特别要重视"穿透式监管"。因此，在建立监管模式时，要将机构监管和功能监管相结合。

4. 建立健全监管信息系统。监管系统中的信息系统十分重要，尤其是互联网金融涉众广、涉及大量信息数据和先进的互联网技术，对于监管的信息系统建设及技术要求更加严格。加强信息化建设，强化信息披露制度对于防止监管中的暗箱操作，确保各项经营活动安全运行十分重要。

5. 加强监管队伍建设。一是需要对现有互联网金融监管人员开展业务培训和警示教育；二是招聘既熟悉互联网技术又精通金融业务的专业人才进入监管机构；三是建立良好的监管机制，避免出现寻租问题。

（三）互联网金融风险监管的主体

1. 政府监管。政府监管主要是指"一行两会"的分业监管，2018 年两会期间，根据公布的国务院机构改革方案，银监会与保监会职责整合组建中国银行保险监督管理委员会，简称银保监会，与中国人民银行、证监会合称"一行两会"，共同接受国务院金融稳定发展委员会的监管。

目前，我国对互联网主要是对于不同分类的机构由政府不同的部门按照相关职责进行监管，互联网支付业务由中国人民银行负责监管、网络借贷业务由银监会负责监管、股权众筹融资和互联网基金销售业务由证监会负责监管、互联网保险业务由保监会负责监管、互联网信托业务、互联网消费金融业务由银监会负责监管。参照经济金融环境的总体情形，互联网金融更适宜功能监管与"穿透式"监管相结合的监管主体，在互联网金融业务明晰、单一的情况下，可以由某一个监管主体对某一项业务进行监管。但是在混业经营时，因为涉及或嵌套多项金融业务，要透过表面的形式理解业务的本质，有效地连接资金来源、中间环节以及最终的实际投向，结合全流程信息资源识别与判断业务的属性，并以监管主体为介质进行监管。

2. 行业监管。行业监管主要是指各个行业协会通过制定相关行业规范推动行业实施自律，确保互联网金融机构规范、合法经营。从行业监管看，主要包括：第一，互联网金融对国家金融风险和金融安全，乃至国家经济安全影响的评估与监管；第二，对互联网金融系统性风险的监管，包括对产生系统性风险的各种环境及技术条件的监管，特别是系统安全性的监管等；第三，对利用互联网金融方式进行犯罪活动的监管等。行业级监管更多的是从其外部性角度来考虑，监管的主要目标是将互联网金融的负外部性尽可能降至最低，抑或提高其对宏观经济等的积极影响。

3. 审计监管。为防范金融风险，维护金融稳定，金融创新和金融监管一直是学术界研究的重点。金融创新源于对金融监管的规避，但是潜藏在金融创新中的金融风险和不稳定性又促使金融监管完善自身机制，提高监管水平。金融风险审计作为金融监管的重要手段，在防范互联网金融风险、保障互联网金融持续健康发展的过程中起着不可替代的重要作用。

二、互联网金融风险审计现状及局限性

1. 互联网金融风险审计现状。起初互联网金融组织成立条件相对宽松，管控相对滞后，致使互联网金融组织大多为中小型网络金融平台。由于网络市场的瞬息万变，加之互联网金融组织具有行业特殊性，互联网金融组织的审计风险和审计难度远大于其他企业。因此，除《公司法》《企业年度检验办法》要求必须实施社会审计的机构单位外，综合考虑成本收益与风险等因素，很少有互联网金融企业主动委托会计师事务所进行审计。外部监管的松懈与内部成长的渴望，使互联网金融组织倾向于突破注册会计师这一枷锁，盲目拓展业务。但随着监管制度的完善，为保证互联网金融组织的长远发展，要求互联网金融平台相关财务信息进行社会审计已成为必然趋势。目前，审计署主要对国有控股银行和部分商业银行进行抽样审计和跟踪调查，对其所涉及的互联网金融业务进行相关审查。然而，互联网金融所涉范围广，在该领域中起主导作用的更多是影子银行、互联网金融平台等非传统金融机构。可见，审计署对互联网金融的审计覆盖面需进一步扩大。

2. 互联网金融风险审计局限性。基于审计署对金融审计的重视，就目前互联网

金融审计而言，国家审计在其中发挥了一定的作用，但内部控制和社会审计的监管作用尚未发挥。由于审计资源的限制，国家审计所涉及互联网金融审计范围十分有限，此外，国家审计主要针对风控相对良好的国有控股银行和商业银行，其所查处的错报和违法违规率就整体而言是偏低的。因此，目前国家审计对整个互联网金融行业的整合作用是有限的。互联网金融审计局限性根源于互联网金融企业对风险控制的忽视。互联网金融企业不重视内部控制的建立和完善，基于成本收益考虑消极对待社会审计，由此营造出风控意识薄弱的企业文化。随着政府对互联网金融管控力度的加大，前期的风控缺陷将提高后续的审计难度和审计风险，从而进一步限制审计在互联网金融中发挥作用。为了全面监管互联网金融企业，促进其健康有序发展，国家审计、内部审计和社会审计应各司其职，发挥系统监管作用。审计三方主体通过互相沟通，对各方审计信息进行整合利用，以期在一定程度上克服自身审计的局限性。

第三节　构建互联网金融风险审计监督体系

一、互联网金融风险审计体系构成

基于互联网金融风险审计的局限性，迫切需要构建一个独立、统一、权威的监督体系来强化金融监管，保障互联网金融持续健康地发展。政府金融审计以其独特的强制性和宏观性能够对互联网金融监管机构和行业协会实行再监督，并能从宏观层面识别和防范金融风险；民间金融审计具有覆盖面广和专业性强的优势；而内部金融审计更能从源头进行监督和防范风险。基于上述认识，需要构建以政府金融审计为主导、民间金融审计为主要力量、内部金融审计为核心的互联网金融审计监督体系。

1. 政府金融审计是主导。政府金融审计具有的独立性、强制性和宏观性等特点，决定了它在互联网金融审计监督体系中处于主导地位。首先，政府金融审计属于强制性审计，并独立于互联网金融系统，故不仅能对互联网金融机构作出客观、公正的评价，而且能对互联网金融监管机构进行再监督。其次，只有政府金融审计能够凭借其独特的优势综合互联网金融与社会生产其他领域之间的联系，从宏观的角度识别和防范金融风险。政府金融审计以中央和地方各级审计机关为审计主体，从微观层面而言，主要审计在市场中占主导地位的大型互联网金融组织；从宏观层面而言，又主要聚焦于互联网金融监管机构以及互联网金融行业协会。其审计目标是通过监督互联网金融监管机构及行业自律组织的监管绩效，达到保护金融消费者合法权益、防范金融风险和维护金融市场秩序的目的。而要达到这一目的，政府金融审计应将审计重点定位在互联网金融监管机构之间的沟通协调机制以及监管绩效、防范和应对系统性金融风险的能力和策略等方面。

2. 民间金融审计是主要力量（这里的民间审计是指会计师事务所审计）。民间金融审计具备的覆盖面广和专业性强等特点，决定了它是互联网金融审计监督体系的主要力量。首先，民间金融审计能利用其广阔的覆盖面弥补因审计盲区带来的防御弱化。而这恰恰是拥有有限审计资源和力量的政府金融审计所不能比拟的。其次，民间金融审计储备和培养了大量深谙会计、审计、金融以及信息技术的高质量复合型人才，在面对融合了现代信息技术、业务范围更加宽广、内容更为复杂的互联网金融时，依旧能以其专业技能准确识别潜在风险和错报。民间金融审计以经有关部门批准成立的会计师事务所为审计主体，以委托审计的互联网金融企业为审计对象，通过对互联网金融企业的财务报告、内部控制发表审计意见，来实现帮助利益相关者了解被审计单位经营状况及风险水平，减少信息不对称，督促互联网金融企业合法、合规经营的审计目标。较之政府金融审计，民间金融审计更侧重于财务报告的合法性、公允性、真实性审计以及互联网金融产品和金融项目的真实性审计。

3. 内部金融审计是核心。内部金融审计具有内向性、广泛性和及时性等特点，决定了它是互联网金融审计监督体系的核心。内部金融审计作为设置在机构内部的职能部门，对本机构知根知底，具有先天性的信息优势，不仅能够通过及时获得最详细的信息来识别和防范金融风险，真正做到防微杜渐，而且能够对机构个体进行全面动态的监督，形成持续性的防护体系。内部金融审计以互联网金融企业内设审计部门为审计主体，主要对本企业的制度规范、经济活动、各业务流程以及管理层经济责任履行状况进行审计。其审计目标是通过对企业内部控制、经营管理状况进行监督和评价，在改善企业经营效益的同时，提高企业对金融风险的管理水平和应对能力，防范系统性风险的形成。为了更好地发挥内部金融审计的核心监督作用，应将内部控制有效性，尤其是与信息科技风险相关的内部控制、经营管理效益、政策法规的执行度作为审计重点。

二、互联网金融风险审计监督体系的实现路径

1. 明确政府金融审计在互联网金融审计监督体系中的主导地位。重点是以下三个方面的完善。

（1）在已制定并实施互联网金融相关政策法规的基础上，充分发挥政府金融审计对当前政策法规存在的漏洞及实施监控存在的薄弱环节的反馈作用，为监管决策提供可靠依据，推进互联网金融政策体系的完善，为互联网金融的健康发展创造良好的政策环境。

（2）逐步提高政府金融审计识别、打击网络金融犯罪的能力，以达到净化互联网金融，规范互联网金融市场秩序的目的。互联网金融的快速发展不仅为洗黑钱、非法转移资金、诈骗等违法违规行为提供了新的手段和方式，而且增加了犯罪的隐蔽性，加大了犯罪识别的难度。这就需要政府金融审计改善审计方式，提高审计人员专业水平，以增强揭露违法违规行为的可能性。

（3）积极发挥政府金融审计在提高互联网金融监管机构的监管效率过程中的独特作用。政府金融审计因其强制性和独立性突出的优势，能够对互联网金融监管机构实行再监督，帮助金融监管机构及时揭示监管中存在的问题，并且能作出相应的调整和

完善。这种政府金融审计特有的再监督职能在提高金融监管机构的监管效率的同时增强了对金融风险的防御能力。

2. 充分利用民间金融审计这一主要力量

（1）充分调动民间金融审计资源，聚焦于互联网金融机构的真实性审计，维护金融消费者的合法权益。民间金融审计提供的相对可靠的信息是增加金融消费者信心、放心参与到互联网金融市场的主要倚仗。政府部门可以放权民间金融审计，对互联网金融机构的运营情况、财务情况，以及项目真实性进行审计。其中项目真实性审计是指在规定互联网金融中的项目融资额下限的前提下，对超过某一限额的项目进行审计，以确保融资项目的真实性和融资信息的可信度。

（2）提高对民间金融审计意见及相关资料的利用率，为政府金融审计确立主导地位提供最有力的支撑。以民间金融审计为主要力量，政府金融审计便能将有限的审计资源集中于防范和化解金融风险上，更好地发挥其在维护金融稳定，保障金融安全中的主导作用。

3. 突出内部金融审计的核心监督作用

（1）加强对机构内部控制机制的审计力度，突出对信息系统的审计，树立风险导向审计理念，从内部化解风险。互联网金融机构独特的高科技信息风险要求内部金融审计更加关注对信息系统的审计，通过对内部控制特别是信息系统有效性和安全性的测试，及时发现内部的薄弱环节和风险，并制定应对措施，将风险扼杀在源头。

（2）注重对机构经营活动效率、效益性的审计，规范机构的经营行为，改善经营管理、提高经营效率。当前互联网金融机构中普遍存在着经营混乱、治理低效的现象。内部金融审计能够准确地揭示机构在运营过程中的低效环节以及内部人员的不当行为，并且督促机构及时整改，推进互联网金融机构持续高效地发展。

4. 利用计算机审计的优势协助完成金融风险审计

（1）计算机技术的运用，改变了传统的审计方法和思路。以往由于受技术手段的限制，对银行的许多业务手工审计难以胜任。如对利息真实性的审计、联行业务的审计，始终是手工审计的盲区。随着数据接口和数据采集转换技术，数据系统的测试和分析技术，数据库关联的检索，远程信息的交换技术等先进审计手段的运用，大大提高了金融审计的技术含量。

（2）计算机技术的运用，拓宽了审计领域，提高了审计质量。通过对电子数据的下载、转换和整理，审计人员看到了许多纸质账本看不到的东西，利用计算机提供的检索、筛选、比较、判断、关联等功能，使金融审计如虎添翼，拓宽了审计领域，加大了审计力度。

（3）计算机技术的运用，促进了金融审计工作的规范化。全方位地实现计算机审计，不仅是金融审计在技术方法上的重要突破，也是深化金融审计的根本保证。在审计方式上，金融审计强化了"五统一"原则，并对上报的数据统一标准；对发现的问题统一定性；对汇总的软件统一开发，使金融审计在规范化、程序化的发展道路上迈出了可喜的一步。

（4）计算机技术的运用，促进了各级领导和审计人员对计算机审计观念的转变。推广计算机审计是一项全新的工作，是从传统审计方式向现代审计方式的转变。这不仅是技术上的转变，更重要的是观念上的转变。计算机审计在金融系统的运用，极大地拓展和延伸了审计的广度和深度，使审计人员的知识结构得到更新，综合素质显著提高，规范了审计行为，增强了审计权威，提高了审计质量。

三、互联网金融风险审计监管模型的重建与审计模式创新

（一）审计风险模型分析与整合重建

1. 三方审计模型分析。在风险导向审计理论指导下，国际审计和鉴证准则委员会（IAASB）对审计风险模型进行了描述：审计风险 = 重大错报风险 × 检查风险。新审计风险模型融入了战略管理和系统管理思想。对于宏观环境波动大，微观组织灵活度高，风险控制难度大，法律诉讼风险高的互联网金融企业而言，整体风险的管控是十分重要的。重大错报风险是指财务报表在审计前存在重大错报的可能性，它与被审计单位的风险相关，且独立于财务报表审计而存在。

内部审计是确认和评价企业内部控制有效性的过程，若存在一个或多个弱点，内部控制就不能被认定为有效。目前，学术界尚未构建内部审计风险模型，实务界也没有确定该概念框架，但根据内部控制五要素，即控制环境、风险评估、控制活动、信息与沟通、监督，可以推测内部审计风险涵盖固有风险、内部控制的设计、执行风险、反馈修正风险和检查风险。据此，内部审计风险模型可以沿用财务报表审计风险模型采用的乘数方式来表达：

内部审计 = 固有风险 × 设计风险 × 执行风险 × 反馈修正风险 × 检查风险

出于不同的审计目的，国家审计与社会审计和内部审计也有着本质性的区别。面对纷繁复杂的政策变化与社会发展，我国国家审计实践仍在探索前进的道路上。而审计风险模型作为审计实践的指导，对该模型准确地分解和设定是十分重要的。然而，就互联网金融审计而言，国家金融审计的主要审计对象为国有控股银行和部分商业银行，目的是发现并揭露这些金融机构的业务规范问题，经营问题和舞弊行为。由此，国家审计风险模型中的重大错报风险可以分解为固有风险、业务风险、经营风险和舞弊风险。

2. 互联网金融混业审计风险模型整合重建。基于上述三方审计模型分析，针对互联网金融混业审计整合重建审计风险模型，以指引和规范互联网金融审计的实践，提高审计效率和效益。目前，制度化的审计风险模型仅为财务报表审计风险模型，内部审计和国家审计均无统一的审计风险模型。从审计风险的分解过程中，互联网金融企业的社会审计风险可以分解为固有风险、战略风险、内控风险、经营风险、诉讼风险和检查风险；内部审计风险可以分解为固有风险、内部控制的设计、执行风险、反馈修正风险和检查风险；国家审计风险可以分解为固有风险、业务风险、经营风险、舞弊风险和检查风险。由于内部控制的有效设计和执行是管理层和治理层的职责，而内部控制也是对企业内部业务流程的管控，因此，社会审计风险模型

中的内控风险和内部审计风险模型中的内部控制的设计、执行风险、反馈修正风险和国家审计中的业务风险可以综合视为管理风险。综上，互联网金融混业审计风险模型可以重述为

审计风险 = 固有风险 × 战略风险 × 管理风险 × 经营风险 × 舞弊风险 × 诉讼风险 × 检查风险

（二）互联网金融综合经营三审协同框架构建

内部审计、社会审计和国家审计各有侧重，内部审计侧重于组织管理风险的控制，社会审计侧重于经营风险控制，国家审计则起到统领示范作用，倾向于对大型金融机构违法舞弊风险的控制。因此，对于覆盖面散而广的被审计单位，以保持审计质量为前提，以相互充分沟通为渠道，国家审计、社会审计和内部审计三审协同，共同提高互联网金融混业审计效率有其必要性和可能性。分析重构的互联网金融混业审计风险模型可知，固有风险是审计局限性等其他客观因素造成的，属于审计人员不可控因素。广义的检查风险应指被审计单位存在错报或错误行为，审计人员通过设计和实施必要的程序后仍未能发现这种错报或错误行为的风险。可见，检查风险可以通过适当计划、组织协调、监督指导等途径来降低，取决于审计人员的独立性和专业性。而剩余的五大风险则可以通过国家审计、社会审计和内部审计之间的信息沟通，各自有重点地展开相关工作，整合利用彼此的工作结果，将有限的资源用在刀刃上，以实现最大的审计效益。

根据互联网金融综合经营特征，在未完全实现大数据审计的条件下，抽样审计仍是目前的最佳选择。抽样选择不仅指三审各方在审计过程中通过职业判断，从审计对象总体中抽取样本，展开非百分百全面审计，还指国家审计在确定最终被审计对象及其相关业务时的抽样，以及内部审计在选择审查、分析测试、评价对象时的抽样。由于国家审计的审计对象特殊性及其威慑力，其在三审协同中应发挥主导作用。在保持"一行两会"的分业监管地位不变的情况下，"一行两会"应积极利用相关审计工作结果，发现问题，解决问题，以进一步地协调步伐，使监管工作能力和效率尽快与互联网金融综合经营发展同步。

互联网金融企业应沿用传统商业银行的三大防线，即前台业务部门风险防范，风险管理职能部门风险防范和内部审计依次过滤相关风险，作为第三道防线的内部审计对互联网金融企业整体管理风险（包括人员组织管理、业务流程管理等）做最终的保障。由于互联网金融混业内容的学科交叉性大，审计难度大，对审计人员的综合素质要求高，针对繁多的鉴证对象，实施社会审计的注册会计师应与内部审计人员进行更加充分的沟通，在对管理风险再认定的基础上，决定是否依赖以及在多大程度上依赖内部审计的工作进行决策，然后通过设计和实施必要的审计程序对互联网金融企业的战略风险和经营风险作出评价。在沟通过程中，内部审计人员也可根据以前年度社会审计结果反思自身风险防范工作是否到位，进一步牢固互联网金融企业的第三道防线。国家审计在抽样跟踪调查国有控（参）股金融企业的互联网金融业务时，应积极整合内部审计结果和民间审计结果，对被审计单位的违法违规、舞弊行为及相关错报进行

公开披露。国家审计的审计工作不仅应起到对其他互联网金融企业的警示作用，更应为互联网金融行业营造一种自觉遵纪守法，合法盈利的竞争氛围而努力。最终，国家审计应结合"一行两会"对互联网金融企业的监管结果，与"一行两会"进行适时沟通，为"一行两会"更好地规范和指导互联网金融行业发展提出意见和建议。

【拓展阅读】

互金专委会：累计发现互联网股权众筹平台310家　融资总额达319亿元

4月3日，国家互联网金融安全技术专家委员会（以下简称专委会）发布《互联网股权众筹平台发展报告（2018年3月）》。

据悉，自2016年以来，专委会持续对互联网股权众筹平台进行监测，发现基本情况如下：一是平台总量方面，累计发现互联网股权众筹平台310家，目前在运营平台105家；二是发布项目方面，监测到累计发布项目9.8万个，目前在发布项目8000余个；三是成功融资项目方面，监测到累计成功融资项目数3966个，成功融资总额319亿元；四是平台用户方面，监测到平台月活跃用户数超20万人，其中男性用户较多，20~29岁用户最多。

据国家互联网金融风险分析技术平台（以下简称技术平台）统计，自2016年开始，截至2018年3月31日，技术平台共发现开展互联网股权众筹在运营平台105家，比去年同期减少163家。自去年8月至今，平台数量基本保持恒定，显示出行业发展趋于稳定（见图7-1）。

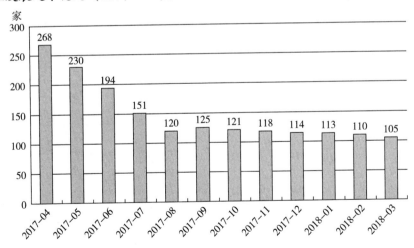

图7-1　平台数量趋势图

其中，在地域方面，技术平台对股权众筹平台的地域分布进行监测发现，目前在运营的 105 家平台分布于全国 21 个省市地区，其中北京、上海、深圳这三个地区的平台数量最多，占全部平台的 66.7%。显示出行业平台地域分布较为集中，区域优势逐渐体现（见图 7 - 2）。

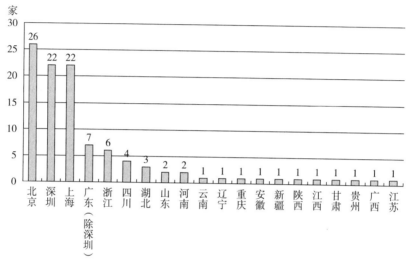

图 7 - 2　全国各地区平台数量

此外，目前在运营的 105 家股权众筹平台上线时间主要集中在 2014 年和 2015 年。其中，2015 年被称为股权众筹的"元年"，当年我国互联网股权众筹平台迅猛发展，上线数量占比高达 45.71%（见图 7 - 3）。

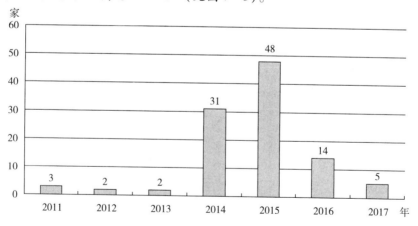

图 7 - 3　105 家平台上线时间

在融资项目方面，技术平台同时对股权众筹平台融资项目也进行了监测。目前，在运营的 105 家中，81 家平台的部分项目成功融到了资金，其余 24 家平台自产生以来未成功融资过项目。自 2018 年 1 月以来，技术平台对互联网股权众筹平台成功融资金额达4.1亿元项目所属的行业进行分析发现，资金流向行业属互联网（约24.5%）和文化娱乐（约18.1%）占比较高，其余部分流向餐饮、住宿、医疗等行业。

关于平台用户方面，技术平台监测显示，105家在运营平台3月活跃用户数近22万人。其中北京、广东和浙江等省市投资者最为活跃。同时，技术平台对股权众筹平台的用户年龄抽样分析显示，平台投资者年龄主要分布在20~49岁，其中，20~29岁投资者数量最多。同时，抽样结果显示男性投资者人数远高于女性投资者人数。

在平台运营情况的调查中，技术平台监测发现混合经营成为行业发展趋势，105家平台均经营股权众筹，但其中46家经营单一互联网股权众筹业务，其余59家中，有47家平台同时经营互联网股权众筹、产品众筹、公益众筹等多种形式的众筹业务；其余12家平台同时经营互联网股权众筹及网贷、私募基金、资产管理、信托销售等其他业务。

在经营模式方面，现阶段互联网股权众筹平台的推介方式主要集中于微信公众号、微博营销，APP推广及QQ线上沟通四种。其中，使用微信公众号作为唯一推介方式的平台数量较多为40家，同时使用两种推介方式的平台为45家，同时使用其中3种以上推介方式的平台为25家。

据了解，我国互联网股权众筹平台主要采用向融资方收费、向投资方收费、从投资收益中收费三种方式。在明确告知收费方式及收费标准的平台中，6家平台提供完全免费服务；23家平台向融资方收取服务费，为融资方融资金额的2%~5%不等；7家平台向投资方收取认购额1%~5%不等的服务费；7家平台从投资收益当中抽取5%~20%不等的服务费。22家未明确告知具体收费标准，只告知平台存在收费情况。

📖【本章小结】

本章首先介绍了互联网金融风险的概念及特征，互联网金融风险的类型，互联网金融风险的成因等内容，然后从构建互联网金融风险审计监督体系介入，说明了构建的理念和原则，并阐述了互联网金融风险审计监督体系的构建问题，主要包括该体系的构成和实现路径等。本章重点是互联网金融风险审计监督体系，本章的难点是互联网金融风险审计监管模型的重建与审计模式创新。

✍【复习思考题】

一、名词解释

互联网金融风险 互联网金融风险审计 互联网金融风险监督体系

二、简答题

1. 简述互联网金融风险的类型及成因。
2. 简述互联网金融风险监督体系的构成。
3. 简述互联网金融风险审计监督体系的构成。
4. 简述互联网金融风险审计监督体系的实现路径。
5. 简述互联网金融风险审计模型创新的内容。

参考文献

［1］张维．中国对冲基金报告（2016）［M］．北京：经济科学出版社，2016.

［2］郭连成．经济全球化与转轨国家财政金融安全相关性研究［J］．国外社会科学，2010（7）．

［3］吕劲松．论金融审计服务国家治理的实现途径［J］．审计研究，2012（5）：3－7.

［4］审计署金融审计司课题组．审计机关在防范系统性区域性金融风险方面发挥作用的机制研究［J］．审计研究，2015（4）：22－27.

［5］Graciela L. Kaminsky and Carmen M. Reinhart and Carlos A. Vegh. When It Rains, It Pours：Procyclical Capital Flows and Macroeconomic Policies［J］．NBER Macroeconomica Annual，Volume 19，PPII－82. 2004.

［6］［美］弗雷德里克·米什金．下一轮伟大的全球化：金融体系与落后国家的发展［M］．北京：中信出版社，2007.

［7］张杰．经济变迁中的金融中介与国有银行［M］．北京：中国人民大学出版社，2003.

［8］汪丛梅，李琳．企业内部控制体系的构建与设计实操［M］．长春：吉林大学出版社，2015.

［9］田高良，王龙．审计基础与实务［M］．北京：中国人民大学出版社，2015.

［10］杨森．金融审计［M］．西安：陕西人民出版社，2004.

［11］王柏香，李志俊．浅议金融绩效审计［J］．滁州职业技术学院学报，2014（2）．

［12］傅蓓．对开展地方绩效审计的思考［J］．合作经济与科技，2014（12）．

［13］蒋艳辉．金融企业审计与金融业务监管［M］．北京：中国财政经济出版社，2006.

［14］刘琳，张金城．商业银行审计［M］．北京：中国金融出版社，2007.

［15］李健，侯兴国，曹广明．政府审计维护国家金融安全的作用路径与实现机制［D］．审计研究，2010（4）．

［16］蒋燕辉．金融企业审计与金融业务监管［M］．北京：中国财政经济出版社，2006.

［17］陈希晖．审计法规与准则［M］．大连：东北财经大学出版社，2016.

［18］商业银行审计指南编写组．商业银行审计指南［M］．北京：中国时代经济出版社，2006.

［19］王家华，许莉．金融审计［M］．上海：上海财经大学出版社，2006.

［20］王家华，许莉．金融审计［M］．北京：高等教育出版社，2016.

［21］杨进．动态审计预警体系的构建与实施机制研究——基于金融风险防范视角［D］．西南财经大学博士学位论文，2014（4）．

［22］李树文．互联网金融风险管理研究［D］．东北财经大学博士学位论文，2016（12）．

［23］云佳祺．互联网金融风险管理研究［D］．中国社会科学院研究生院博士学位论文，2017（5）．

［24］陈仲毅．互联网金融风险监管研究［D］．云南财经大学硕士学位论文，2015（5）．

［25］王瑶瑶．互联网金融混业发展与审计模式创新［J］．审计月刊，2016（10）．

［26］赵丹，张红英．互联网金融审计监督体系的构建及其实现路径［J］．财会月刊，2015（25）．

［27］刘国城，王跃堂．基于过程挖掘的互联网金融信息安全审计研究［J］．新疆大学学报（哲学人文社会科学报），2017（5）．

［28］刘国城，张宝贤．基于威胁的互联网金融安全风险及其审计问题研究［J］．市场周刊，2017（1）．

［29］王娜，金融监管的制高点：计算机审计［J］．中国审计，2002（11）．

［30］金子财，杜胜，武彩霞．金融监管中的计算机辅助审计［J］．新金融，2005（4）．